高校学术文库
艺术研究论著丛刊

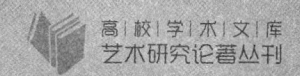

视觉与创意：广告设计艺术与方法实践

唐丽 熊洁 魏官禄 著

中国书籍出版社
China Book Press

图书在版编目(CIP)数据

视觉与创意：广告设计艺术与方法实践 / 唐丽，熊洁，魏官禄著. —北京：中国书籍出版社，2016.8
ISBN 978-7-5068-5831-1

Ⅰ. ①视… Ⅱ. ①唐… ②熊… ③魏… Ⅲ. ①广告设计—研究 Ⅳ. ①F713.81

中国版本图书馆 CIP 数据核字(2016)第 221635 号

视觉与创意：广告设计艺术与方法实践

唐　丽　熊　洁　魏官禄　著

丛书策划	谭　鹏　武　斌
责任编辑	成晓春　张　娟
责任印制	孙马飞　马　芝
封面设计	马静静
出版发行	中国书籍出版社
地　　址	北京市丰台区三路居路 97 号(邮编：100073)
电　　话	(010)52257143(总编室)　(010)52257140(发行部)
电子邮箱	chinabp@vip.sina.com
经　　销	全国新华书店
印　　刷	三河市铭浩彩色印装有限公司
开　　本	710 毫米×1000 毫米　1/16
印　　张	24.5
字　　数	425 千字
版　　次	2018 年 5 月第 1 版　2018 年 5 月第 1 次印刷
书　　号	ISBN 978-7-5068-5831-1
定　　价	78.00 元

版权所有　翻印必究

前　言

随着中国经济的高速发展,企业参与市场竞争的程度也更为激烈,而信息科学技术的大发展也进一步改变了人们的生活、娱乐、教育方式,也势必影响人们广告传播的方式。大众媒体一统天下的局面被打破,媒介数量剧增且开始细化。在新世纪,营销手段必须要满足以客户需求为核心的当代市场经济的要求。新经济注重的是与消费者的双向沟通,而不是传统广告的单向传播。广告不仅仅是引起销售、发生利益过程中的一部分,同时还要推销自己的信息、形象与观念。另外,以消费者诉求为基础的整合营销传播开始出现并成为企业决胜的关键。

广告之所以成为"广告"而不是其他,是因为广告活动是一种大众、分众,甚至是现在的新媒体传播行为,是一种特殊的传播形态和传播方式。广告是各类商品进入市场的宣传载体,是商品的说明书,是企业的形象,是销售的策略。同时也是融科技与艺术于一体的交叉学科,是现代企业与消费者之间沟通的重要媒介,是商品打开市场、赢得消费者购买趋势的关键因素。广告设计包含了文字设计、色彩设计、图形设计、编排设计等诸多视觉传达的语言,也离不开创意思维、创意方法表达。

本书共分六章,第一至第四章,分别论述文字、图形、色彩、编排等视觉语言的内涵、运用原则,以及在广告设计中的应用;第五章广告创意思维与方法表达,论述广告创意设计的原则,创意思维的类型、应用举例,以及广告创意设计的方法表达;第六章广告设计的策划程序与方法实践,论述广告设计的策划程序、软件应用,以及广告设计的实践领域与案例分析。

本书始终围绕策划、表达语言运用、创意表达、设计实践等几个方面的内容来展开。以期围绕广告主的商业要求，经过科学的策划，运用艺术的视觉化表现手段，实现和促进销售。同时，辅以图片和案例，形象而生动。

　　为了拓展研究思路，丰富理论知识，本书在撰写过程中也参考借鉴了一些知名学者、前辈同行的研究成果，在此一并表示诚挚的谢意。由于作者水平有限，书中的纰漏之处，恳请老师、同道们斧正。

作　者
2016年6月

目 录

第一章 文字艺术与广告设计 ………………………… 1
 第一节 文字的起源与字体设计 ………………………… 1
 第二节 文字在广告设计中的应用原则 ………………… 49
 第三节 广告中的文字设计实践 ………………………… 56

第二章 图形艺术与广告设计 ………………………… 69
 第一节 图形的演进与图形艺术 ………………………… 69
 第二节 广告设计中的图形 ……………………………… 90
 第三节 广告设计中图形创意的原则 …………………… 103
 第四节 广告设计中的图形创意表现分析 ……………… 112

第三章 色彩艺术与广告设计 ………………………… 145
 第一节 色彩艺术及其原理 ……………………………… 145
 第二节 广告中的色彩类别划分 ………………………… 176
 第三节 广告设计中色彩的心理作用 …………………… 178
 第四节 广告色彩的视觉体现与配色规律 ……………… 183
 第五节 广告色彩的表现与运用 ………………………… 188

第四章 编排艺术与广告设计 ………………………… 203
 第一节 编排设计及其原则 ……………………………… 203
 第二节 广告编排设计的形式与视觉流程 ……………… 209
 第三节 广告编排设计样式表达 ………………………… 232

第五章 广告创意思维与方法表达 …………………… 254
 第一节 广告创意设计的原则 …………………………… 254
 第二节 广告创意设计思维的类型 ……………………… 260

第三节　广告设计思维的应用 …………………………… 267
　　第四节　广告创意设计的方法表达 ……………………… 287
第六章　广告设计的策划程序与方法实践 …………………… 307
　　第一节　广告设计的策划程序 …………………………… 307
　　第二节　广告设计的策划案例分析 ……………………… 323
　　第三节　广告设计的方法实践之软件应用 ……………… 334
　　第四节　广告设计的实践领域与案例分析 ……………… 351

参考文献 ……………………………………………………… 382

第一章 文字艺术与广告设计

文字语言作为记录、表达人们思想的载体,存在于各个领域之中。伴随着人们审美意识的不断提高,文字也开始超越用做记录、表达语言意义的工具范畴,人们对其进行创意设计,使其具有一定意义上的形式美,从而有效地吸引人们的视线,体现更深层次的艺术价值。

第一节 文字的起源与字体设计

一、文字的起源

(一)文字的出现简介

文字最初起源于农业文明,原始时期的记事方法——结绳记事能够起到帮助记忆的作用,原始人所刻画的原始图形随着时间的推移就逐渐地变成了原始的文字。文字的出现让人与人之间的思想交流变成可能,所以,文字的出现是人类社会文明发展的一大进步,如图1-1所示。

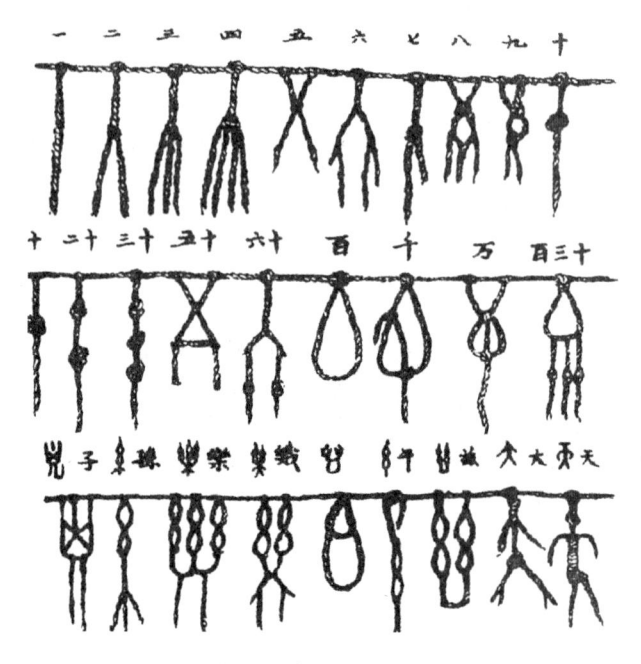

图 1-1 结绳记事与现代数字的对比

　　文字萌芽于农业文明时期,在漫长的远古时期,伴随着人类社会由野蛮向文明的过渡,人类为了得以生存,不得不采用比较原始的简陋生产工具,与大自然做斗争。为了能够交流思想、传递信息,语言便在这一时期应运而生了。但是语言一瞬即逝,并不能保存下来供人查验,于是,这就催生了原始的记事方法——结绳记事。这种采用实物代表意义的方法,仅仅是起到了一种帮助记忆的作用,这时它还仅是一种符号,不是文字。与此同时,古人还发明了一种帮助记忆的重要方法,即在树皮、石块上刻画图形,久而久之,大家便约定俗成,这些刻画图形成为一种记录信息的方式。随着时间的不断推移,这样的图画也变得越来越多,相反,画的线条却变得越来越简单了,人们利用这些图画代表事物的名称、语言与思想。这种简单的图画最终形成了最原始的文字。这种由原始的图画演变而成,似画非画,似字非字,同时还兼有表形与表意两种表现形式的图画,我们叫作"形意文字",如图 1-2 至图 1-4 所示。

文字出现之后，人类才逐渐有了书面历史记录，古代的先人们才能够把前人的生产知识、经验用文字记录下来，这才促进了人们生产、生活方式的逐步改善，推动社会迅速发展。文字的出现也让人类能够进行思想交流、信息传递，因此，"文字使人类别于禽兽，使文明别于野蛮"，文字对人类生存以及社会发展都产生了巨大的影响。

图 1-2　埃及"形意文字"

图 1-3　东巴"形意文字"

图 1-4　玛雅"形意文字"

(二)汉字的起源与发展

中国的文字是中华文明发展过程中的重要载体,是目前世界三大古老文字中唯一一种仍在使用的文字。中国的文字相传是黄帝的史官仓颉创造的,据说这类文字是取像于草木之形。实际上,在中国的文字未创的时代,和世界上其他各民族一样,我们的先人也同样是用图画文字来记事,之后就逐渐有了结绳记事,一直发展到黄帝时期,仓颉才对文字进行了整理,文字这才逐渐被广泛地使用(图 1-5)。

图 1-5　汉画砖中刻画的仓颉造型

中国文字的发展历史悠久,从殷商时期的"甲骨文"开始,历经了三千多年的发展历程,经过了秦时期的统一后,对汉字进行了连续简化、整理,才促使汉字逐渐走向了规范化。古汉字在演变阶段所产生的各种字体,大体上可以分为古文、篆书、隶书、楷书、行书、草书等书体,直至现在的计算机字体。总体上来看,楷书形成之后,中国的文字实际上已经基本上定型了。

1. 古文字

在秦朝统一文字之前,中国的汉字不论是字体,还是其应用都处于一种混乱的状态。这里所说的古文字实际上是包含了甲骨文、金文两种文字在内的文字,其中,甲骨文被当前研究中国汉字的学者视为最早的汉字资料。

甲骨文字的出现约在公元前 14 世纪,它是由殷商后期的人刻写在龟甲、兽骨上的文字,其内容多为"卜辞",也有少数为"记事辞"。从甲骨文的形态上看,它其实已经是一种符号性质的文字,尽管有很多是图画意味较浓的象形字,但是已基本上摆脱了图画所造成的影响,形成了一种趋向完善的文字体系。甲骨文大部分都符合象形文字的特征,也有一些遵循了形声、假借、会意的造字原则。甲骨文笔法多方,结构有长有短、瘦硬挺拔,具有古拙、淳朴、苍劲的形式美,如图 1-6 所示。

金文的全称是"吉金文字",它是中国古代铸刻在青铜器表面的文字,也称为青铜器铭文或钟鼎文。在古代,钟就代表乐器,鼎则代表礼器,因为当时称铜为"金",所以也叫"金文"。和甲骨文的纤细特点比较,金文的象形程度更高,圆润浑厚,字间距疏朗开阔,形式美感很强,显示了更古的文字面貌。金文的出现初步形成了中国书法独特的章法格局,如图 1-7 所示为西周时的金文。

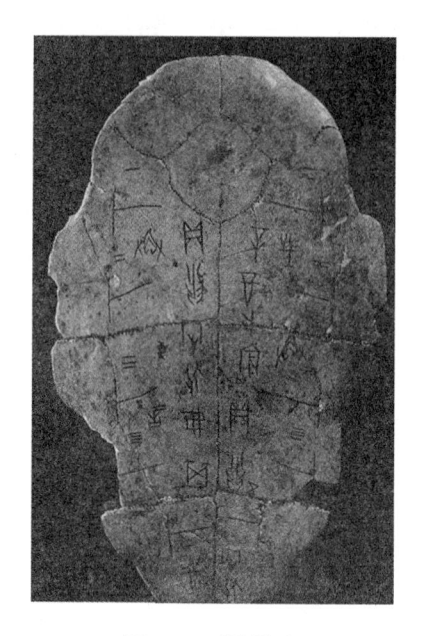

图 1-6　甲骨文

图 1-7　《大盂鼎》金文拓片

2. 篆书

西周后期,汉字的发展演变为大篆。大篆又称为籀文、籀篆、籀书、史书,因其为史籀所作,因此世称"籀文"。狭义的大篆专指籀文,就其对文字学的贡献而言,以史籀为最。在我国历史上,石鼓文是中国最古老的刻石文字,也是大篆的代表作。大篆有结构简练,字形十分规范、整齐的特点,如图1-8所示。

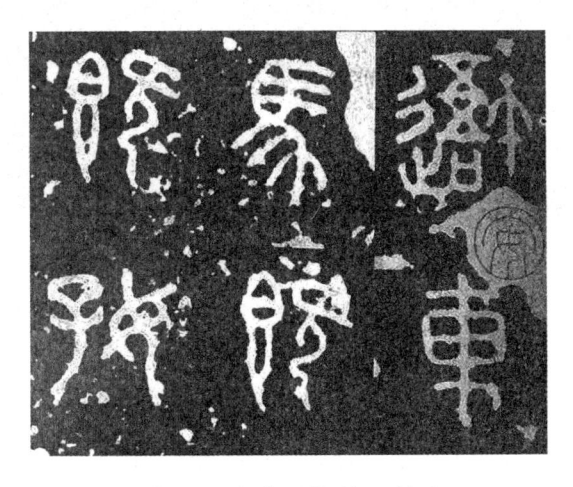

图1-8 先秦时期的石鼓文

小篆也叫秦篆,相传是秦丞相李斯等人整理出来的标准字体。它是在大篆的基础上进行规范统一性的改动,发展形成的字体。小篆的形体结构相对规整协调,笔势匀圆整齐,笔画遒劲有力,结体空距均匀,装饰性极强。大篆到小篆的变革,让汉字逐步发展成了抽象化的文字符号,形成了中国文化的独特象征,在中国的文字发展史上具有十分重大的历史意义,如图1-9所示。

3. 隶书

隶书出现的时间在秦之后,是在秦之前的简体字基础上逐渐演变而来的。隶书可以分为秦隶和汉隶,秦隶也叫古隶,它是隶书的早期形式;汉隶则是隶书发展的成熟字体。我们平时说的隶书一般是指汉隶中的"八分"而言。

图 1-9　小篆峄山石刻

隶书与小篆相比，主要是把篆书圆匀的线条变为了方形，原来的弧线也变成了直线，由无角变成了有角，字的轮廓也由长方形变成了扁形，后来还增加了颇有装饰意味的"波磔"，形成了特殊风格的字体。隶书使汉字的繁难程度大大降低，让中国的书法朝着非摹象结构以及增强空间表现力迈出了十分关键的一步，大大加快了汉字的书写速度，如图 1-10 所示。

图 1-10　隶书（曹全碑）

4. 楷书

楷书也称真书、正书等。楷是法式的意思。楷书是在隶书的基础上逐渐成熟、定型化的。南北朝时期兴起的魏碑是楷书发展的重要时期。唐朝时期，楷书发展到鼎盛期，如柳公权、颜真卿等的字。楷书包含了古隶的方正、八分的遒美及章草的简洁等特点。这种字体沿用到现在，被视作现代汉字的标准字体，为世人喜爱。

楷书笔体平稳、章法整齐，透露出一种宁静之感。楷书受个人书写的方式、性格的差异呈现出不同的书写风格。楷书通行之后，汉字的结构也大致固定下来了，它的偏旁部首到现在也没有太大变化，如图 1-11 所示。

图 1-11　唐·柳公权楷书（玄秘塔碑）

5. 行书

行书的兴起时间大约在东汉末年，是一种介于楷书和草书之间的、运笔比较自由的字体。行书和隶书、楷书不同，其流动的程度能够由书写者自由地运用，和楷书一起广泛地流传。行书的书写规则不强,如果写得相对规矩点叫"行楷",如果写得草一点称为"行草"。所以,行书就具有了很大的实用价值,同时,这种字体也变成了当今人们在手写时惯用的字体。在现代字体设计中,行书的应用也十分广泛,其具有的视觉流动的形式美感,充分彰显了中国的文化内涵,如图 1-12 所示。

图 1-12　唐·褚遂良《家侄帖》行书

6. 草书

草书可以分为章草与今草。草书沿袭了多种古文字而经变化发展而成。章草的发展基于隶书的演变而成,因多用在奏章中而得名,也叫"隶草"。章草的书写规则比较严格,每个字要求独立存在,字字明确。章草的进一步发展就形成了"今草",就是人们通常称呼的"一笔书"。今草的书写更简捷、更快速,整篇连绵不断,兼顾章法、笔形,给观者以豪放不羁、流畅之感,能够充分地表达出文字的形态,个性表现很强,视觉冲击力也很强,如图 1-13 所示。

(三)拉丁文字的起源与发展

拉丁字母最初起源于图画,它的祖先其实是比较复杂的埃及象形文字,如图 1-14 所示。大约在公元前 6000 年,在埃及产生了每一个单词都有一个图画的象形文字。经过腓尼基的子音字母到希腊的表音字母,这个时期的文字是自右到左书写的,其中还有很多左右倒转的字母。之后,罗马字母是继承了古希腊字母的一个变种,并在之后将它拉近到现在的拉丁字母,从这里开始,拉丁字母逐渐翻开了历史上最具现实意义的第一页。

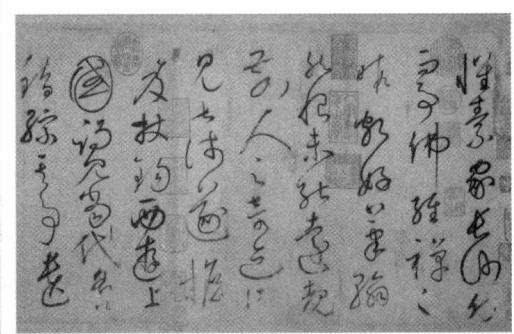

图 1-13　张旭与怀素的草书

图 1-14　埃及象形文字

　　拉丁字母是根据语音记录语言,从 A 到 Z 以一定的排列次序排列出 26 个拼音字母。它也称为阿尔发倍特(Alphabet),这主要是由于古代希腊人将 A 称为阿尔发(Alpha),将 B 称作倍特

(Beta)。这是一种用开头的几个字母表示整套字母的方法,拉丁字母也称为 ABC 即是这一道理。

罗马字母时代最重要的是公元 1 到 2 世纪和古罗马建筑同时诞生的凯旋门、胜利柱以及出土石碑上的完全成熟的罗马大写体。最为典型的是图拉真(古罗马皇帝)纪念柱上雕刻的碑文,文艺复兴时期的艺术家们称它为理想的古典形式,直到现在仍然能够给它这一荣誉,并将它们视为学习古典大写字母的典范。字母的宽窄比例恰到好处,美观大方,构成了罗马大写体极为完美的整体。

与此同时,人们也在羊皮纸与巴比洛斯纸(莎草做的纸)上进行书写,形成了一种和碑铭体很相似,但是又略带圆意并能较快地书写的鲁斯梯卡字体。

从大写字母逐渐过渡到向小写字母是在公元 4 到 7 世纪时期产生的安色尔字体。为了能够适应迅速与流畅地书写,这种字体将直线改为了曲线,有很多的字母甚至还省掉了部分笔画,如 B 写作 b,H 写作 h。后来发现有一些字母与原字母难以区别,就又将字母的笔画拉长了,如 D 写作 d,Q 写作 q,这样,很多字母就有了上半部与下半部的形体,如图 1-15 所示。

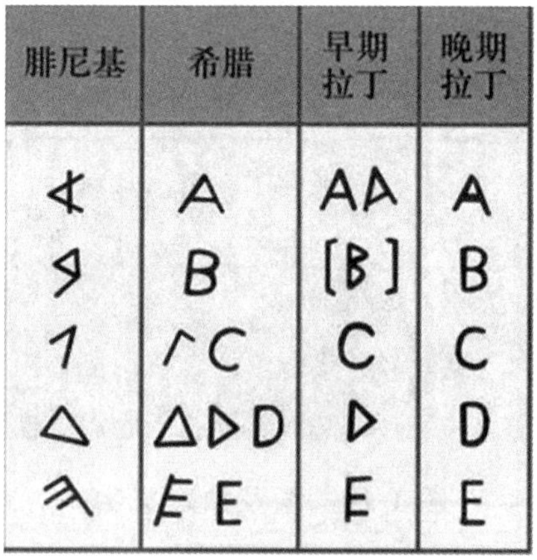

图 1-15 拉丁字母的发展变化

拉丁字母发展到第二个阶段是小写字母形成。公元8世纪，法国的卡罗林王朝诞生了一种卡罗林小写体，这种字体比过去的文字书写得要快，又方便阅读，所以在当时就出现了词的间隔与标点符号，并且在书写工具上也进行了变革，用羽毛笔代替了原来的苇笔。这种字体作为当时最美观实用的字体，对欧洲的文字发展起到了决定性的作用，并且还形成了自己的黄金时代。

从13世纪开始，哥特式艺术风格兴起，这种风格对欧洲文字的形式起到了深刻的影响。这种字体和哥特式建筑耸立、向上的风格十分相似，小写字母的线条向中间聚拢成并列的直线，到处折裂成尖角，O写成了六角形，行距进一步缩小，整页的文字就仿佛是一张灰色的字毯，后期的哥特体字母为了能够和其他的字体区别开来，通常也称为折裂字体，如图1-16所示。

图1-16　哥特字体

罗马大写体只有大写字母，卡罗林小写体只有小写字母，如图 1-17 所示，它们之间在当时没有联系，均是自成一体的。当时，在教堂里专门抄写圣经的僧侣还在哥特字体上添加了一些烦琐的装饰纹样，这就让书写与阅读都变得十分不便。

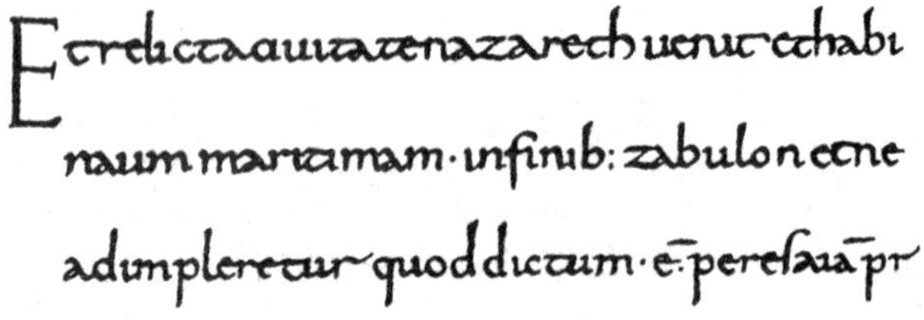

图 1-17　卡罗林小写体

到了 15 世纪中叶，德国人古登堡发明了铅活字印刷，对拉丁字母形体的发展起到了十分重要的影响。原来的很多连写的字母也被印刷活字给解开了，除了钢笔之外，这一时期还有刻字刀加入了字母形体的塑造中来，从而进一步地开创了拉丁字母发展的新风格。

在拉丁字母的发展历史中，最有趣以及收获最大时期当属文艺复兴。在中欧以及北欧正在被折裂的哥特字体所统治时，罗马大写体以及卡罗林小写体最先在意大利等欧洲国家受到重视。卡罗林小写体通过不断改进，得到了宽与圆的形体，形成了古文字小写体，它的线条和罗马大写体间的矛盾得到了完满统一。

斜体字母的出现是因为快速的书写自然形成的，并拥有了盘旋的装饰线条。早期的斜体字母大写体还仍然是直立的，这主要是为了保持它祖先的风格，到后来便将大、小字母甚至阿拉伯数字也统一到了一个方向上。斜体活字比直立字母更具有明朗与欢畅的风格。由于斜体字母的发源地是罗马，所以它也被称作意大利体，如图 1-18 所示。

图 1-18 斜体字母

16 到 18 世纪是拉丁字母发展的巴洛克时期。这个时期的刻字刀成了字母造型十分重要的工具,使字母在形体变化上产生了很大的变化,原来活泼的线条与几何圆形由于很难雕刻而逐渐被淘汰掉了,代替它们的是细线,原本是圆形的字脚也逐渐改为了笔直的短线。另一方面,巴洛克艺术风格所体现出来的烦琐、豪华也对拉丁字母产生了十分明显地影响,在字母中还添加了不少的繁华装饰纹样,如图 1-19 所示。

18 世纪法国大革命与启蒙运动之后,新兴的资产阶级开始提倡希腊的古典艺术与文艺复兴艺术,这就催生了古典主义艺术风格。在字体艺术中所表现出来的是反对巴洛克以及洛可可十分烦琐的装饰纹样,同时,刻字刀依然还具有十分重要的作用,笔直工整的线条也替代了原来圆弧形的字脚,这种审美观点直接对整个欧洲产生了影响。

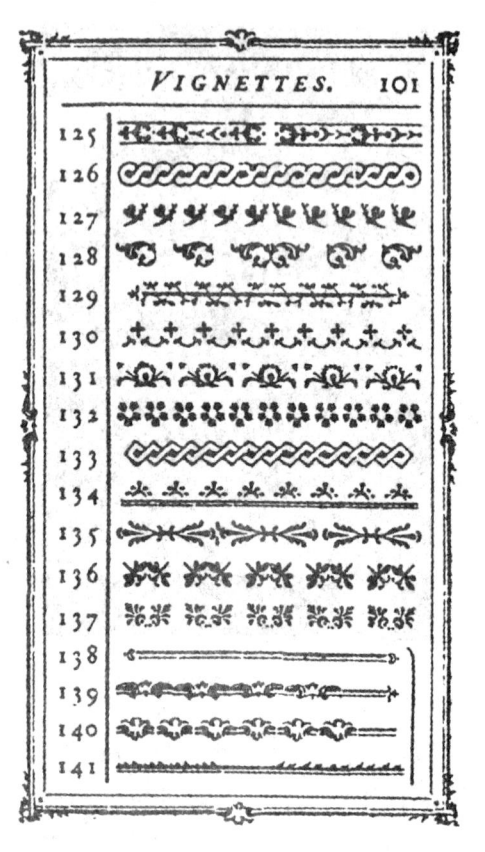

图 1-19 巴洛克字体的装饰纹样铅字

19 世纪初,英国诞生了首批广告字体——格洛退斯克与埃及体。它们都有基本上相等的线条,其中,格洛退斯克又称为无字脚体、黑体、方体,它完全抛弃了字脚,只剩字母的骨骼,朴素有力、清楚,但是却显得平板。

埃及体又称为加强字脚体,采用短棒的形状去代替字脚,粗犷味十足,给人的印象十分强烈,但是却有些笨拙。它是菲金斯于 1815 年在英国首先画出的,它的名字或许是源于拿破仑远征埃及失败之后,英国的艺术家们在这一时期对古埃及的艺术产生了浓厚兴趣。

二、广告设计中所用字体的分类

(一)标准字体

1. 标准字体的特征

标准字的设计在表现出商品性质的同时,能够体现出独特的企业性质和商品特性。如由细线构成的字体易让人联想到纤维制品、香水、化妆品类商品;圆滑的字体易让人联想到香皂、糕饼、糖果类商品。只有掌握并灵活运用这些信息,才能创造出更美观,更具特色的标准字。

2. 标准字体的类型

标准字按类型可分为以下几类:
(1)自然型标准字体

自然型的字体,要求统一规整的文字,这样能给人和谐感;同时,文字的颜色和纹理变化可以使画面更加清新自然。如图1-20所示,黑色块突出前方的文字,与背景颜色相同的纹理在清新中散发出勃勃生机,使人产生与自然相通的联想。

图 1-20 自然型标准字体

（2）清晰型标准字体

清晰型的标准字体，在文字颜色的处理上要突出宣传主题，使画面更加丰富自然；同时，字体的设计和变化要给人亲切可靠的印象，且充满艺术性。如图1-21所示，透明文字的设计使粗壮的字体具有图片的纹理，软化了文字粗壮结实的感觉，给人亲切、活泼的印象。

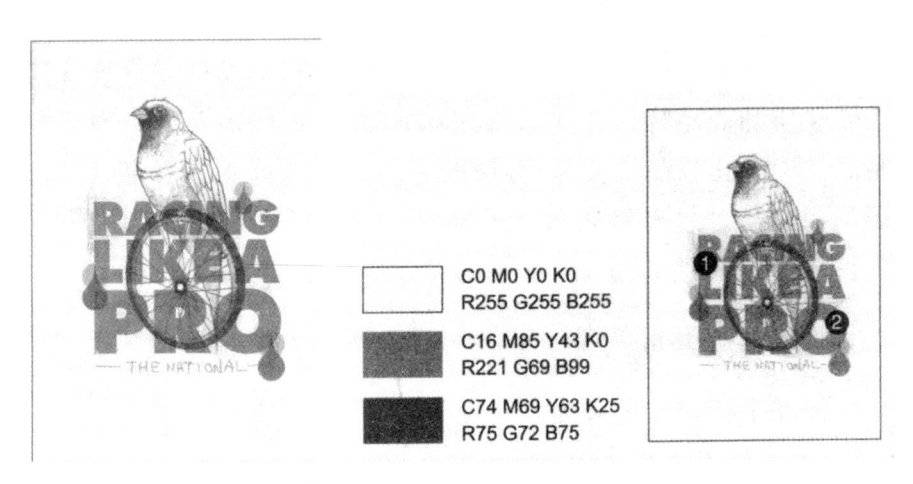

图 1-21　清晰型标准字体

（3）醒目型标准字体

醒目型的标准字体，其颜色的对比要使文字更加醒目突出；同时，文字的大小变化要使画面主次分明；再利用完全反转的文字设计则可揭示出广告宣传的主题。如图1-22所示，背景与文字的颜色形成对比又协调，极具艺术感和创造力，展现出时尚另类、新颖个性的设计理念，与宣传主题相呼应。

（4）简洁型标准字体

简洁型的标准字体，可在图片上方加入文字来作为宣传主体的简洁版式；同时宣传的主题要醒目抢眼、准确突出，能给人直观大方的印象。如图1-23所示，文字的大小对比突出主题，醒目直观；细长规整的字体显得美观大方，能给人留下好的印象；右上角的标志设计得醒目突出，达到了宣传效果。

图 1-22 醒目型标准字体

图 1-23 简洁型标准字体

(5)明亮型标准字体

明亮型的标准字体,可以运用整洁大气的文字放置在画面的背景上,这样可以使字体产生立体的画面效果;同时,对画面进行模糊的处理,可以烘托出整体文艺清新的氛围。如图 1-24 所示,明亮的绿色草地配以纯白的文字让人感觉清新舒适;模糊的效果处理,使画面更加柔和温馨。

图 1-24　明亮型标准字体

(6) 直观型标准字体

直观型的标准字体,可以通过明度的对比使文字更加醒目突出;同时,不同颜色的文字设计可以起到强调效果的作用,使人们对宣传的主题有直观的认识。如图 1-25 所示,接近手写体的文字设计给人亲切感;颜色和大小的对比使画面主次分明;图形与文字的结合使画面更加醒目直观。

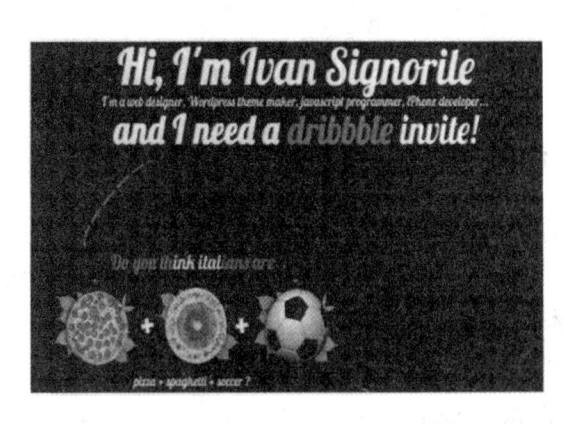

图 1-25　直观型标准字体

— 20 —

(二)手写字体

1. 手写字体的特征

手写字体能给人自然的感觉。不同的手写字体现出的宣传主题和品牌特点也不相同,如秀气的手写字易让人联想到阴柔之美,能给人优雅纤细的印象;豪迈的手写字易让人联想到阳刚之气,给人豪情万丈、爽朗干练的感觉。

2. 手写字体的类型

手写字体按类型可分为以下几类。

(1)简洁型手写字体

简洁型字体可选用手绘的图形和文字,这样能使人产生亲切感,揭示出以人为本的经营理念,同时展示出精准、全面、快捷的经营手法。如图1-26所示,白色的背景使图形和文字醒目突出;右下角的标志清晰明确,达到宣传的目的;简洁大方的设计让人一目了然,印象深刻。

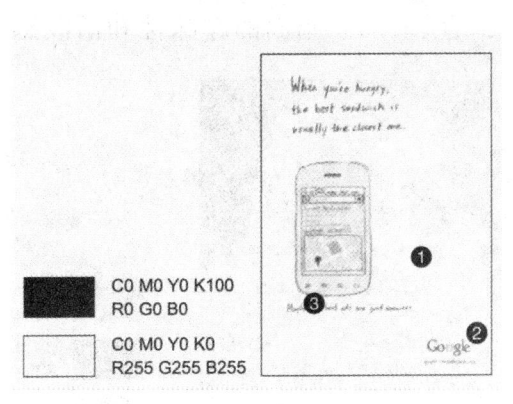

图1-26　简洁型手写字体

(2)趣味型手写字体

字体的设计要求可爱且富于变化,这样能加深人们的印象;

同时，颜色的运用应丰富多彩，这样能给人活力感。如图 1-27 所示，手写字与旁边的图形一起形成了有趣和幽默的氛围，体现出人物超强的工作能力，以达到宣传的目的。

图 1-27　趣味型手写字体

（3）轻松型手写字体

由不同颜色和字体组合而成的文字可以营造出浪漫轻松的氛围，给人放松和愉悦感，让人印象深刻。如图 1-28 所示，颜色的对比使画面产生空间感，突出前方的文字；文字与装饰图形的巧妙结合，增加了画面的趣味性和活泼感，让人喜欢。

图 1-28　轻松型手写字体

第一章 文字艺术与广告设计

(4)强调型手写字体

字体可选用简单的深蓝色书写体,这能拉近与观众的距离,产生亲切感;若画面右下角有标志,其设计要醒目突出,具有宣传性。如图1-29所示,书写在人脸上的文字起到强调突出的效果,能吸引人们的视线,激发人们阅读的欲望,以达到宣传的目的。

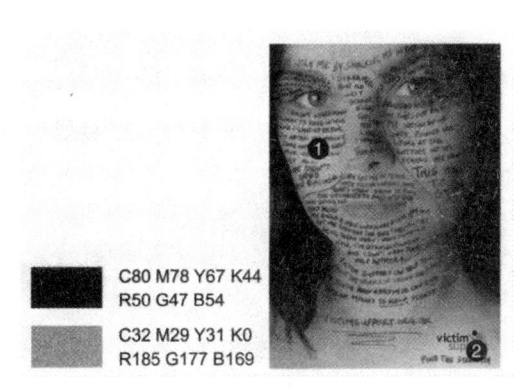

图1-29　强调型手写字体

(5)直观型手写字体

文字的笔画要求连贯流畅,与主题相呼应,这样可以达到宣传的目的;右下角的标志设计和宣传语要醒目突出,在宣传产品的同时,可以起到稳定画面的效果。如图1-30所示,连续随意的笔画展示出产品极强的除草功能和极佳的拐弯技术,从而激发人们的购买欲望,达到宣传的效果。

(6)醒目型手写字体

醒目型手写字体以文字作为画面的中心,能引起人们的关注,达到宣传的目的;右下角的黄色标志要醒目突出,存在感强。如图1-31所示,以手写的文字突出购买便签纸的必要性,一目了然地展示出广告宣传的主题思想,起到强调突出的作用。

图 1-30　直观型手写字体

图 1-31　醒目型手写字体

(三)书法字体

1. 书法字体的特征

书法字体是最能体现东方文化的字体,它具有神韵之美。它能通过点或线条的强弱、浓淡、粗细等的丰富变化,体现出产品的主要特色。在设计中人们常将其与产品特点相结合,展示出或古典优雅,或简洁大气,或秀气俏丽的气质,引发人们的欣赏乐趣,使古典艺术绽放出新的时代魅力。

2. 书法字体的类型

书法字体按类型可分为以下几类：

(1)传统型书法字体

传统型书法字体,其墨迹与书法字的完美结合可以使整个设计充满传统特色,从而醒目直观地展示出宣传的主题。如图1-32所示,红色的文字醒目突出,起到强调的效果;文字的大小处理突出宣传主题;上方的标志设计与文字相呼应,让人一目了然。

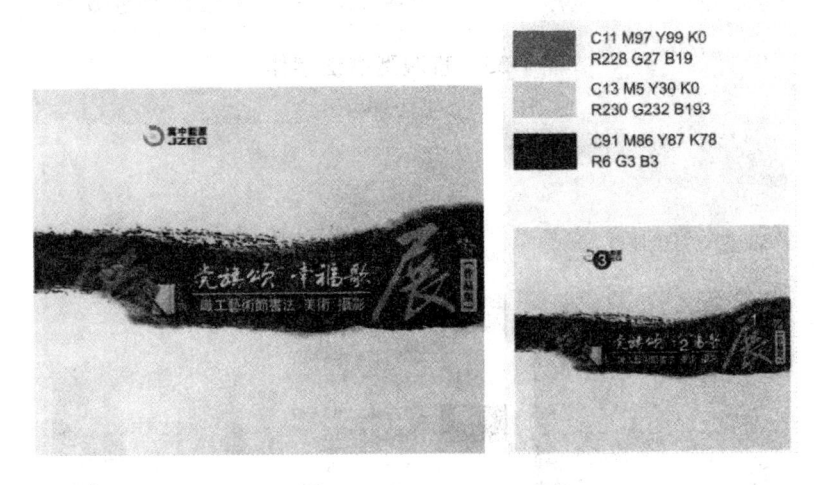

图1-32 传统型书法字体

(2)直观型书法字体

字体的大小对比可以突出宣传的主题;颜色的对比与添加可以使画面丰富而不呆板。如图1-33所示,以书法字为设计的主体,展示出用心做事、用心经营的公司理念,醒目直观地显示出宣传的主题,让人印象深刻。

(3)流畅型书法字体

流畅型书法字体,其颜色的对比能使宣传的主题醒目突出;同时,文字的笔画要求自然流畅,这样能使人产生好感;最后,墨迹中文字的处理应与主题相呼应。图1-34所示,红色的文字醒目突出,传达出求贤若渴的态度和积极向上的精神风貌;与右下方的墨迹文字呼应,使画面均衡、平稳。

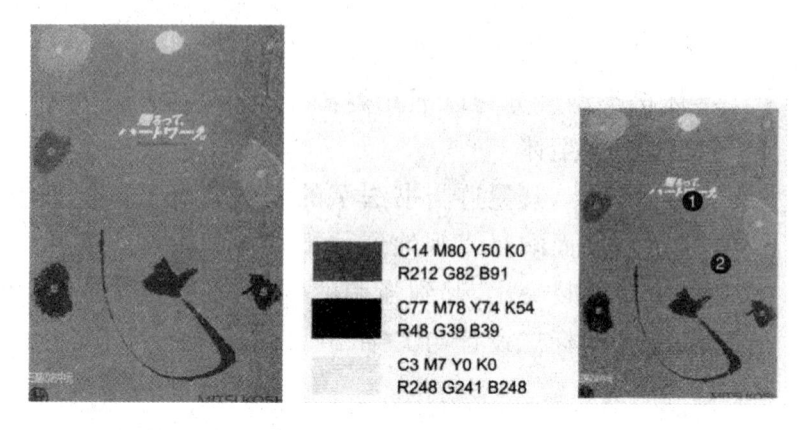

图 1-33　直观型书法字体

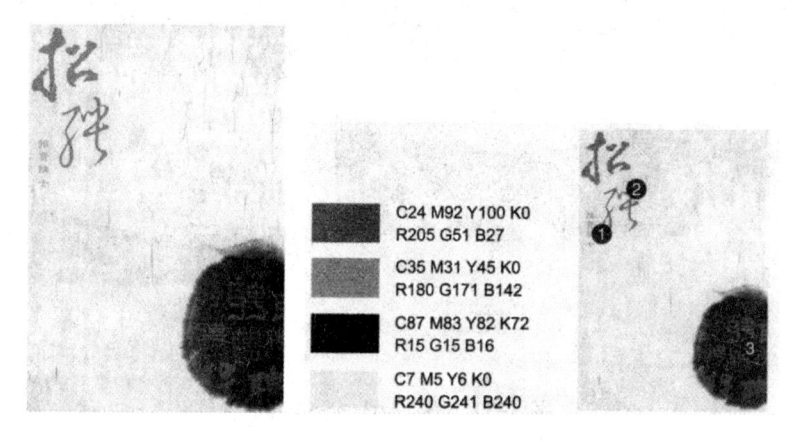

图 1-34　流畅型书法字体

(4) 平实型书法字体

平实型书法字体,可以运用简洁直观的文字书法跃然纸上,让人一目了然;简洁的设计让人在了解文字特点的同时理解文字的意义,平实自然。如图 1-35 所示,黑白色的对比使文字醒目突出;不同文字的运用突出主题的同时,增加了画面的丰富感。

(5) 雅致型书法字体

字体要求雅致大气,这样能展现出古典的气质和恬静的氛围;同时,使用浅淡的色调可使画面庄重中蕴含着潇洒,给人高雅洗练的感觉。如图 1-36 所示,文字在背景图形的衬托下显示出优雅秀丽、古典大气的感觉,与笔的完美结合展示出宣传的主题。

图 1-35 平实型书法字体

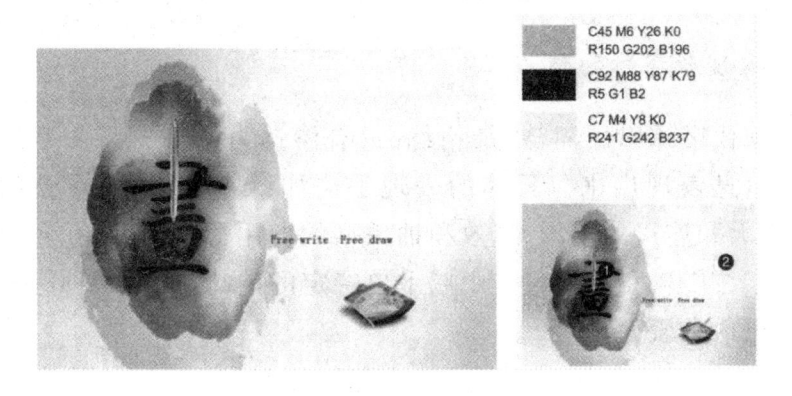

图 1-36 雅致型书法字体

(6)品味型书法字体

字体的运用要合理而丰富,这样可以增加画面的活泼感;同时,不同颜色的文字使画面主次分明。图 1-37 所示,书法字与美玉的结合在展示出宣传主题的同时,体现出周围良好的文化氛围,让人产生向往之情,达到宣传的效果;右侧的文字块与左侧的图形一起使画面均衡、平稳。

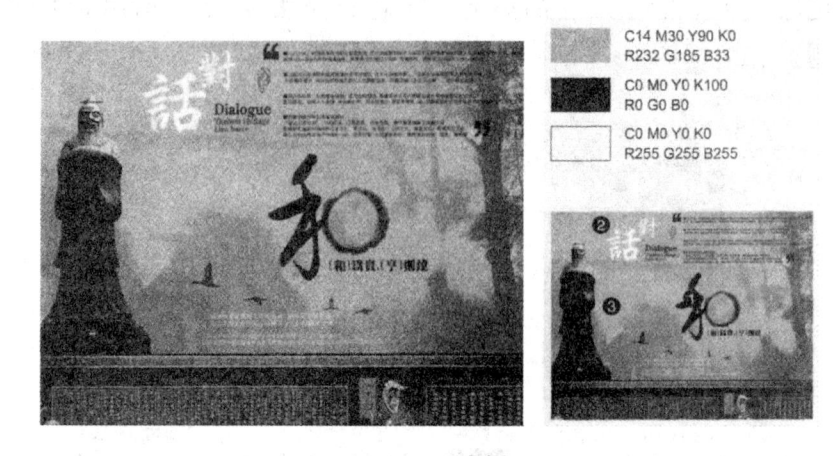

图 1-37　品味型书法字体

(四)现代字体

1. 现代字体的特征

现代字体以最简洁、最精练、最有渗透力的形式将文字所传达的信息表现出来。具体的表现手法如窄小的字距、重叠的字体、放大和连接的字形、光效和抽象型的应用等。设计的多元化,使文字在广告和海报宣传中展示出特定的韵味,成为一种有效的信息传达手段。

2. 现代字体的类型

现代字体按类型可分为以下几类:
(1)沉稳型现代字体

选用粗壮字体可以给人稳重正直的印象,字体的变化极具现代感且可识别性较强;整体设计可以简洁直观,具有宣传性。如图 1-38 所示,深蓝与白色的搭配使文字醒目突出,展现出公司认真诚恳的经营理念和踏实稳重的工作态度,让人印象深刻。

第一章　文字艺术与广告设计

图 1-38　沉稳型现代字体

(2)新颖型现代字体

文字的大小对比突出宣传的主题,使画面主次分明。右侧文字的设计组合和变化要求新颖独特,与左侧的图形一起组成极具现代感的画面,这样能瞬间抓住人们的视线,达到宣传的目的。如图 1-39 所示,背景图形与人物文身的完美结合,新颖时尚、现代感强;右侧的文字块起到均衡画面的效果。

图 1-39　新颖型现代字体

(3)时尚型现代字体

字体在设计上要具有现代感的设计理念;运用颜色的对比可

以使宣传文字醒目突出，让人一目了然。图 1-40 所示，由流淌的液体组合而成的文字使画面具有动势，在无彩色背景的衬托下显得醒目突出，同时充满现代气息。

图 1-40　时尚型现代字体

（五）电脑字体

1. 电脑字体的特征

电脑字体是在不随意变动字形结构、增减笔画的情况下，以清晰明确的视觉形象更好、更有效地传达信息，表达内容。在设计创作中要减去不必要的装饰变化，避免繁杂零乱，使文字更加易认、易懂。

2. 电脑字体的类型

电脑字体按类型可分为以下几类：

（1）规整型电脑字体

电脑字体要求规整统一，这样可以清晰明确地传达出广告宣传的内容，给人认真负责的印象；文字的大小处理要使画面主次分明、层次感强；标志和文字设计要醒目突出，在点明主题的同时，达到宣传的目的。如图 1-41 所示，白底黑字的设计让人一目了然，红色的文字醒目突出，起强调的作用。

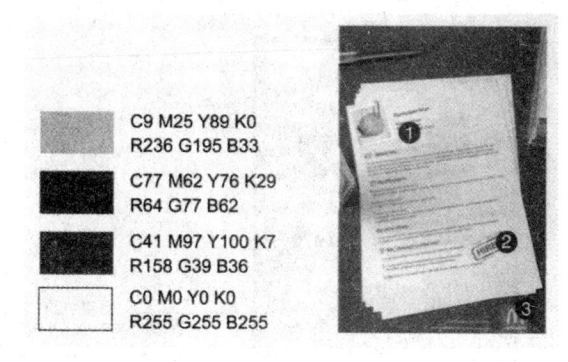

图 1-41 规整型电脑字体

(2) 朴素型电脑字体

运用不同颜色的文字可以使画面丰富生动；文字的大小处理要突出宣传的主题，主次要分明，画面要均衡。如图 1-42 所示，浅色的背景突出前方的宣传文字，形成了具有怀旧感的画面，使人们产生亲切感。

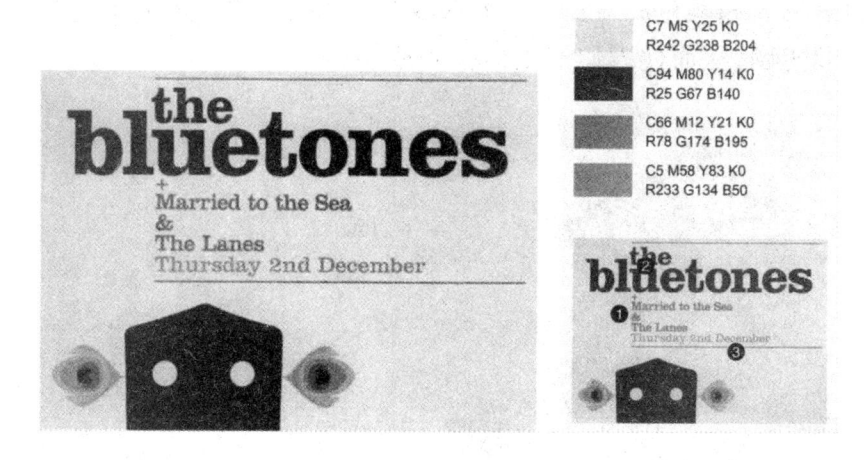

图 1-42 朴素型电脑字体

(3) 直观型电脑字体

整体设计要简洁直观、宣传性强，字体主要以电脑字体为画面的中心，可以传达出诚实可靠的经营理念，给人沉稳干练的印象。如图 1-43 所示,字体的运用棱角分明,与宣传主题相呼应;颜色的对比突出宣传的主题,醒目直观;右下角的标志存在感强。

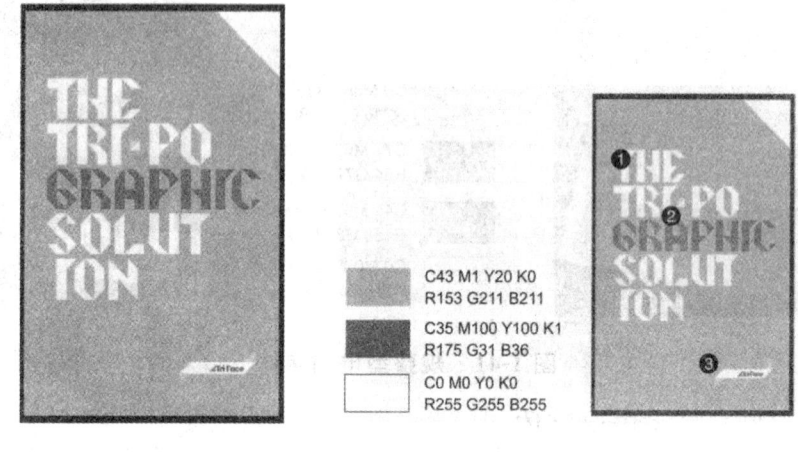

图 1-43　直观型电脑字体

(4)统一型电脑字体

统一的字体运用给人可靠和依赖感;文字颜色的对比要突出宣传的主题;文字块的设计要使画面均衡、统一。如图 1-44 所示,通过明度和颜色的对比突出宣传文字,直截了当地向人们传达宣传的主题,从而使人们产生信赖和依靠感。

图 1-44　统一型电脑字体

(5)递进型电脑字体

可以使用倾斜的文字处理以及台阶递进的文字摆放方式,这样能使画面具有非常强烈的空间感和设计感,主题突出,富有变化。如图 1-45 所示,深色背景配以浅色的文字,对比强烈;文字摆放错落有致,空间感和延伸感极大增强了画面效果。

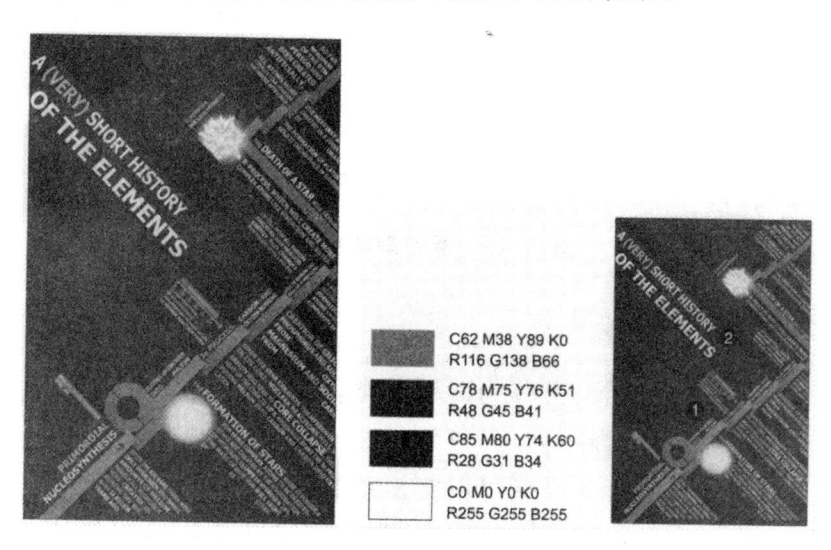

图 1-45　递进型电脑字体

(6)醒目型电脑字体

文字的设计要求醒目突出,能抓住人们的视线,达到宣传的效果;文字的大小和颜色对比运用要能使画面主次分明。如图 1-46 所示,立体文字的运用使画面具有震撼的效果,起到强调突出的作用,引发人们的深思,以达到宣传的目的。

(六)装饰字体

1. 装饰字体的特征

装饰字体主要通过笔画变形、形状处理、虚实结合等修饰手法使文字产生艺术美感,进而引发消费者的好奇心和关注度,使其快速获取产品信息,以达到宣传的目的。在设计中要特别注意,文字之间不能相互脱离,相互冲突,以免破坏了文字的诉求效果。

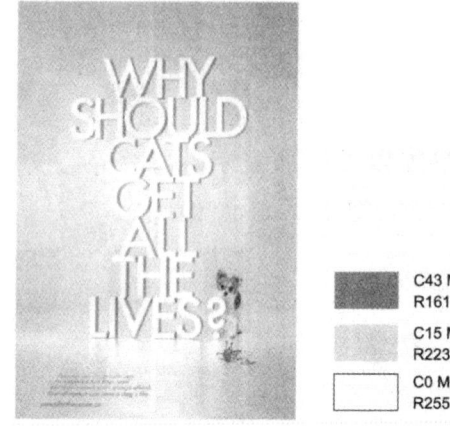

图 1-46　醒目型电脑字体

2. 装饰字体的类型

装饰字体按类型可分为以下几类：
(1) 活力型装饰字体

利用背景的渐变设计可以突出前方的图形和文字；字体的设计要求醒目直观，可识别性强；同类色与邻近色的运用要给人亲切和舒适感。如图 1-47 所示，文字的设计醒目直观，与装饰图形一起组合成一幅生动且具有活力的画面，展现出一派生活的气息，让人印象深刻。

图 1-47　活力型装饰字体

(2)古典型装饰字体

可以通过字体的变形和纹理的特殊处理。形成充满艺术感的画面,展现出古色古香、形象生动的装饰文字。

文字的变形形象生动,设计感强。颜色的运用和装饰使文字丰富且不呆板,起到画龙点睛的效果。

(3)清新型装饰字体

整体格调可以运用浅淡的绿色,这样能散发出自然清新的气息;字体的运用要形象自然,充满趣味感。如图1-48所示,由文字和图形组合而成的树冠活泼可爱,充满趣味感,与树干结合形成让人印象深刻的画面,极易博得人们的好感;橙黄色的添加为画面增添了活泼的气息。

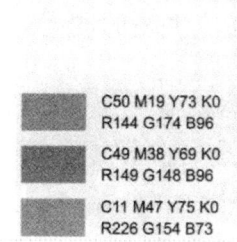

图 1-48　清新型装饰字体

(4)时尚型装饰字体

可以通过颜色的变化使文字具有立体和空间感;运用流动的线条可使画面具有动势,表现出时尚的气质。如图1-49所示,颜色的运用丰富时尚,蕴藏着能量感;字体的设计简洁大方,起到使文字华而不乱的作用。

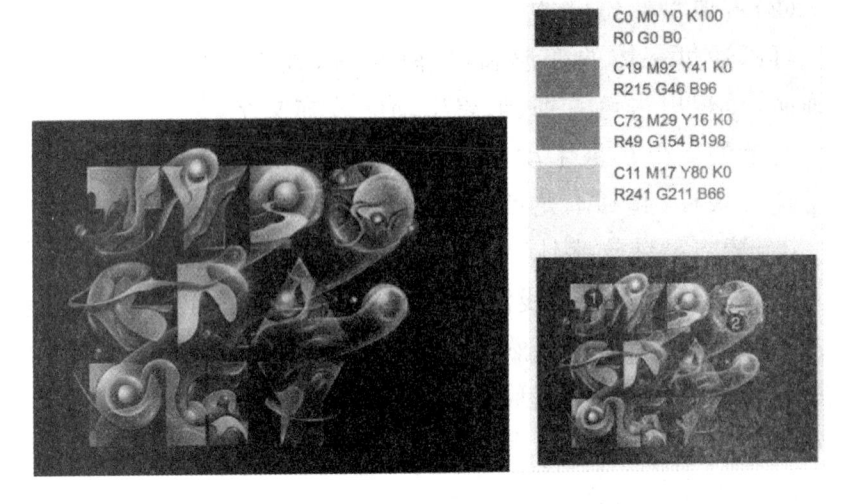

图 1-49　时尚型装饰字体

(5)生动型装饰字体

可以运用柔和的色调易调动起人们的情绪,从而吸引眼球;可以将图形与产品结合,从而自然直观,达到宣传的目的。如图 1-50 所示,文字与图形共同组合而成的牛形状,形象生动,能让人们更加直观地感受到产品优良的品质和丰富的营养成分;下方的紫色文字在宣传主题的同时,起到均衡画面的作用。

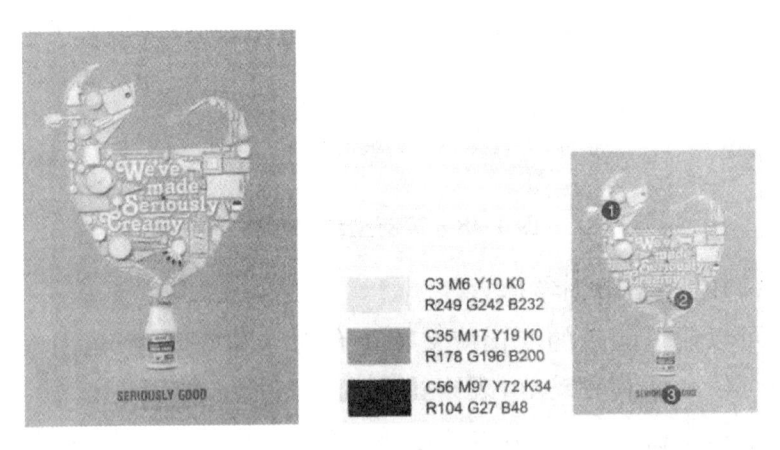

图 1-50　生动型装饰字体

(6)醒目型装饰字体

可以运用黑白的对比使文字醒目突出;文字的设计要求简

洁直观,可识别性强;文字的大小对比可使画面主次分明。如图 1-51 所示,黑色的背景使前方的白色文字醒目突出,由点组成的文字在展示出宣传主题的同时,形成具有震撼感的画面。

图 1-51 醒目型装饰字体

三、字体设计的规律与方法

(一)汉字字体设计的规律与方法

1. 汉字字体的设计规律

汉字的结构由点、线笔画组合而成,就像一个小小的建筑物,有均衡,有对称,从而达到和谐美观。在点与线的组合之中存在着力的呼应和对比。线条与线条之间的相互呼应产生了文字的生命力,而对比产生变化,形成节奏和韵律,因此,只有当成组的线条按照一定的规律和视觉心理构成完美的整体时,才能产生优美和谐富有艺术感染力的字体。而为了达到这个目的,在书写中文文字时,有一些规律是需要遵守的。

(1)外圆内方

汉字的结构是"外圆内方"。这符合古人"天圆地方"的理念。汉字的"外圆内方"结构是"完美"和"节省"的构造方式。

(2)结构稳定

要使汉字的结构稳定,应在书写之前,打好适合的格子,也就是确定字的大小,定好字距和行距,然后就可以在格子内绘写了。那么,如果把每个字都顶满了格写,是否就大小一致,黑白均匀,重心平稳,写得漂亮了呢?事实上没那么简单。有些文字如果顶格书写,去掉格子之后会显得过大,而有些文字顶格书写,去掉格子又会显得太小。这样就会造成文字大大小小、高高低低的效果,既不美观,阅读也很费力。这就要求善于利用错觉现象来解决大小、黑白和重心几方面的绘写问题。

(3)字形大小合适

影响字形大小的因素主要有外在的形态和字内的空白两种。汉字虽然是方块字,但其笔画构成的外形却是多姿多彩,千变万化的,例如方形(田)、梯形(旦)、三角形(人)、六角形(永)、菱形(今)等。这就对导致汉字字形的面积产生了很大的区别。要处理好这个问题,应该使以横笔画为主的字(王、重、僵)上下要压缩些,左右要冲出些,以竖笔画为主的字(川、删、酬)则相反。

从字内的空白上来看,汉字笔画的繁简悬殊对字形大小的影响也很大,如"口"字和"圈"字如果写得一般大,那么字内的空白大(线条少)的"口"字就会见大,字内的空白小(线条多)的"圈"就会见小。对此处理应使让"口"字适当的小于外框一圈,让"圈"字基本接近于外框的外延。

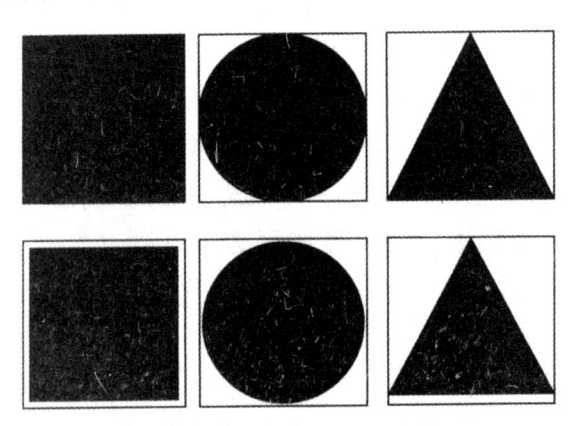

图 1-52 文字的大小调整

(4)处理好重心

重心不稳就会摔跤,一旦掌握了重心规律,不但不摇摆,不跌跤,而且还能跑能跳,能一足独立,以及做出各种可爱的姿态。字体设计也有重心的问题,如果处理不好,就会产生左倾右倒,忽高忽低的现象。

(5)处理好主副笔画

在书法中将文字的基本笔画,如横、竖、撇、捺、点、挑、钩等,称为"永字八法"。它是创造优美字体的基础。而在这"永字八法"中,我们将其中起支撑作用的基本笔画,如横、竖、撇、捺称为"主笔画"。它们就如同建筑中的柱点,占主要地位。而其他不起支撑作用的笔画,如挑、钩等则被称为"副笔画",它们就像建筑中门、窗等的附件,只起次要作用。一般主笔画变化较少,副笔画变化灵活,借以调节空间,使构图紧凑。

对文字笔画,特别是艺术字的笔画,初学者可以按照先写主笔画,后写副笔画的顺序来书写,而不是依照文字的笔画顺序来写。

(6)处理好笔画粗细

汉字笔画多的显黑,笔画少的显亮,如果一组字中每一字的笔画都按同样的粗细处理,就会出现笨拙、黑白不均匀的现象,影响美观和阅读效果。对文字笔画粗细的处理可按照以下的方法来处理:汉字笔画少时要使用笔粗,笔画多时要细;疏粗密细;笔画交叉处要细;主笔粗,副笔细;外挡粗,里挡细;所有笔画减细。

(7)处理好横竖笔画

大多数的汉字,横画多于竖画,而人的眼睛在看同样粗细的笔画时,往往会产生横画比竖画感觉略粗些,这就在书写上就形成了横粗竖细。所以如果不把横画减弱一些,就会粗笨难看了。

(8)笔画要上紧下松

一般来说,人的身材要上半身短,下半身长,这样看上去才觉得舒服,反之会觉得矮短粗笨,头重脚轻。字体设计也是如此,要把中心定在视觉中心上,使字的上半部紧凑些,下半部宽畅些,才符合审美心理的需要。

上面讲的是个别笔形影响单字的重心和平衡。每个单字都有一个中心,这个中心就是视觉中心,中心不一样高就会产生高低不一的现象。但大多数汉字是由两个以上的部首组合成的,例如:牺、粟、羁,每个部首都有一个中心。处理不妥,就会上下歪斜,左右不平。因此,绘写时应把中心摆得左右平衡,上下垂直,使整行整幅的字整齐统一,均匀稳定。

(9)把握好字体的内部结构

汉字除少数是不能分割的单形字外,它的结构是由各种基本笔画组成部首,再由部首和部首结合而成的组合结构。[①] 这就要求部首之间和笔画之间要有良好的穿插呼应,形成首尾呼应、上下相接的优美笔势,这样才能产生既活泼又安定的效果。如果组织不妥,难免产生互不相关的两个字,甚至几个字或重叠挤塞看不清字的现象。

2. 汉字字体的设计方法

(1)外形变化

汉字的外形是单独的方块,俗称方块字,因此,创意字体的外形变化最适宜于正方形、长方形、扁方形和斜方形等。有时也可酌情使用其他不同的形状,但圆形、菱形和三角形违反了方块字的特征,不易认识,一般应该谨慎使用。在排列上可以横排,也可以竖排,还可以作斜形、放射形、波浪形和其他形状的排列。但无论怎样排列,都要有规律,否则会感觉零乱松散(图1-53)。

[①] 汉字的结构主要有七种:上下结构,如要、里、省、圣、李、香、早;上中下结构,如京、章、曼、鼻、掌;左右结构,如壮、印、被、服、村、镇、明、灯;左中右结构,如例、蝴、璐、粥、树、辫、微、湖;上下左右结构,如哲、羁、唱、别、华、露、唱、薄;里外(全包围或半包围)结构,如回、同、匡、司、区;穿插结构,如参、差、多、少、灰、有。

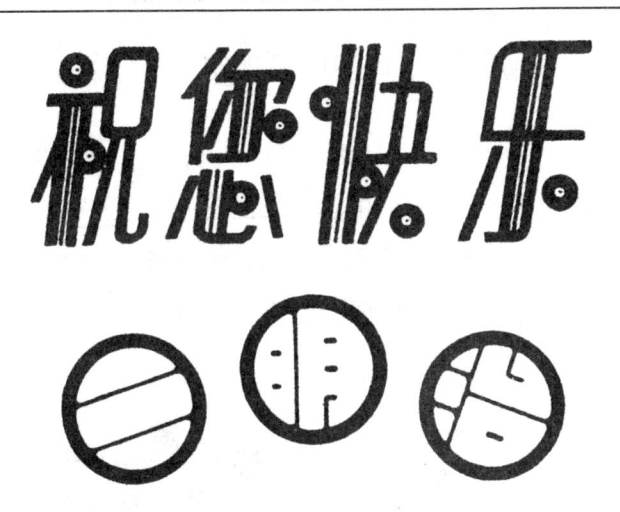

图 1-53　外形变化的字体设计

(2) 笔画变化

笔画变化的主要对象是点、撇、捺、挑、钩等副笔画,它们的变化灵活多样。主要是笔画横、竖的变化较少。一般只在笔画的长短粗细上稍做变化。因此,掌握好笔画的变化,主要是要注意副笔画的变化。在笔画变化中,还要注意一定的规律和协调一致,不能变得过分繁杂或形态太多,否则会造成五花八门,软弱无力的弊病,反而使人感到厌烦,失去了字体设计的意义(图 1-54)。

图 1-54　笔画变化的字体设计

(3) 结构变化

结构变化即有意识地把字的部分笔画进行夸大、缩小,或者移动位置,改变字的重心,使构图更加紧凑,字形更别致,收到新颖醒目的效果。

汉字繁简不一,很不容易搭配匀称,为了求得字形美观统一,可以运用增、减或繁、简笔画的方法,就是把一行文字中笔画简单的字使之繁复些,笔画繁杂的字使之简略些。这种处理必须适当,以不失去字的原形为原则,否则故意卖弄,任意增减,反而不容易使人认识了(图1-55)。

图1-55 结构变化的字体设计

(二)拉丁文字体设计的规律与方法

1. 拉丁文字体的设计规律

拉丁印刷字体的形式与书写规律:从大写到小写、从正体到斜体、从古典字体到现代字体、从老罗马体到现代自由体,这些体式与我国的汉字印刷体相似。罗马体犹如老宋体的古拙严肃,有典雅庄重的感受;哥特体犹如黑体的粗犷强烈,感到敦厚有力;自由现代体和楷书或隶书相似,活泼而有变化。它包括古罗马体、巴洛克字体、现代罗马体、自由现代体。

拉丁文字的书写追求笔势上的统一,利用错觉,使字体达到均匀、安定、美观、统一的效果。由于拉丁文字是由圆弧线和直线组成的几何结构形体,在书写时一定要注意笔画线条与周围形状的完整统一,合理调整大小及粗细。

(1)X坐标

X坐标是一个专业词汇,是指基线和中线之间的距离。由于

X的顶部和底部都是平整的,因而产生了X坐标这一定位标准。X坐标是拉丁文字的一个相对标准尺寸,而字体与字体之间有着不同的X坐标,其标准尺度也就各不相同,从而产生不同的视觉效果。X坐标相对较大,意味着线与线之间的空间会变小,上下笔画之间的空间也就相应变小;X坐标相对较小,则呈现出相反的效果。

图1-56杂志内页中,通过字母大小差异的表现,使标题与正文之间主次分明,坐标特征明显,具有规则、醒目的层次感。

图1-56 通过字母大小表现差异的设计

(2)绝对尺寸和相对尺寸

绝对尺寸是指字体之间虽然高低都不相同,但有一个绝对标准的相同平均磅值,而字体的磅值是通过上下笔画之间坐标线的距离来测量的。相对尺寸则是指特定的字体尺寸是相对的,而非绝对的。这种尺寸通常被用来设定破折号、分数符号和空间比例等,有着明显的实用性,当字体变大或缩小时,空间也跟着发生变化。

图1-57内页设计中,放大的标题以错落的高度进行排列,不平凡的空白空间使其显得个性而独特,而内容字体则以规整的排列方式呈现,大小文字相互呼应,表现出画面整体的统一协调感。

图 1-57　绝对尺寸与相对尺寸

2. 拉丁文字体的设计方法

(1) 外形变化

外形变化是将基本字体作为原型字体,然后作瘦长或扁阔的变化。一般说,长体感觉崇高,扁体稳定庄重。在排列上除横排外,也可根据需要作斜形、弧形、波浪形和不规则形等变化。拉丁字母的宽度不等,不适于作垂直的排列,只在字母不多和很少的情形下作垂直的排列。

(2) 笔画变化

笔画变化以字脚的变化最为普遍,它是笔画变化的主要对象,我们应对各种字脚的形状和特点有一个基本的了解。同时还可以把基本字体的线条作粗细的变化,以收到明亮轻快或者浑厚有力的效果。

(3) 结构变化

把部分笔画进行夸大或缩小,以及移动部分笔画的位置,以改变字母的部分结构,使构图更加紧凑,能收到十分醒目的效果。

四、字体设计的情感化处理

人是进行文字阅读的关键主体,设计者应注重对字体设计的情感表现研究,准确地把握住受众的心理,让信息的传递能够更为准确与高效。

(一)男性化风格

男性所体现出来的特点是稳重大方、充满力量,在进行男性化字体风格的设计时,字体的笔画要求硬朗、干练,通常需要选用较粗的笔画,组字方面也要做到整齐规范,给人一种可信赖的感觉。男性化字体是字体设计中使用比较多的类型,由于其理性、大方的突出特点,对设计企业的标准字十分合适。设计时需要注意避免文字呆板、乏味,可以采取调节笔画的细节以及组字的间距来完善,如图1-58所示。

图 1-58　男性化风格情感体现

(二)女性化气质

女性的特点是优雅、细致,在字体设计中,想要表现出女性化的气质,就要在字的笔画上追求节奏。通常来看,字体的笔画不要太粗,以纤细为好。多采用弧线,让人联想女性柔和的曲线与优美的长发。组字方面,要适当地采用节奏感去表现女性的感性与活泼。但是要注意度的把控与对应关系,不能一味地纤细与感性,还要注意在细节方面的处理,这能够给设计带来新的感受,如图1-59所示。

图 1-59　展现女性化气质的设计

（三）历史沧桑感

具有历史沧桑感的字体设计往往能够更好地提升其设计的意味，其设计的手法多是采用一种破形或肌理，以达到良好的效果。通常情况下来看，其笔画比较粗；组字的手法也是多样的，如图 1-60 所示。

图 1-60　具有历史感的设计

（四）可爱潮流性

具有可爱感的字体设计也是在现在设计中流行的一种设计形式。具有可爱感的字体在设计时笔画多运用曲线与弧线加以表现，可为较细的笔画，也可是较粗的笔画，其中对于圆弧粗胖的笔画应用比较多。可爱感的字体具有很好的亲和力，多用在儿童用品的设计或少女用品的设计方面，对于设计上可爱的程度要有准确的把握。为了能够更好地识别,在组字上尽量不要过分地跳跃,注意字体的整体性。值得强调的是,可爱感的字体常常给人一种信赖感较低的印象,设计的时候要注意适用范围的把控,不能滥用于成人的设计中,如图1-61所示。

图 1-61 中外的可爱性字体设计

(五)科技数码型

在科学技术日益高速发展的今天,数码的概念已经深入人心,这种在电脑的大规模应用背景下出现的新的设计表现风格,可以给人一种高科技的时尚感受,这也在现在的字体设计中被充分体现出来。科技型的字体设计通常采用的是像素感的破形手法。在对英文字母的设计中,可以很容易就实现科技数码型的字体设计,而相反地,因为汉字字形比较复杂、笔画较多,所以会在字体设计时有一定的难度,这就要求设计的时候注意整体性与识别性,如图1-62所示。

图 1-62 中英字体设计的科技感

（六）随意休闲风

如今，人们追求个性、追求解放、休闲娱乐的时代步伐越来越快，而体现出随意休闲风格的字体设计也在现代字体设计中愈来愈受到大家的喜爱。随意的字形设计打破了文字的呆板刻板的面孔，表现出一种特有的亲和力。通常来说，采用诸如类似书写体的表现手法，有手工书写的痕迹表现出来。这种风格的字体在设计时要注意对度的把握，注重可读性。随意休闲类的文字常常作为辅助性的文字出现与设计中。但是，过多的随意休闲风格的字体会让人感觉不够理性，如图1-63所示。

图 1-63　随意休闲的文字设计

（七）简洁时尚性

简洁的字体设计主要是受到包豪斯国际主义风格的影响而形成的风格。简洁的字体设计具有十分强烈的现代感，是现在设计中比较常见的设计风格。设计时多把复杂的笔画归纳起来，采用一种几何线条来表现，比较容易做到整体统一性。设计时还要十分注意其易识别性，设计师对字体的细节进行巧妙地处理，往往能够使字体十分地出彩，如图1-64所示。

（八）隽秀高雅风

在现在社会，人们的需求呈现多样化发展，字体作为文化的重要载体，对文字设计时的隽秀高雅提出了更高的要求。在一些高档字体设计中,隽秀高雅风格的字体得到了比较广泛地应用。隽秀高雅风格的文字在字体的设计过程中要做到较准确地把握,要求对字形、内涵都有较高的理解与认知。设计者也需要综合中国传统字体中的宋体、黑体等精华,才会设计出隽秀高雅的文字形式,如图 1-65 所示。

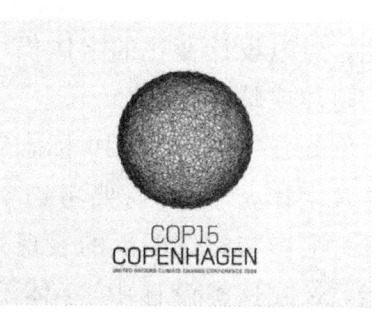

图 1-64　简洁时尚的字体设计

图 1-65　隽秀高雅的字体设计风格

第二节　文字在广告设计中的应用原则

文字在广告设计中的设计原则主要体现在以下几个方面。

一、可识别性原则

文字设计的可识别性原则是指字体的易读性,即版面中字体被观者识别的能力。广告文字必须给人整洁明了、清晰易懂的视觉印象,这样才能在最短的时间内向受众传播正确的信息。这是因为,广告信息传播具有一定的时间效应,如果在传播过程中,不能快速清晰地理解和识别字体的含义,那么字体就失去了它本应发挥的作用和意义。

在广告设计中,字体起到了非常关键的作用。字体在设计时,通常在不改变字体原来字形字义的基础上,对字体进行局部变化。经过设计变化的字体仍可识别和判断,而且不会造成理解上的晦涩或歧义。

例如,在标志设计中,标志字体代表着企业的名称与声望,在设计其字体大小时,需要考虑空间上各视觉要素的搭配关系,字体过大会影响标志图形的表现力,而过小则会严重阻碍文字的诉求能力。在这类设计中,字体不仅代表着品牌的名称与形象,同时在品牌的宣传中也发挥着重要作用。如品牌的包装能间接为消费者提供产品的形象,并同时提高品牌的曝光度,因而包装上的字体应以醒目、清晰为设计原则,字体大小是否适宜将直接影响其宣传效力。

二、艺术美观性原则

现代社会中只有具有视觉美感和艺术享受的字体,才能让大众对其有好感,使其更容易被接受,从而增强人们对该产品的购买欲望。文字设计中,有时仅仅只是某一笔画的变化,就会使文字具有更深刻的艺术感染力,而这种艺术效果常常是一种画意的体现。

文字本身所具有的文化内涵结合字形的丰富变化,会使得文字的意义在视觉上得到充分的体现与延展。而粗陋的文字设计只会带来视觉污染,引起受众反感,导致受众对该产品及其传播活动的厌恶。如图1-66所示中,该字体在设计者的演化下,将中国传统鲤鱼图案、加加酱油和"鲜"字巧妙结合在一起,使文字不再单单是文字,更是由文字和图案组合成的新的具有美感和感召力的符号。

图 1-66　加加酱油广告

　　文字设计需要在视觉上给观者带来美感。除上述方法之外，文字设计还能通过适当的对齐与错位法来构成整体的韵律，使文字显得更加独特与美观。

　　对齐是指对齐式的排列结构，主要使文字与左右上下完全对齐。对齐法能够有效地保持画面的稳定性与均衡感，使观者在阅读时得到舒适的视觉感受。对齐法是一种非常规整、严谨的排列方式，从古至今，对齐式排版都是书写文字的标准版式，它不仅符合人的阅读习惯，还通过整齐的排版格式，带给观者统一、和谐的美感，从而增强了文字的传递性。例如图 1-67 所示，为五粮液广告招贴的文字设计，该组设计中，字体的编排与笔画均选择了对齐的方式，使整个画面呈现出均衡、统一的视觉效果。

　　错位是指文字与文字之间出现空间上的排版，出现扭曲，这是一种打破常规构图的特殊形式，它与对齐是两种不同的概念。错综复杂的排列版式能给人带来耳目一新的感觉，同时，文字与文字、图形在空间上的相互交错也是一种错位的表现。无论是哪一种错位方式，它都能使画面展现出一种随性美，并为观者留下美好印象。

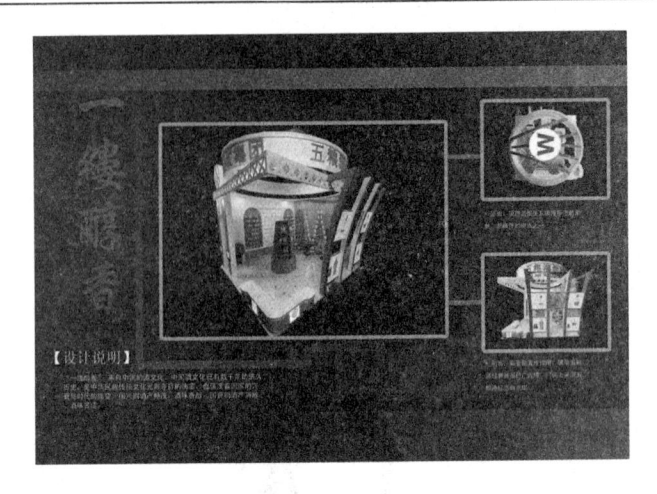

图 1-67　五粮液广告招贴文字设计

例如图 1-68 所示为海报设计。画面中的字体以白色为主，字体的笔画结构随性、不拘谨，错位排列的文字使版面显得格外充实，自由散漫的版面构图使画面表现出一种凌乱美。

图 1-68　错位海报文字设计

三、独特性原则

随着时代、社会、设计对象对文字设计要求的不断提高，字体风格的独特性已是文字设计中不可缺少的关键因素。这种独特性是为了区别其他广告产品或者服务，其字体常常经过特定设

第一章 文字艺术与广告设计

计,因而具有独一无二的特征。只有这种独特的、无重复性特征的字体,才能在现代商业社会中别具一格,才更能具有可识别性和可记忆性,也才更能够彰显产品的定位和文化内涵。如许多产品的名称和公司名字都是经过精心设计,与众不同的,这可以让人们在第一眼接触该产品包装或广告时,就形成一个独特的印象。

独特性字体可以通过置换和局部强调等手法来设计。为了通过视觉更好地传达主题信息,可以置换材质的设计方式来强化文字的外在形象,从而引起观者的感知兴趣,并给人眼前一亮的视觉感受。例如图1-69所示为FRUCO番茄广告文字设计,设计者通过材质等换的方式,将文字的颜色设计成番茄的颜色,令字体材质在本质意义上与文字中的信息"番茄"呼应,使得画面充满了趣味与创意。

图 1-69 FRUCO 番茄广告文字设计

另外,为了使字体变得更具吸引力,设计者往往会采用一些比较特殊的置换手法,例如将某些图形用文字的形式置换。在平面广告设计中,这是一种以字体为媒介,与设计对象进行材质置换的方法,以此形成不可思议的视觉效果。通过这种方法,使文字得到了充分突出,并增强了观者对该作品中字体的识别能力,这样的组合对于习惯了平常事务的视觉感官来说,无疑极具新奇感与视觉冲击力。

四、客观性原则

文字的客观性是相对于人们进行广告文字欣赏的主观性而言的。所谓文字的客观性是指文字本体不受人们意识控制而独立存在,它能透过现象看本质,文字效果讲求直接、合理,能够客观、有效地传递出广告内容。

五、创造性原则

广告中的文字设计应注重创造性,也就是说在视觉上能够提起观者的兴趣,通过独创的表现手法引起观者的感知兴趣,给人以眼前一亮的感受。

为使文字具有创造性,变得更具吸引力,可选用一些比较特殊的字体效果,如置换、立体、光影、描边等,使字体大放异彩。图 1-70 "保护珍稀动物"公益广告的作者巧妙地用文字内容拼组成珍稀动物的图形,创造性地将图形与文字结合起来,使画面更加醒目,发人深省。

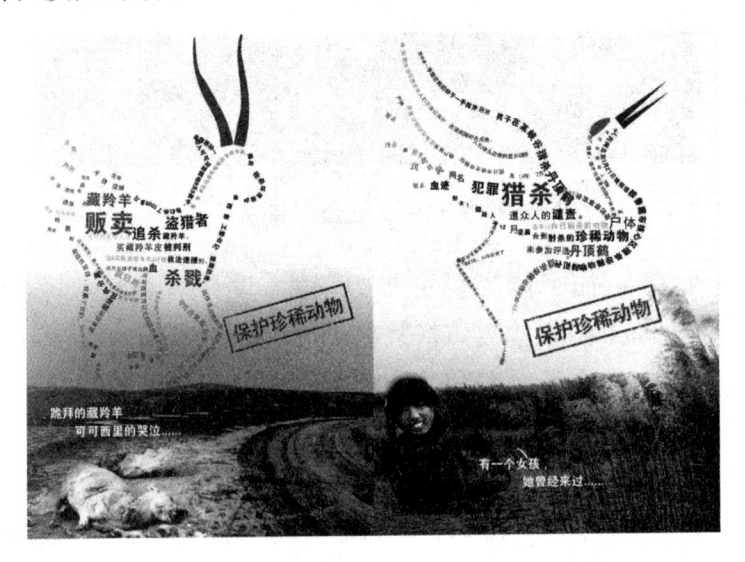

图 1-70 "保护珍稀动物"公益广告文字设计

六、形式与内容一致性原则

字体的形式美感是与它所表达的内容紧密结合的。文字设计首先从内容出发,要确切地表现出内容和对象的重要特征,要让文字具有形象的个性表现,让文字的艺术表现风格与宣传的广告产品相同,与文字的内容相一致;结合文字内容进行艺术加工,使内容与形式完美地结合,应用现代设计的风格,用各种各样的表现手法创作字体,生动、概括、突出地表现文字内容的精神含义,以达到形式与内容的高度统一。例如在设计企业标准字体时,因为企业标准字体通常与企业标志组合成一个整体来应用,所以在形象上既要考虑与标志形象风格的一致性,又要考虑与企业名称的文字相统一。在设计产品名称字体时,应该注重产品的特征,抓住消费者心理,运用独到的手法表现出产品的内容。许多酒类、茶叶商品名称均采用传统的书法字体来表现,如"白云边""稻花香""名人茶"等都是采用这种字体,这样的字体设计既象征了商品的悠久历史,又能体现出独特的东方韵味。如图1-71谭木匠,这是一幅商铺的店面招牌设计,其中的核心元素就是文字"谭木匠",在进行设计时应该精心考虑所要表达的内涵,紧扣主题才能使整个作品产生视觉上的美感,符合人们的欣赏心理,让人一看就能知道所要传达的内容。如果没有这样的文字设计,或许作品本身的感染力会弱得多。这三个字都进行了相关设计,尤其是其中的"木匠",给人感觉是用木头拼接并用钉子牢固而成的,非常形象直观,有较强的视觉审美力,给人印象深刻。

图 1-71

第三节　广告中的文字设计实践

一、标题的设计方法

标题是广告的题目,它的作用是用来吸引人们对广告的注意,加深对广告的印象。因此,将广告中最重要的、最吸引人的信息通过简短的标题表现出来,有利于吸引受众对广告的注意力,使他们继续关注正文。

(一)标题的表现形式

1. 新闻式标题

新闻报道的方式发布广告信息多用于介绍新产品、企业以及新措施等。例如,阿斯巴膏广告——"治疗关节炎的突破性产品终于问世。"飞利浦旋转式剃须刀广告——"首创旋转浮动刀头,令剃须变得更顺滑彻底。"新闻型标题在写作时,必须具备新闻新颖、快捷、第一时间报道的特征,必须真实可信,必须要有真正称得上新闻的广告内容才行,否则有欺骗消费者的嫌疑。

2. 建议式标题

建议式标题是通过主动地劝说或暗示让消费者去实践或思考,从而打动受众的一种方法。它同时具有三种功能:一是将运用该品牌产品的好处直接或间接地告诉受众,提高品牌知名度;二是通过建议可以对受众动之以情、晓之以理,从而劝说受众做出选择,使受众容易接受;三是可以直接介绍产品的某种用途或使用办法,使受众对产品的性能和使用方法更加了解。例如七喜汽水广告:"冰了以后更好喝,喝了以后更凉爽。"不只建议人们饮用七喜汽水,还将饮用的方式及饮用后给人带来的凉爽感受都表达了出来。

3. 陈述式标题

客观陈述事实,将广告正文的要点如实地向读者点明,而不刻意强调刺激性和感情色彩。例如,杜邦塑胶广告——"结实的杜邦塑胶能使薄型安全玻璃经冲击致碎后,仍黏合在一起。"

4. 设问式标题

设问式标题需要提出问题,它的目的是为了吸引人们的注意,并让读者在寻找答案中领会广告的意图,提出的问题往往也是对问题的一种强调或肯定。

一储蓄广告写道:"新的经济繁荣和更严重的通货膨胀就在前头……你该怎么办",用一种设问式的口吻向人们发出了警示,问题的答案正好是广告主的意图所在。

5. 炫耀式标题

炫耀式标题是对产品的优点加以炫耀,以增强消费者使用该产品的信心,此种标题对消费者具有较强的说服力。例如茅台酒广告标题:"空杯尚留满屋香",对产品的优点加以宣扬,可以对消费者具有一定的诱导作用。

6. 承诺式标题

承诺来自于对自己商品或服务的自信,将这种自信通过广告标题传达给消费者,可以树立消费者的信心,使其乐于接受进而产生购买的愿望。如奔驰600型汽车广告——"如果发现奔驰车发生故障,中途抛锚,将获赠1万美金"。

7. 双关式标题

"没什么大不了"——女性丰胸产品风韵丹的广告。"做女人挺好"——三源美乳霜。这两个广告的标题一语双关,不仅功能诉求到位,而且广告语简洁准确,含而不露,让人心领神会,尤其对女人的触动非常明显。

8. 抒情式标题

广告标题借用和改用古今诗词或谚语,或者运用诗歌式的修辞手法来抒发感情,借以引起读者的共鸣。此类广告标题运用得当往往会成为人们街头巷尾传送的流行语,对塑造产品形象起到意想不到的效果。例如丰田汽车广告:"车到山前必有路,有路必有丰田车"以及将军牌香烟广告标题:"弹指间,尽显将军本色",都属于抒情式广告标题。

9. 借喻式标题

"牛奶香浓,丝般感受"——德芙巧克力广告。用丝绸来形容巧克力细腻滑润的感觉,想象丰富,把语言的力量发挥到极致。智威·汤逊公司为世界最大的钻石商戴比尔斯创作的广告语——"钻石恒久远,一颗永流传",不仅道出了钻石的真正价值,而且从另一层面把爱情的价值提升到足够的高度,使人们很容易把钻石与爱情联系起来,给天下有情人一种长相厮守、弥足珍贵的美妙感觉。

10. 悬念式标题

悬念式标题抓住了人们追求好奇的本性,因此在标题中设置悬念,使人们产生兴趣,进而参与其中破解谜语、了解广告内容,以达到信息传达的目的。例如雪铁龙轿车的广告标题:"你猜,法国'第一夫人'是谁",让人一看便产生疑惑,细看广告内容,答案当然就是雪铁龙轿车。

11. 劝导式标题

"你打算怎样?是以每小时40公里的速度开车活到80岁,

还是相反?"——丹麦首都哥本哈根的交通安全广告牌。

12. 幽默式标题

幽默可以使人们感到轻松和愉悦,用幽默诙谐的语言作为广告标题,可以让受众在开怀一笑中了解产品并与之产生共鸣。例如一则印刷公司广告标语:"除钞票外,承印一切",用幽默的口吻向人们说明了自己公司的营业范围。

13. 对比式标题

20世纪60年代,艾维斯汽车租赁公司只是美国出租车市场上第二大公司,尽管与赫兹汽车租赁公司在规模上还有很大的差距,但艾维斯汽车租赁公司却直面自己的劣势,大胆地对消费者说"我们是第二,所以我们更努力",在消费者心目中建立起一个谦虚上进的企业形象。艾维斯汽车租赁公司从此稳稳占据第二的位置。"第二"理论也因此而名扬天下。

(二)广告标题的写作要领

1. 主题明确

广告标题是对广告内容的高度概括,因此,一定要准确反映广告信息,要使人们通过阅读广告标题就了解广告的目的所在。

2. 简洁扼要

我们生活在一个信息无所不在的空间里,同时,人们被紧张的工作生活所困扰,要想让人们在较短时间里记住广告信息,就必须使广告标题文字简洁、扼要生动,否则就很难引起人们的阅读兴趣。

例如钻石商戴比尔斯公司的广告标题:"钻石恒久远,一颗永流传",通过简洁生动的文字就表明了公司的产品类型及给消费者带来的长久利益,真可谓一句经典之作。

3. 易懂易记

广告标题有别于文学艺术作品,它是写给目标消费群体看的,因此要符合观众口味,要使标题直截了当、朗朗上口、易懂易记才能引起消费者的共鸣和打动消费者,那些格调高深、晦涩难懂的广告标题只能是为广告主浪费金钱。例如香吉士柠檬汁广告标题:"加点新鲜香吉士柠檬,让冰茶闪耀阳光的风味",既好理解又很贴近生活,有亲切自然之感。

4. 个性鲜明

个性是广告创意的本质属性,是区别于其他广告作品的基础,富有个性的广告主题可以激发人们的好奇心,加深阅读者的印象并吸引人们阅读广告正文。

一则广告标题是这样表述的:"服从你的渴望。"它让人一看便产生好奇,而阅读正文人们才恍然大悟,这实际是一则雪碧饮料广告。喝饮料的第一目的当然是解渴,这里的"渴望"将消费者的生理需要跟产品的特点巧妙地进行了结合,使其形象而又生动。耐克运动鞋广告标题:"只管去做",不只突出了产品及消费者的个性,标题自身的独特性也会给人留下深刻印象。

(三)标题的字体设计

标题在设计上一般采用基本字体,如黑体、宋体和仿宋体,有时候为了避免太沉闷可以在原有的字体基础上加一些改变,但不宜太花,要力求醒目、易读,符合广告的表现意图。在字体选用方面,设计师应明确,不同的字体有着不同的特征和内涵:粗壮有力的黑体给人感觉庄重有分量,适用于电器和轻工商品;圆头黑体带有曲线,适宜于妇女和儿童的商品;端庄清秀的老宋体,用于传统商品标志,稳重而带有历史感;典雅秀丽的新宋体,适用于服装、化妆品;而斜体字给画面带来了风感,带来了动感;有历史文化感的隶书体比较适用于一些带有传统思想的广告中;还有一些特殊的字体,如手写体、草书、花边字等常被运用到个性较强且带有一定动感的广告画面中。

(四)标题的版面设计

标题在整个版面上,处于最醒目的视觉中心的位置。在设计时,设计师应注意配合插图造型的需要,运用视觉引导,使读者的视线从标题自然地向插图、正文转移。如图1-72所示,画面中的标题选用了黑体加倾斜,与广告语字体的大小形成明显的区分,它位于图片的最上方,使观众一眼就能够看到。整个画面,按从上往下的观看顺序,文字和图形形成了一个很好的联系和对应关系,图片中标题、广告语、图片都十分清楚,一目了然。

图1-72 公司广告

二、正文的设计方法

广告正文是将产品或服务信息以文字的形式进行摆事实、讲道理,来增加消费者的认识和了解,起着树立品牌形象和促进购买行为的作用。

(一)正文的设计要求

1. 内容陈述清晰详尽

广告正文要直截了当地将产品或服务信息传达给消费者,写作上要思路清晰,要尽量将消费者希望了解的信息详尽地描述出来。尤其是对那些利益点比较多的产品或服务信息,更应该详细表述。

2. 写作语言要通俗易懂

广告正文是要向受众介绍产品或服务信息,华而不实的语言往往会降低读者的信任度,而生涩难懂的语汇则会使读者难以理解而失去阅读兴趣。因此,广告正文的写作一定要实事求是,要使观众一看就懂,而且还要尽量写得热情友善、引人入胜。

如图1-73所示,为本田汽车广告。文案:"你尝试过在香蕉上写字吗?听起来有点疯,但就像做梦一样,感觉如此顺滑、流畅,充满乐趣,无法令你联想到要写什么抱怨的文字,这让人体会到原来任何事情都可以得到改善,再平常的东西都有令人惊喜的另一面,想象力比知识更强大。你相信梦想的力量吗?"用形象的比喻说明了本田汽车行驶的平稳性和舒适感。

3. 有证据和证言的广告正文更容易打动消费者

广告正文中出现确切的资料、数据是十分有必要的,因为这会给消费者的感觉更加真实可靠;如果采用消费者现身说法或用名人、权威的证言进行支持,效果会更加突出,尤其是利用消费群体普遍喜欢的明星进行广告代言,会收到意想不到的效果。

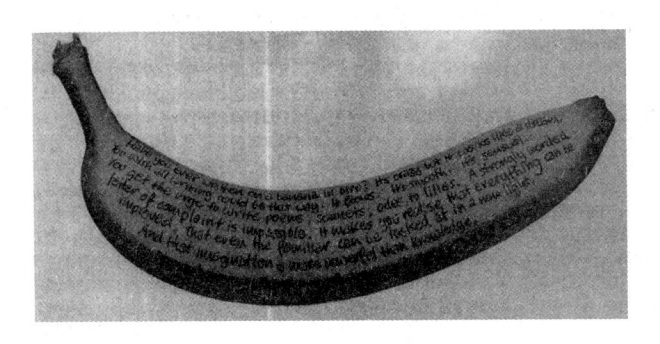

图 1-73　本田汽车广告

例如,2012 年 10 月 10 日,上海通用汽车有限公司正式宣布旗下别克昂科拉(ENCORE)车型正式上市,伴随着声势浩大的发布会之后,别克在接下来的几天里连续发布了 6 条在线视频广告。这是自 2010 年 8 月赢得别克创意代理业务后,睿狮广告传播为别克紧凑型 SUV 昂科拉推出的首轮广告攻势。

活动包括 6 条在线视频广告、一组宣传海报和一系列病毒视频,分享了目标受众——薪一代"80 后"消费主力军对生活的体会和感悟。这 6 条在线视频广告组成了别克昂科拉 198X 系列广告。广告正文通过讲述"80 后"的人生宣言直接传达了别克昂科拉的产品诉求。广告经过拆分,分别开始在各大视频网站进行投放。

广告方案一:循规蹈矩是多数人的方式,结果就碌碌无为,拒绝老套,自由是好的,更何况我们有追求自由的能力,因为年轻。

广告方案二:从小到大,身边总是有个什么都比我好的人,那就是——别人家的那谁谁谁。你看,别人家那谁去了清华;你看,别人家那谁进了世界 500 强。我才不要呢,我才不要成为那谁谁谁!前进的方向由我自己决定,跟着别人走,没门!

广告方案三:计划聚餐,结果突然要加班;计划出游,结果碰上台风天;计划以后,结果她决定和你分手;没有比计划更不靠谱的东西,也没人知道下一步会发生什么……想到什么,就去做咯!

我要一个能到处跑的家,开始一次说走就走的旅行。

广告方案四:衡量一个男人,老爸老妈的标准,是看他能不能干大事。而我的标准很简单,我看他指甲的长短,衬衫的褶皱,还有袜子的颜色。不拘小节早就过时了,就像一辆车,外观功能谁都知道要装点什么样子,反而忽略的内饰设计会出卖一个人的实力,细节会露馅!这是我的看人哲学!

广告方案五:老爸说起目的地,都是左拐右拐再左拐,最后右拐。老妈说起恋爱经,都是先做同事,再做朋友,最后做好朋友。拐弯抹角,早就过时了!换我说,两点一线,直线最短,马路牙子也挡不住我。喜欢上一个人,就该立刻马上现在冲过去,做人要直接,婉转不太适合我!路见不平?你就一脚踩到底!

广告方案六:当我们读小学的时候,读大学是不花钱的。当我们读大学的时候,读小学是不花钱的。当我们还没工作的时候,工作是分配的。当我们不挣钱的时候,房子也是分配的。似乎,我们什么都没赶上,那又怎样?我们还不是有房有车有工作。拜托,机会是自找的。

(二)正文的设计类型

1. 故事型

故事型是指通过故事描述的形式,层层递进地展示商品的信息,从而揭示广告主题。

在广告写作艺术史上,有一篇著名的无标题广告文案,它是由美国近代广告大师乔治·葛里宾为旅行者保险公司创作的。广告画面中一个身材高大而笨拙的六十多岁的妇女,独自站在夜幕中的走廊上,仰望着月光,她神色平静,似乎在回忆自己一生的经历。广告正文讲述了一个引人入胜的故事:

当我 28 岁时,我认为今生今世我很可能不会结婚了。我的个子太高,双手及两条腿的不对称常常妨碍了我。衣服穿在我身上,也从来没有像穿到别的女郎身上那样好看。似乎绝不可能有一位护花使者会骑着他的白马来把我带去。

可是终于有一个男人陪伴我了。爱维莱特并不是你在16岁时所梦想的那种练达世故的情人,而是一位羞怯并拙笨的人,也会手足无措。

他看上了我不自知的优点。我才开始感觉到不虚此生。事实上我俩当时都是如此。很快的,我们互相融洽无间,如不在一起就有爽然若失的感觉。所以我们认为这可能就是小说上所写的那类爱情故事,以后我们就结婚了。

那是在4月中的一天,苹果树的花盛开着,大地一片芬芳。那是近30年前的事了,自从那一天之后,几乎每天都如此不变。

我不能相信已经过了这许多岁月,岁月载着爱维和我安静地度过,就像驾着独木舟行驶在平静的河中,你感觉不到舟的移动。我们从来没有去过欧洲,甚至还没去过加州。我认为我们并不需要去,因为家对我们已经是够大了。

我希望我们能生几个孩子,但是未能达成愿望。我很像圣经中的撒拉(Sarah),只是上帝并未赏赐给我奇迹。也许上帝想我有了爱维莱特已经够了。

唉!爱维在两年前的4月中故去。安静地,含着微笑,就和他生前一样。苹果树的花仍在盛开,大地仍然充满了甜蜜的气息,而我则黯然若失,欲哭无泪。当我弟弟来帮助我料理爱维的后事时,我发觉他是那么体贴关心我,就和他往常的所作所为一样。在银行中并没有给我存了很多钱,但有一张照顾我余生全部生活费用的保险单。

就一个女人所诚心相爱的男人过世之后而论,我实在是和别位女人一样的心满意足了。

2. 抒情型

人们大多喜欢意境优美、具有真情实感的广告,组合巧妙的文字能令消费者看后感到愉快,留下美好的印象,获得良好的心理反应。

1935年,李奥·贝纳为明苏尼达流域罐头公司的"绿色巨人"牌豌豆所做的广告,描绘了一个充满诗情画意的场景。

在朦胧的月光下,远处的收割机在收割豌豆,近处是颗颗新鲜而硕大的豌豆,画面的右下角有一个强壮的男子,吃力地抱着一个半人多高的豆荚,里面的豆粒大似西瓜。

标题:月光下的收成。

正文:无论日间或夜晚,绿色巨人豌豆都在转瞬间选妥,风味绝佳,从产地至装罐不超过3小时。

这则广告的文字具有很强的文学性和浪漫色彩,使人联想到如诗一般的月夜、晶莹的豌豆、熟练的技术和诱人的美味。它一经推出便获得了巨大的成功,以至于明苏尼达流域罐头公司后来索性将名称改为"绿巨人公司"。

3. 描述型

描述型以描写、叙述为主要表达方式,通过生动、细腻的描绘和刻画,来调动消费者的情绪,达到促进销售的目的。

1959年,大卫·奥格威为劳斯莱斯策划过一则广告,标题是:"劳斯莱斯以时速60英里行驶时,汽车上的噪音只来自车上的电子钟。"副标题:"什么原因使劳斯莱斯成为最好的车子?"在广告的说明文字中,详细列出了该车的19个细节性事实。

这则广告简洁而有力,充分表现了劳斯莱斯优良的品质。它的标题能够吸引消费者的好奇心,它的说明文字从各个角度突出了劳斯莱斯轿车的优势,语言朴素而又大众化,达到了良好的信息传递效果。大卫·奥格威还通过这则广告发现了此前一直被传播界所忽视的受众特征,即"受众永远想知道有关产品的更多信息"。

4. 功效型

功效型着重强调广告产品或服务能够给消费者带来的功效。如北京亚都生物技术公司的新产品DHA的广告。

广告标题:蕴藏深海寒带的奥秘,来自北京亚都的神奇。

正文:最新一代智力保健品——亚都 DHA,是采用现代生物高技术研制开发的新型保健品,系缓释胶囊型。旨在补充人们大脑发育、智力增长所必需的重要物质。

5. 断言型

在广告正文中,直接阐述自己的观念和希望,以此来影响受众的心理。代表案例是威廉·伯恩巴克为奥尔巴克百货公司所做的广告。

位于纽约古老的 34 街区的奥尔巴克百货公司,一向因价格低廉而为人们所熟悉。奥尔巴克先生不满意自己的经营状况,他希望能通过广告改变人们的固有印象,将奥尔巴克百货公司塑造成品位很高的时尚商店,于是请来了著名的广告大师伯恩巴克。

伯恩巴克经过周密调查,发现顾客之所以将奥尔巴克的公司作为廉价商场而少有光顾,主要是受到传统观念——便宜没好货的影响。他经过认真的思考,决定为奥尔巴克公司确立一个鲜明的广告主题——精致服装,低廉价格,也就是人们常说的价廉物美。并亲自创作了精美的系列广告作品。其中,有这样一则广告。

标题:慷慨的以旧换新。

副标题:带来你的太太,只要几块钱……我们将给您换个新女人。

正文:为什么你硬要欺骗自己呢,认为你买不起最新与最好的东西?在奥尔巴克百货公司,你不必为买美丽的东西而付出高价钱。有无数种服装供你选择——一切都是全新的,一切都会使你兴奋。现在就把你的太太带给我们,我们会把她换成一个可爱的女人——仅仅只需花上几块钱而已。这将是你有生以来最轻松、最愉快的付款。

三、口号的设计方法

广告口号又称广告标语,一般是由几个词组成的具有战略性的语言。广告口号是配合广告标题,起到说明或加强商品形象的语句,在撰写上要注意个性独特、简洁明确、便于记忆,读起来要朗朗上口。

例如英特尔奔腾处理器的广告口号:"INTEL 奔腾处理器,给电脑一颗奔腾的'芯'。"巧妙地运用谐音,突出了产品特性,给消费者耳目一新的感觉,有力地促进了产品销售。

好的广告口号还会让观众过目不忘,甚至会成为社会上的流行短语或人生的座右铭,如轩尼诗酒广告口号:"对我而言,过去平淡无奇;而未来,却是绚烂缤纷。"

广告口号的作用是:有利于深化广告主题,有利于推动企业文化的发展,有助于塑造产品形象和企业形象。

第二章　图形艺术与广告设计

图形是一种独特的视觉语言，具有生动、直观、准确等特点，在设计活动中，图形往往很难被文字语言等代替，这主要是由于图形语言在信息传递、促进交流、加强理解等方面所具有的独特优势。

第一节　图形的演进与图形艺术

一、图形的演进

（一）原始时期的图形

图形的原始形态最早可以追溯到史前。距今大约 3 万年前旧石器时代奥瑞纳文化时期，西班牙阿尔塔米拉洞窟中"受伤的野牛"充满活力和运动感，堪称人类旧石器时代精美绝伦的艺术遗产。原始图形既是人们交流的一种方式，也是人类艺术天性的反映。

图 2-1　野牛图

半山—马厂文化彩陶器物上,有许多的网格纹和圆圈纹,这是新石器时代人们对器物进行设计的结果,是人们对"雷为天鼓"观念的表达。马家窑类型的彩陶中,采用的图形有波纹、圆、点等,反映出人们对滔滔大河的崇拜和敬畏。半山彩陶中除了葫芦纹、网格纹、旋涡纹等纹路运用外,还有陶器的形制、色彩也别具特色,是马家窑文化发展兴盛的一个重要体现。

图 2-2　马家窑彩陶

距今 6000 至 5000 年的仰韶文化中,西安半坡坛鱼纹人面像是原始人类比较典型的神话符号,传递出人是从鱼而来的巫术含义,图形采用鱼与人相结合的几何变形手法。这种原始符号的图形语言就是现代图形设计的雏形,它揭示出了人类早期的原始形象思维与联想的丰富性。人类把图形作为信息传递的一种工具,是人们从认识自然、改造自然的过程中得来的,是人类极其重要传达信息的手段。

齐家彩陶中普遍运用网格纹、菱形纹等,在色彩上尤以黑彩和红彩居多。齐家彩陶属于齐家文化中的精品,是新石器晚期至青铜时代早期的文化,位于黄河上游地区。

随着人类意识的进化以及对交流的日渐重视,使得原始图形开始向文字演变。

图 2-3　半坡枟鱼纹人面像　　　图 2-4　齐家文化彩陶

文字具有准确的特性,大多数文字都是从象形文字开始的,例如两河流域的苏美尔人在泥板上刻画的象形文字(刻字时用楔形的木片进行刻写,所以也叫"楔形文字")。

图 2-5　楔形文字

可以说,人类文明的第二次飞跃正是由于文字的诞生,而在我国,可考的最早文字是安阳殷商遗址中出现了象形文字,因为刻在龟甲兽骨上,所以也称"甲骨文"。

图 2-6 中国最早的象形文字

众多的设计作品中,设计者会采用"甲骨文"元素,一方面是对那个时代创造文明的追忆,另一方面也是对华夏文明的一种自我认同感的体现。

图 2-7 甲骨文图形

第二章　图形艺术与广告设计

(二)中世纪与文艺复兴时期的图形

1. 中世纪时期的图形

12世纪中叶,罗马式风格开始演变成哥特式风格,在视觉上,它由盛行彩饰风格转变为写实与自然主义倾向,开始对空间、形体、明暗和色彩的探索。

2. 文艺复兴时期的图形

14世纪的意大利文艺复兴预示着人类从中世纪往现代的过渡,这一时期的文化艺术成就具有多样性。文艺复兴之前,图形根据需要排列在没有纵深空间关系的纯粹的平面上。文艺复兴后到印象派时期之间,人们开始运用透视规律,努力在平面中体现三维空间。在视觉传达方面体现在印刷与应用上,1609年最早的报纸媒体诞生。

图 2-8　最后的晚餐

18世纪,法国的洛可可风格成为当时文化艺术和视觉传达设计的代表风格。18世纪末在意大利创造了视觉传达史上称为"现代风格"的形式,强调几何形和空间设计,表现为柔和、轻快的调子,优美的质感、数学、几何和机械的形式,均衡的构图,强调对比统一。

(三)工业革命时期的图形

工业革命时期出现了很多艺术流派,如古典主义、浪漫主义、现实主义、印象主义等。

立体派艺术家主张同一个物体可以从不同的角度、多个视点进行观察分析,构成一个新的空间观念,用块面的结构关系分析物体,表现体面重叠、交错的美感,创造了一个独立于自然的艺术空间,开拓了图形思维的空间范畴。

未来主义的代表人物主要为毕加索,例如《格尔尼卡》[①]这幅作品中,作者用变形、手法突出了悲惨的遭遇。

图 2-9 格尔尼卡

19世纪工业革命使得工业化大生产造成印刷成本降低,从而使视觉传达设计进入了大众传达时代。设计从生活中分离出来,消费文化呈现多样化。装饰及设计的抽象造型理论日趋成熟。有抽象主义、达达主义、超现实主义等艺术风格。

抽象主义对于改变传统的图形设计和表现提供了理论基础和

---

① 这幅巨作长达7.82米,高有3.5米。画面中女人的痛苦、阵亡士兵的惨状、牛马的嘶叫,都让人深刻感受到战争带来的灾难,也体会到了毕加索内心的愤怒和同情。而简单的黑白灰三色更是增添了恐怖的惨相。毕加索对于痛苦的表现并不源于这件作品的创作,他之前已经开始了对痛苦的分析,研究人物外形的变形对情感的表现。在长期实验和研究之下,才会有如此成熟的作品应运而生。画面貌似原始的手法,接近儿童般的单纯和朴实,但它所带来的强烈情感却足以令人惊讶。正是这种超越各类复杂描述,回归于简朴的形式,得以诞生不朽的经典形象。

实践参照。创造了简洁、明快,富有装饰性和象征性的图形形式。

图 2-10 即兴 31 号

达达主义的出现则否定了传统的审美观念和艺术造型方式,把偶然性、机遇性运用在艺术创造中,这对图形设计有很大的启发。如图 2-11 所示把许多表面上不相关的、荒诞的图形有意识地组合在一起,使人在不可思议中,进入到荒诞的境地。

图 2-11 带胡须的蒙娜丽莎

超现实主义,以梦幻般思维方式和自然主义的绘画方式,把现实与潜意识、梦境融合在一起,这种梦幻意识的出现又启发了一大批图形设计家。

图 2-12　内战的预感

另外,19 世纪以后,工业和科技的发展为图形设计拓展了领域,例如摄影形式的产生为图形设计形式增添了一种全新媒介,也使信息传递的准确性得到提高。而从摄影到电影的发展,又使视觉艺术从平面转向声光结合的良好境地。

(四)20 世纪之后的图形

1. 20 世纪的图形设计

技术与科学对这一时期图形的发展产生了重大的影响。现代美术的兴起对其影响颇大,其中立体派、达达派、超现实主义、至上主义、波普艺术均改变了视觉传达设计的方法和观念。

未来主义 20 世纪初产生于意大利,其直接受到立体主义的影响,热衷于用抽象的线条、形状、色彩描绘一系列重叠的形态和连续的组合,表达运动、速度和激情,充满了对空间及未来形式的探索,极力使作品充满动感,主张在艺术创作中加入时间的表现,重视科学性和技术性。例如,田中设计的耐克服装形象广告,通过图像处理,画面体现了速度与过程。

图 2-13　耐克服装形象广告

20世纪初,德国包豪斯设计学院开创了现代设计的新纪元。由于包豪斯锐意探索,大胆革新,因此对现代主义艺术设计风格的形成产生了关键的影响。包豪斯的设计理念之一是设计从艺术中脱离出来,追求设计语言的纯粹性,许多设计门类从中分离出来。随着经济的发展,设计开始为商业活动服务,图形设计也真正开始面向大众。尤其是在广告设计、海报设计中,图形创意成为设计师主要的表现手段。

荷兰的独立现代主义设计运动也将图形语言发展到一个新的高度,亨德里克·维德曼把绘画引入印刷,对现代艺术与现代主义平面设计的结合进行了最早的探索。

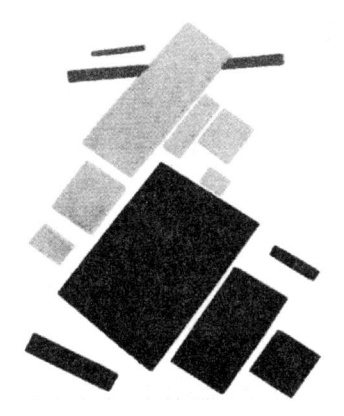

图 2-14　飞机起飞

第二次世界大战后,不仅出现了极高艺术水准设计风格的团队和设计师,如冈特·兰堡、金特·凯泽等,还使图形的表现技法发展得相当成熟。

20世纪的现代美术运动,直接影响了图形的表现风格。如众多现代绘画中的色彩、造型,以及纯粹带有精神性、个性化的图形与设计直接联系。另外,逻辑学、数学、哲学等学科的发展也为图形设计增添了魅力,如魔带、矛盾空间、鲁宾杯等形态结构的出现。

图 2-15　爵士音乐会招贴设计　　图 2-16　莫比乌斯魔带

20世纪后期,电子计算机的问世使得难以想象的图像应用于设计中,科学的发展为图形的发展注入了新生命和巨大空间。

2.21世纪的图形设计

在全球迈入信息时代的今天,图形已经是一种跨越地域、文化、种族的世界语言。以信息为基础,加上高科技的迅猛发展,信息革命正在改变人们的意识、观念以及生活方式。与此同时,图形自身也变得越来越数字化,并借助电信系统、卫星系统、计算机

第二章 图形艺术与广告设计

应用的图像处理系统、有线电视等平台展现着其不可取代的价值。这也为视觉传达设计师提供了更为自由的空间和广阔的创造平台。

通过降低分辨率设置制作像素化图形是图形创意的一个重要技巧。可以将粗糙的像素化图形与光滑的图形作对比,也可以只使用一部分。尽量多尝试一些,你会发现这些小方格、小网点、网线等构成的图形给你的视觉冲击力与你平时熟悉的图形相比,会别有一番滋味。通常,像素化的图形给人以科技、抽象与现代的观感,提取图形的轮廓,在其中填入元素或色块,为避免呆板,一般会在局部稍作颜色或图形变化。[①]

图 2-17　Hewitt 公司广告

到了今天,一切先进的科技成果都已成为图形设计发展的动力,昔日的"绘""刻""写""印"等形式拓展到摄影、电脑等途径,设计的范围从报纸、招贴等拓展到电视、电影、环境图形。

---

①　支林.图形创意.北京:人民美术出版社,2010

二、图形艺术

(一)图形的分类

1. 平面图形

平面图形是在二维空间内形成的设计图形形式。平面图形实际上是一个几何概念,即水平面抽象化了的几何元素设计图形,这是一种最简单的空间形式。其真正性质主要有三个:其一,若一条直线上的两点在一个平面内,则该直线上所有的点都在这个平面内;其二,若两个平面有一个公共点,则它们相交于这个点的一条直线上;其三,过不在同一条直线上的三点,则只有一个平面。

从技术的角度说,平面设计图形一般包括印刷设计图形、摄影设计图形、字体设计图形等。

2. 立体图像

立体图形是在三维空间内形成的设计图形形式。

一般来说,立体图形具有两个概念:一是物体,具有长度、宽度和高度等特征;二是几何体,即空间的有限部分,由平面和曲面围成,如棱柱体、正方体、圆柱体、球体。这是关于立体的纯粹形态观念,或称几何观念。

从立体图形的形成方式看,它也有两层意义。其一,立体是面的移动轨迹。这种移动是二次元的。也就是说,必须朝着与面成角度的方向移动;其二,通过面的旋转产生立体。但这种动的定义,只限于立体,是理念的、概念的。

立体图像一般包括招牌、包装、展示、户外广告等。

3. 动态图像

动态图形是在四维空间内形成的设计图形形式,即一种运动变化状态的设计图形。

动态图形包含了三个主要因素。(1)方向。这里的方向是动态设计图像运动的轨迹。(2)空间位移。动态设计图像往往改变了原来的位置或状态。这种在运动中所产生的位置移动现象被称为空间位移。因此,空间位移是一种描述质点位置变化的物理量,具有矢量性质参考框架。它是人的视觉器官感知设计图像运动的主要参照物,即人眼是依据设计图像和参照物的关系变化制定设计图像的动态。(3)它是在某一方向上单位时间内动态设计图像所经过的距离,即设计图像运动变化的快慢程度,具有矢量性质。

动态图像一般包括影视设计图形、事件设计图形等等。

(二)图形的特征

1. 直接明确

语言文字是较抽象的,要配合想象;而图形明确、具体,一览无余。如果用语言文字和图形作比较,语言文字比较理性;而图形非常直观,通过眼睛直接进入大脑进行判断,无须分析转换,比较感性。我们在"读"懂一篇文字和"看"懂一幅图形之间的感受过程是明显不同的。可见图形在传播信息中占有直接有力的优势。看到和平鸽的图形,我们立刻就会想起战争与和平的主题,不用过多的说明,这就是图形的魅力(图2-18)。

图2-19中,设计者抓住了男女的特点,女人的裙子和高跟鞋,男人的西装和烟斗,男女的图形设计使人一目了然,因为穿裙子是女性特点,而相较男性而言,女性显得柔美,而红色更适合女性,所以红色裙子的女性形象相当鲜明,所指信息准确无误。

图 2-18　战争与和平题材的公益海报

图 2-19　公共场所标志

2. 易识别和记忆

人们总是依赖观察物象来理解事物，从感性到理性，由表及里，由外而内。图形以它独特的优势提供给人们最直观的形象，因此人们从可以观察图形到引起的联想，然后认识深入到事物的本质，既易于理解又方便记忆。图形补充了文字在沟通交流上的不足和缺憾，如果与文字相配合更能起到说明问题的作用。

图 2-20 酒瓶的外形已经告诉我们，它是纯粮酿造，亲切感油然而生，使人们一下子就记住了这个品牌。

图 2-20　商业招贴

日常生活常见的图标,没有文字解释内容却一目了然,如表示禁止吸烟,载重,噪音,伤害眼睛,具有腐蚀性,化学物品等。

图 2-21　日常生活中见到的标志设计

3. 准确生动

图形传递信息直接有力,图形可以像一面镜子一样将信息生动、准确地投射出来,可以引起联想,但不用过多的解释,人们会在短时间内,毫不费力地判断接收信息。好的图形创意可准确感人,传达和留下直观的印象,使人回味无穷,有种意犹未尽的功效。

图2-22招贴中一把斧子和斧子的木把上面长出的小叶让人感到心痛,加上警示的红色背景,不用多言便把砍伐森林的恶果展示出来,洗练而深刻。

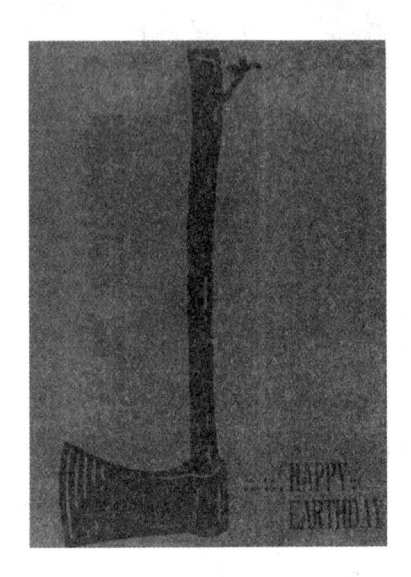

图 2-22　环保公益海报

4. 超越语言障碍

语言文字具有民族性、地域性,各民族都有自己独特的语言,这也给不同国家或民族之间的交流带来了困扰,而图形打破了这种局限性,它可以超越国家、民族间的语言障碍将自己的意图用图形表达和交流传播。当然图形也具有一定的民族性,比如中国的寿桃象征长寿,牡丹象征富贵,西方的十字架象征拯救也象征死亡,炮弹象征战争等,都有着更为深邃的思想和丰富的意义内涵。但是因为构成图形的视觉元素大都源于人类的生活或生存环境,它们大多是相同的或相似的,人种和地域的区别带有普遍性,所以是能够沟通和理解的。

图2-23天鹅与舞鞋的巧妙结合让人们一下子就想起了天鹅湖,那些翩翩起舞、轻盈而灵动的小天鹅,从而唤起人们美好的记忆。

图 2-23　歌舞剧招贴

　　图形的象征性呈现多元化,这正是设计师在图形创作中孜孜以求的。这种表达效果不仅取决于设计者的技术手段和审美品位,更取决于设计者的生长环境、知识广度和深度。它散发出了设计者思想和智慧的光芒。

(三)图形的功能

1. 识别功能

　　识别功能是图形标志的基本功能,图形标志作为一种特定的符号,是某一事物、人或组织的代号。标志的基本功能是将某一事物、人或组织的特征、精神传递给社会公众,以便社会公众辨别和认同。

　　图形标志成为现代文明的重要组成部分,一个品牌代表这个企业的核心思想和经营理念,它的宣传对该企业信誉、生存发展起着重要的作用。图形在企业品牌的创立中起到了至关重要的作用,同时也使企业效益不断提高、企业规模不断地扩大。一个企业从创立到发展,应该建立一套符合自身发展的设计理念和企业的精神文化,图形则是企业设计理念和企业精神的一个浓缩,经过不断地宣传与开发,企业品牌会得到广泛的认可。当今著名的商标已成为一种精神的象征,一种地位的标志,一个人价值的体现，一种企业形象的展示。

图形是现代信息传播中的特殊文化现象，是一种国际化的视觉语言，是具有说明性的图画形象，其特性不同于摄影、绘画和插图。现代社会是信息化的社会，人们的思想感情和观念完全可以转化成为图形进行交流，因此图形设计的功能愈发重要。图形语言的形象要经过概括、简化、抽象、平面的手法把原本复杂烦琐的事物进行整合，舍去次要的和多余的，强化主体和部分的关系。

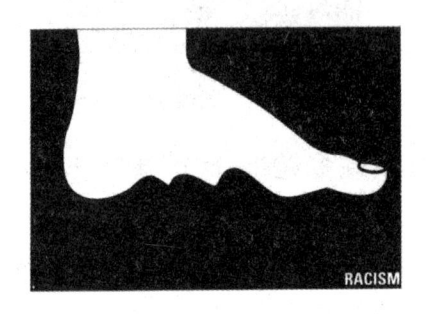

图 2-24　种族主义

国家间的重大活动、会议标志已经为越来越多的人所重视。每一届世界博览会、奥运会标志的诞生和宣传发布都为这届会议起到弘扬精神的作用，并成为人类新的文化遗产而载入人类文明的史册。

图 2-25　北京奥运会标志

充分、准确地传播信息是图形设计的主要功能和首要任务。人类始终在不懈地探求观念与思想感情的视觉传播,正如工业化社会过渡到今天的信息化社会,人们的思想感情和观念完全可以转化成为视觉信息进行交流与传播。早在1921年,德国的保罗·克利"关于图形学习的论文"的教学笔记中就提到图形是人类感情的表达方式。设计的根本是为某项具体问题和目的而创作,因此要考虑信息传达的有效性及准确性,并且要关注受众的理解。这种传达信息的准确性成为设计师的首要目标。

2. 认知功能

史前人类对自然的认识首先是对自然界各种形态的认知,当时还没有人工的创造,人们只是对自然界的山、水、云、雨、树和土地等客观形态的感性认识,人的思维活动从认识表象开始,在大脑中形成经验和概念,经过实践经验证实,并以视觉符号的方式加以固定。

图形是人类认识世界的高级形式,它通过人的感知、映像、潜意识形成了对客观形态的概念。人类社会不断发展、繁衍的过程也是人们逐渐适应自然,以及对客观世界不断深入认识的过程,图形就是在此过程中形成和发展的。在保留至今的岩画中,我们看到人类对火的认识,对动物、树木以及对自身外形的认识,这些就是人类认识自然的轨迹。

3. 规范功能

当今世界已进入一个崭新的阶段,在现代社会里,图形不仅对人类起到了认知的作用和传承的功能,而且提升了人的衣食住行的质量,引领了人们的生活,规范了社会的秩序及人的日常行为,对整个社会的规范起到重要的作用。图形可以形成规范化、统一化的视觉语言,成为跨越国家、民族、文字语言无障碍的信息传播形式。

图 2-26　地铁标识

4. 传承功能

人类社会发展的每一个阶段，都会有相应的图形诞生，每一个诞生的图形都是当时社会生产、生活、意识形态、宗教信仰和社会制度的综合反映，它浓缩了人类发展的特定阶段，在人类历史上打下深刻的烙印。

四大宗教中佛教的"法轮、莲花"、基督教的"十字架"、伊斯兰教的"明月和启明星"、道教的"太极图"；标志文明社会发展的标识中国的"龙图"、代表国际商务的"赫尔梅斯神仗"、古罗马"母狼育婴"等。它们往往通过一个神话、一个典故、一个事件为由头，体现一种思想、一种教义、一种理想，是人们长期从事生产活动所形成的观念的具体体现，是一种思想的升华。这些图形和所代表的思想为后人所传承。

5. 审美功能

图形建立了规则和秩序，将复杂的过程简洁化，可以最简捷、最直观地表现事物，是最易识别和记忆的信息载体。标志设计通过文字、图形进行巧妙组合，创造一形多义的形态，比其他设计要求更集中、更单纯。

图 2-27 中国联通标志

图形美是图形标志的重要体现,是视觉设计不可忽视的要素,是对设计中打动人的美学规律造型能力和对形体的把握。因此,应对造型的形式法则,如节奏、韵律、疏密、对比、协调、平衡、均齐等,进行准确的把握。

图 2-28 印第安传统装饰

图形符号更具有直观性、生动性、概括性,这些都是文字所不能比拟的。任何艺术都有自己独特的表达方式,图形具有源于文化的认知意义和象征意义。同语句相对应,图形艺术也是由主语(对象)、连词(关系)、表语(特性)组成的,所以研究这三种关系的组合应用是学习图形设计艺术的重点。设计属于艺术的一个分支,图形所运用的正是词语对表象唤起的象征功能,其传达方式应具有内在性。也就是说,它是通过隐喻或象征的手法使人认识到的,而非用图解或附加说明的方式来传达,即使有文字出现,也是起辅助表达作用的。[1]

第二节 广告设计中的图形

一、广告图形的作用

广告图形在版面中的表现具有很强的视觉性,直观地展现出所要表达的主题,并增强画面对受众的说服力。图形在画面中的应用对于主题思想的表达有着重要意义,同时也对版面的视觉层次和视觉吸引力有着至关重要的作用。

根据广告主体所要表达的内容,选择不同类型的图形来表现广告效果,将起到不一样的作用,这些图形在品质、类型、色调等因素的影响下有着不同的作用。这取决于广告主体的性质特征、应用背景和针对人群等因素。

因此,广告图形不仅是突出主题思想的一种重要的组成内容,也是画面视觉艺术张力的重要表现因素。

二、广告图形的应用要求

广告中的图形应用非常普遍,不论是摄影图像、绘画图像还是综合设计图形,都为广告的画面视觉率提升不少的空间表现力。

(1)广告图形的应用根据广告主体所要表达的主旨内涵而定,根据其性质特征采用相应类型的广告图形,以突出广告的视觉性和主题性。

(2)在文字混合编排时,广告图形的应用应根据主题调整其

---

[1] 王建辉. 图形创意. 北京:人民美术出版社,2011

面积,配合主体性质调整图形的视觉特效或表现其色调及质感。

(3)在整个版面中,需要配合好图形与文字的关系以及与图形、版面空间的关系,以确保画面的整体视觉流程,赋予画面饱满或清爽的空间感,从而稳定画面重心、增强版面视觉率表现。

因此,广告图形的应用需要结合广告的内容设计形式来表现,以使画面视觉性更突出。

三、广告图形的种类

广告设计中的图形种类主要有:插图、商标和轮廓。它们能够形象、直观地表现广告主题和广告创意。

(一)插图

插图最早源于一些卡通漫画或是连环画,是一种世界性的,在国外比较常见。

1. 插图的形式分析

广告中常出现的插图有绘画、摄影作品、电脑 3D 图形等,每种形式均有不同的特点,具体可见表2-1。

表2-1　插图的三种形式对比

插图的三种形式名称	插图三种形式的特点对比
绘画形式的插图	出现在照片之前,特点是人物常使用夸张的手法表现,绘画性和装饰效果比较强。
摄影作品	为现代广告中最常见的表现形式,其特点是可加强广告的真实感,能够使产品得到最直观的表现。
电脑 3D 图形	伴随着现代电脑设计的发展而出现的,其特点是能达到纸上绘画和摄影图片很难达到的画面效果,如科幻场景、复杂的光影表现等,能够满足设计师对画面图形"奇""异""怪"的要求,使现代广告设计有了更大的表现空间和更强的表现力。

插图是有诉求力的图形语言。如图 2-29 和图 2-30 所示,同样是绝对的伏特加酒广告,一个用插图,一个用照片,插图版的画面显得轻松和有趣,设计创作也很新颖;照片版本的,则通过真实的形象很直观地表现了这则广告要表达的内容和主旨。

图 2-29　插图版的伏特加酒广告　　图 2-30　照片版的伏特加酒广告

2. 插图的两个部分分析

插图在平面广告中又分为"广告插图"和"产品插图"两个部分。

(1)广告插图

广告插图是指根据广告创意与主题所选择的为了帮助受众理解广告主题或创意的表现图形,如图 2-31 所示的中国农业银行的广告。

(2)产品插图

产品插图即直接把广告的产品、商标等以绘画或摄影的形式陈列于平面广告画面上的图形,如图 2-32 所示。

第二章　图形艺术与广告设计

图 2-31　中国农业银行的广告插图

图 2-32　保卫尔牛肉汁广告插图

从平面广告介质各自的特性来看，广告插图与产品插图在报纸、杂志、招贴、样本等媒介上通常同时使用，这些平面媒介给受众观看的时间相对较长，有利于加深对广告的认知、理解与记忆。但有的媒介相对来讲给受众观看的时间极短，如车身上的流动广告，一般情况下通过使用产品插图，起到一个告白和提醒记忆的作用，见图 2-33。

图 2-33　车身广告

(二)商标

商标在广告中,通常被放在版面的醒目位置。商标的本质特征在于它的区别功能。商标是一种识别符号,是一种在商业领域中使用的标记,是商品的生产者或销售者为了表明商品来源并区别于其他商品的标志性符号。注册过的商标会受到国家法律保护的,其使用权归商标持有人所有,他人未经许可则不得使用。商标象征着企业的形象,是产品质量的保证,是消费者认定购买的重要依据。

商标是塑造企业品牌视觉形象的核心元素,是塑造企业形象的重点,商标有文字商标、图形商标、图文结合商标(图2-34)等。

图2-34 星巴克商标

(三)轮廓

轮廓是指装饰在广告版面边缘的线框,使广告版面有一个范围和视觉区域,控制读者的视线。轮廓可以加深广告印象,增加广告美感。

四、广告图形的视觉体现

广告中图形的视觉体现主要表现在图形语言的视知觉方面。而图形语言的视知觉主要包括以下几个方面的内容。

（一）注意

人们对某一事物的刺激、指向、集中就是注意。

注意是图形认知的重要方式，也是知觉的一个重要反应。在心理学研究中，注意有两种形式，即无意注意和有意注意。自觉的、有预定目的，并经过意志努力而产生和保持的注意，叫有意注意。有意注意能使人的感受性提高，知觉清晰准确，所以它是人们获得知识和进行工作的主要方式，但它易于引起心理疲劳，持续的、大量的刺激会降低认知效率。无意注意是事先没有预定的目的，也无须作任何意志努力，不由自主对某些事物发生的注意。它是不由意识控制，是人们自然而然地对那些强烈的、新奇的、感兴趣的事物所表现出的意识指向，是注意的一种初级表现。[①] 在视觉传达设计中，研究人对图形信息的注意方式、不同的图形的形式和传达手段对吸引注意的作用、不同人群对图形信息反应的不同情况等，是把握传播效果的重要前提。

图 2-35 这两幅作品都通过强调产品或主题本身的特征，并把它鲜明地表现出来，使观者在接触画面的瞬间即很快感受到，从而对其产生注意和发生视觉兴趣。

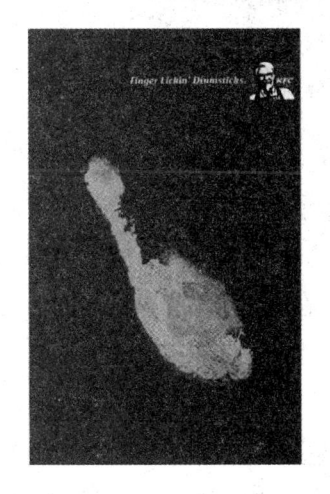

图 2-35　图形中的注意

---

① 支林．图形创意．北京：人民美术出版社，2010

经研究发现,无意注意能广泛激起人们的注意,但又不像有意注意会使人产生身心上的疲劳,可以成为大众信息传播最重要的手段之一,所以,商业广告的传播就是主要通过这种形式实现的。图 2-36 设计作品中,作者采用曲与直的对比、黑与黄的色彩反差,形成了一种极具特点的形式美感,使画面形成了强烈的视觉冲击力,增强了观者对画面的注意力,当然,也使观者产生奇异的设计感受。

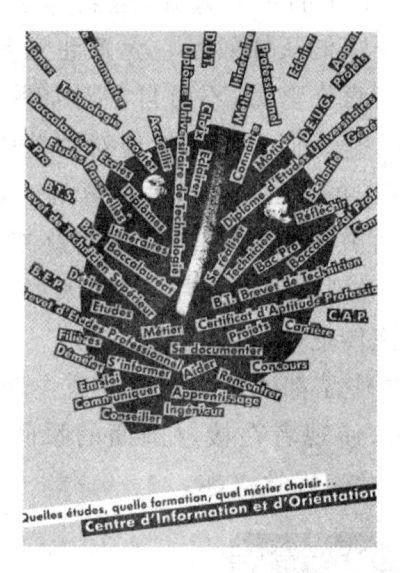

图 2-36 巴黎信息和指导中心海报

在为注意下定义时,其中的关键词有"刺激""指向",说明这两个关键词是注意产生的条件。所以,单凭无意注意是不可能取得深刻的认知的,只有把无意注意和有意注意结合起来,才能提高效率。在图形设计时我们要遵循认知心理学的要求,在调动注意程度上着手,把要传递的信号做出特别的处理。

(二)投射

投射是心理学上的一个概念,是指一个人将自己的思想、态度、愿望、情绪、个性等性格特征,不自觉地投放在他人或者外界事物身上的一种心理作用。在图形知觉中,投射表现为意象在对象身上的反映、投射人的最基本的心理过程。

视觉心理学让我们知道,人辨识物象常常离不开投射和视觉预期。在图形设计中,怎样运用引导的手段激活投射的机制是调动观者参与创造、形成互动的重要途径。人们所看到的客观现实往往受到内在心理活动的影响。在图形设计中,运用什么样的手段调动观者参与创造、形成互动是十分重要的。图 2-37 中,作品运用半个穿裙子的女性身体与手掌的结合,使观者自己建立完整的形象。当然,我们要注意运用投射的作用结果往往与个人的心理结构、过去的认识,以及对未来的期待等有关。

图 2-37　投射的运用

在进行图形创意时,首先从一个复杂的形象上选择几个突出的特征处,留下一些空白和模糊的区域,利用这些模糊区域,激活人的投射机制。把要素投射到物象上激起惊奇和重新认识,把隐藏的形表达出来,可以使观者寻找、回味、想象,从而使整个图形识别过程变得更有趣味,并且由于这个是由观者自己建立起来的完整形象,是最符合自己意愿的预期,因此也是最传情达意、回味无穷的。

(三)错觉

1. 错觉的概念

人们对以往的物象对比和经验产生一定的错视就是错觉。错觉对设计活动的影响很大,一方面利用错觉可以获得某种艺术效果,另一方面,利用错觉可以纠正视觉上对线条、形体、色彩等方面的偏差。

2. 错觉的运用

设计活动中最常使用的错觉现象包括:两可图形、似动、不可能图形、错觉轮廓、恒常性。

(1)两可图形

所谓两可图形,通俗的说法就是有两种可能,产生的原因主要有图底关系的模糊和构成要素位置、形状的模糊造成的。

(2)似动

似动是一种实际上没有动而知觉为运动的错觉。视野内的不同位置的两个光点以大约每秒四五次的频率交替出现,就会使人感觉光点忽明忽暗,光点在两个位置之间来回移动。这种现象在夜晚的霓虹灯、迪斯科舞厅照明中最为明显。

(3)不可能图形

不可能图形是时间和空间上已经超出了人们正常认识的范围,在原理上相当接近矛盾图形。运用不可能图形主要是能带来不一样的视觉效果,并没有什么深刻的内涵。

图 2-38 不可能图形的运用

(4)错觉轮廓

没有直接刺激而产生的轮廓知觉就是错觉轮廓,或者也称

"主观轮廓"①。

错觉轮廓运用在艺术设计中的范围很广,如电子显示器上的点阵图就是利用这一原理,往往很多标志和图形设计也是运用的错觉轮廓。

(5)恒常性

客观事物并不变化,而人们感觉刺激则由于一定的外界条件变化就是恒常性。②

图 2-39 恒常性广告设计

(四)联觉

各种感觉互相沟通就是联觉。例如视听联觉,暖色给人温暖,冷色给人以寒冷等。

图 2-40 的作品中,作者利用男人和女人的头像,孩子以及托

---

① 这种类型的错觉产生原因有:首先,画面内存在有规则的空白,人们试图赋予它意义;其次,人的知觉本身也具有自我补充的能力,也就是格式塔心理学理论中提出的知觉系统倾向于将事物组合成简单、具有一定意义的整体的倾向,人对周围环境的感知不是支离破碎,盲人摸象,而是从一开始倾向于作为一个整体被感知。

② 视觉恒常性中最常见到的就是大小、形状和方向恒常性。这三类的恒常性较为类似,是指即使物体在视网膜成像事实上已经发生了大小变化、形状的倾斜或者方向偏转的情况下,人们仍然能正确地感知物质的实际形状。比如一个物体无论放在距离远近的位置,我们都能辨认出这是同一物体。大小、形状、方向的恒常性的产生主要来自两个方面的信息:一是画面中的情境线索;二是人们的先验知识。这样,即便那些稍作变化的刺激信息通过加工处理之后仍能被人按照原貌识别出来。

起的手掌表达出了亲情的关爱感。

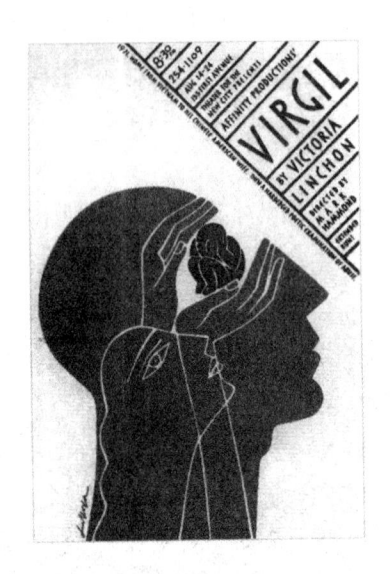

图 2-40　联觉的运用

(五)完形

完形是德国词汇,源自一群研究知觉的德国心理学家,原意为形状、图形。完形性是格式塔心理学原理之一,是一门研究人的知觉规律的学说。

在中国画中,经常出现留白,取得了以少胜多、以一当十的效果。这正是运用视知觉的主动完形倾向,才能使那些有限的形表达出宇宙般的广阔无垠。

完形之所以能够产生主要靠图形各部分之间的联系,设计师可以遵循下面的几条原则进行运用。

(1)相似性原则——人们倾向于把相似的成分看成一组;

(2)接近性原则——人们看图形时倾向于把图形中接近的成分看成一组;

(3)良好连续原则——人们倾向于识别出有规则的相继的连续图形;

(4)封闭性原则——人们倾向于识别出封闭的或者完整的图形;

图 2-41　中国画中的完形

(5)对称性原则——人们倾向于识别出自然的、平衡的和对称的图形。

如 2-42 这张服装插图在形象处理中运用了中断、省略、空白等手法,抽去了具象形的某些部分,但由于保留了形关键的节点,所以激发了视知觉的完形倾向,在保证视觉完形的前提下,反而大大提高了作品的审美效果。

图 2-42　完形的运用

人的视知觉具有一定的主动完形倾向,当不完全的形呈现在眼前时,会激起一股将它"补充"或恢复到应有的完整状态的冲动,从而使知觉的兴奋程度大大提高。在应用中如何通过不完全的形创造出深刻的形式意味,是创造性的重要体现。

(六)语境

言语的环境就是语境,分为"语言性语境"和"非语言性语境",前者包括时间、对象、情境、上下文等,后者包括身份、文化背景、交际方式等。

同样的素材,处理的手法不同,或者置于不同的语境中,性质与功能就会产生极大的变化。如图 2-43 均为法国平面设计师姚尔丹的作品,相同心形素材的运用,因为表吸纳手法与置于语境的不同,画面效果产生了极大差异。现代设计中经常研究、借鉴传统图形的"形式美"法则和"意韵美"的特点,重塑设计语境。

图 2-43　平面设计作品

第三节　广告设计中图形创意的原则

一、独特性

在各种信息相互交错、相互影响的环境里，要想瞬间抓住观者，需要加强对图形设计的个性化表达。图形设计的独特性是设计的生命力体现，在表达时，要具有新颖的表现手法，有独特的表达角度，有与众不同的形式语言。

图 2-44 是 Yossi Lemel 设计的"大学形象推广"系列，将日常熟悉的事物进行形的变化，使其以新的面貌出现。采用的图形在设计师的家乡都是智慧的象征。

图 2-44　大学形象推广

现代生活的快节奏和信息传播的激烈竞争使直观性成为图形的主导潮流。图形作为一种视觉语言系统，在视觉传达中要突出诉求的主题，又要体现一定的独特性。图 2-45 利用水果的形状和色彩加以拟人化地艺术处理，带给人们美好的联想。洋葱和降落伞,橘子和笑脸,椰子和小熊,豆角和蜻蜓,经过拼接的图形形成浪漫有趣的效果。

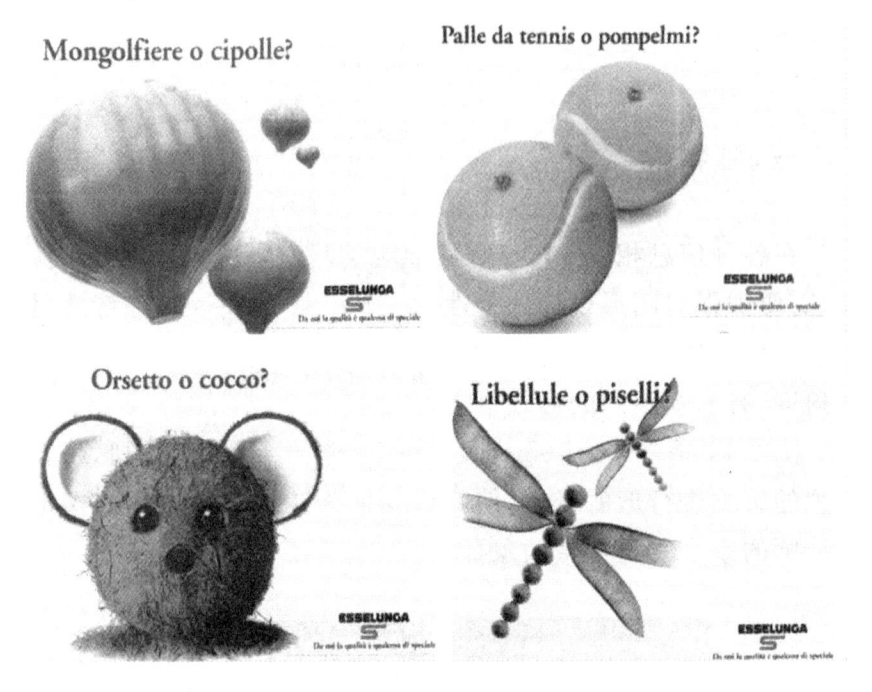

图 2-45　图形的图特性

运用个性化的图形不仅能很好地对视觉传达进行表现,增强视觉冲击力,还能引发人们的好奇心,达到出奇制胜的效果。

二、单纯性

追求简明扼要的叙述方式,力求用最简单的图形表达最强烈的意思。图形建立了规则和秩序,将复杂的过程简洁化,可以最简捷、最直观地表现事物,是最易识别和记忆的信息载体。图 2-46 卡里碧波的海报设计,图形简洁有力。

现代图形标志把一个复杂的故事用简洁的形式表达出来,图形标志是设计中的"小品",也是设计中最难的,它具有以小见大,以少胜多,以一当十的特征。标志设计通过文字、图形进行巧妙

第二章　图形艺术与广告设计

组合,创造一形多义的形态,比其他设计要求更集中、更强烈,更有代表性、概括性、单纯、简洁、鲜明、形象化等特征,令观者一目了然、准确有趣,是一种精神、文化的浓缩。图 2-47 是一张大学图书馆海报,其中,简单的图形组成一张生动的脸。

图 2-46　海报设计　　　　图 2-47　大学图书馆海报设计

现代艺术设计中,越是趋于简洁的设计,越能唤起人们理性的感情。图 2-48 这幅招贴画以二分之一分割线形成黑白两色的背景,自然地将画面一分为二。上部以白色为背景,纯净清新的空气之中活生生的鱼;而下部充满危险和死亡的黑色背景下,是鱼刺白骨。这幅作品同样以其简练的语言,唤起人们思考环境优劣涉及生死存亡的大问题。

设计作品的图形越概括,越能从纷繁的背景中分离出来。过于复杂的图形,因其结构方式不易被解释,就会造成知觉困难。图 2-49 是公益广告,生动的图形加上这一句广告语,使我们对图形的寓意一目了然。

图 2-48　环保招贴　　　　　图 2-49　关注全球变暖公益广告

　　图形的内部结构越清晰可见、越简洁，越容易为人所注意。基础的几何图形是最直接体现简约原则的方式，当人们看到圆形时，心理会有一种圆满、和谐、亲切的感受；当看到正方形、正三角形时，也有完整、稳定的感觉。越规则的东西，也越容易引起人的注意并产生愉悦感。简约原则被广泛应用于企业的标志设计中，例如李宁的标志设计（图 2-50）。设计作品的简约主要体现在线条、色彩、结构、版式等方面。简约设计尽量舍弃一些多余的东西，把握主要的、能体现作品气质的元素，这样更能突出主题，达到预想的效果。①

---

①　简约化是当代设计一种趋势，它的实质符合视觉的秩序化规律。心理学实验表明，通常人们的眼睛在看东西时，会先把握几个大的形之构造特性，而并不去把握那些琐碎之细节部分。只要抓住大的构形特性，人们也就可以基本把握住对象的形状了。这种视觉提炼的功能，使得尽可能多的细节被组织进一个尽量简洁的统一的结构样式中，那么这样创作的作品的特性就可以称做简约性，比较容易引起观众的注意。

图 2-50　李宁的标志设计

三、象征性

用图形设计来表达一定的象征意义,追求形式和主题的高度统一。图 2-51 中,中国的太极图象征了中国的文化,而铅笔和手又组成了飞翔的蝴蝶,这样的招贴让我们从中感受到富有民族特色的美展寓意,以及在广阔的天空放飞心灵的内涵。

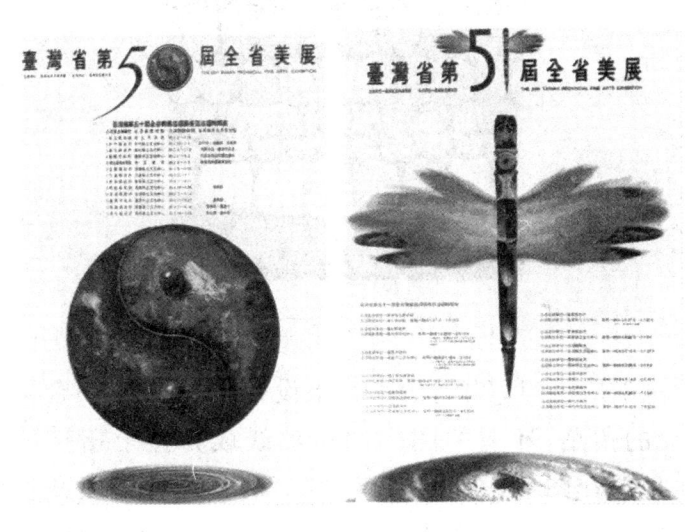

图 2-51　中国台湾省第 50 届、51 届全省美展招贴

设计师在设计活动中,对于图形的象征性挖掘有利于图形更具文化价值,更能丰富图形的内涵。

四、传达性

图形以最简单明了的语言承载信息,传递信息,最终要达到与受众沟通、交流、互动的效果。

图 2-52 中,红色的嘴,白色的牙,金黄的玉米,省略掉一切多余的元素,清楚地传递给我们"甜玉米节到了"的信息,视觉冲击力很强。

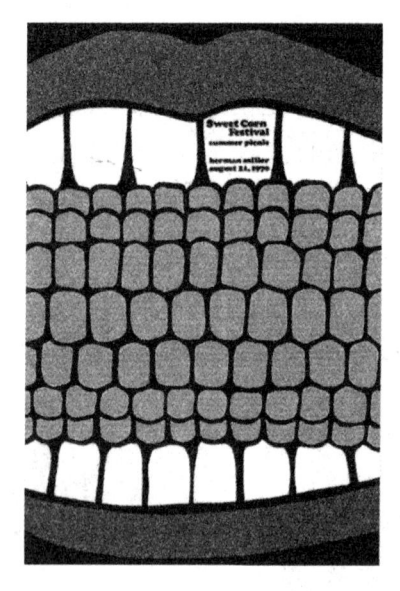

图 2-52 玉米节宣传海报

图 2-53 是福田繁雄于 1992 年设计的第二届联合国环境与发展大会的招贴,环境的图标用粗黑线成为整个招贴的视觉中心点,而且放在图形人物的头部,寓意着环境保护是我们的头等大事,分量感极重。通过线描的方式画出几个双手抱胸的姿势,双双相扣,说明环境发展需要各个国家都要出力,联合起来改善环境。背景用蓝色打底,如同地球上海洋面积占 70%,寓意全球范围内的人们携手合作。这样简洁的图形却把联合国环境大会通过视觉的方式诠释给受众,无论是哪个国家的人,即使没有文字的描述,最核心的语言也能到达受众的大脑,且产生持久的

记忆。

图 2-53　第二届联合国环境与发展大会招贴

五、通俗性

通俗可以大大方便消费者的理解，节省沟通的成本。通俗性也是创意的生命所在。

广告创意的通俗性，主要是考虑广告图形创意对文化教育、文化程度、文化差异的要求。不同的国家、不同的民族、不同的地区具有不同的文化特征，包括语言、风俗、习惯等。

有些在欧美是十分通俗的创意，在我国受众看来就不知所云。经验也是广告图形创意通俗性应该考虑的背景。经验包括目标受众社会经验、文化特征、社会环境、生活阅历等。这些都是目标受众接受认知的经验性背景。广告图形创意所建立的经验与目标消费者所具有的经验的重叠越多，消费者认知的通俗性就越高。

如图 2-54 所示的玉米糊广告运用大众都非常熟悉的玉米和哑铃结合的创意，表现该玉米糊强健体格的功能。

图 2-54　玉米糊广告

广告图形创意的通俗性具有相对性,是相对目标消费者而言的,而不是一个固定的水平标准。我们在进行广告图形创意的时候,一定要考虑目标消费者能否理解这个创意,是否能够得到他们普遍的认识,广告图形创意所选的符号、语言、画面、场景等创意要素,是否能够为不同性别、年龄、文化差异等的目标消费者所普遍接受。如果是针对一批高文化水平、高生活品位的消费者,广告图形创意过于庸俗或低俗,同样会影响品牌形象,也会被目标消费者所鄙弃。

六、合理性

广告图形创意是一种创造性劳动,用最大胆、最异想天开的手法去创造奇迹。然而,这种想象力和创造力又不是无节制的、荒谬的,它还必须遵循一定的规律,掌握一定的分寸,这就是广告创意的合理性原则。也就是说,广告创意既要遵循广告本身的特殊规律,又要遵循艺术创作的一般规律,还要符合人类思维的普遍规律。

如图 2-55 所示的老字号调料广告将百年老字号食品的新装上市以中式华服做比喻,既形象生动又贴切自然。

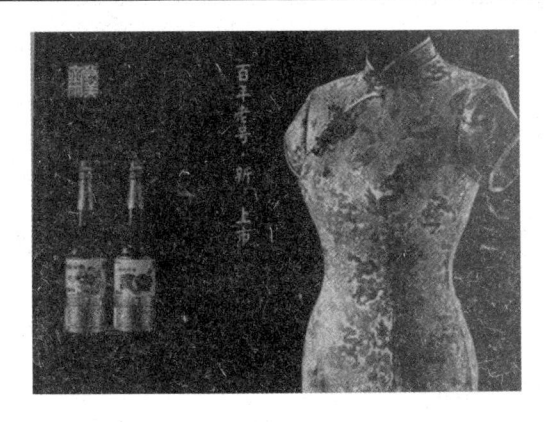

图 2-55　老字号调料广告

七、艺术性

广告图形创意的艺术性是由广告的文化价值决定的。广告通过艺术象征营造出一种令人神往的境界,将人们带入一种如诗如梦的艺术境地,让人们在不知不觉中接受广告的象征性暗示,从而产生对某一特定产品的广阔联想。广告只有具备了高度的艺术性,才可能达到它超值的传播价值。

如图 2-56 所示的水果糖广告将透明的水果糖创意为漂亮的项链和耳钉,为该产品增加了艺术的气息,同时也提高了产品的品位和档次。

图 2-56　水果糖广告

第四节　广告设计中的图形创意表现分析

要想引起人们对视觉形象的注意和思考,在图形创意上,就应该利用多种造型的有机结合,创造出视觉效果新颖、意义丰富的视觉形象。而这些图形造型的创造方式虽说需要用创意来实现,却也是有规可循的。

一、广告设计中的图形创意表现形式

(一)夸张

夸张是把对象的特征夸大,增加视觉刺激,强化视觉传达的效果。夸张有以下几个方面:

(1)尺度和比例夸张——特别大、特别高、特别宽等。
(2)数量夸张——特别多。
(3)色彩夸张——特别鲜艳。
(4)其他程度的夸张——特别冷、特别快、特别辣……用视觉化表现出超出想象的效果。

图 2-57　比例夸张　　　图 2-58　程度夸张

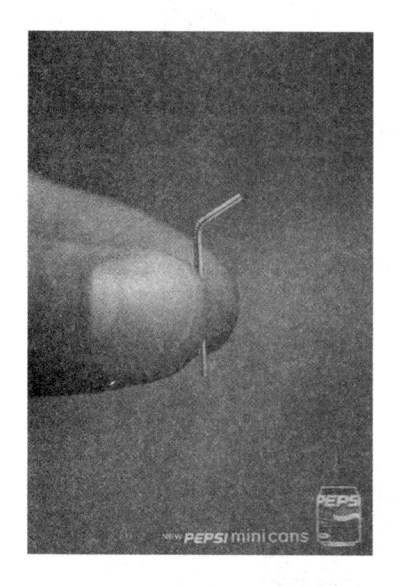

第二章　图形艺术与广告设计

图 2-59　夸张的比例说明
体积小

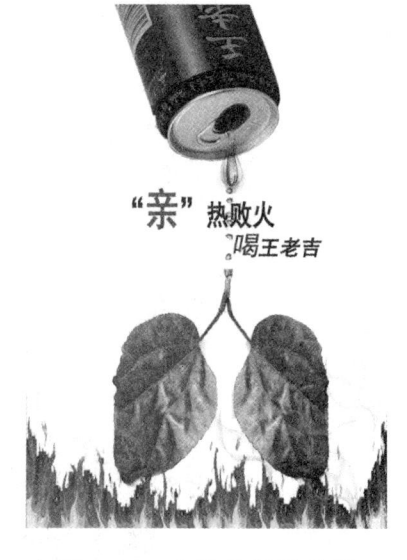

图 2-60　夸张的视觉效果
强调败火功效

图 2-61　夸张的保护说明
头盔的坚固

图 2-62　夸张的比例警告
人们珍惜资源

图 2-63　用一根指头撑起杠铃的夸张效果表明营养丰富

图 2-64　汗水凝结成冰表明冷酷的感觉

图 2-65　用夸张的动作表明牛仔裤十分耐磨

图 2-66　夸张的比例效果说明刀的强劲

图 2-67　用有着毛皮的动物穿着毛皮大衣表明极其寒冷

图 2-68　用超过一般的比例关系说明产品的超强功能

(二)替换

替换的图形设计技巧就是在图形中寻找两个和主题相关的视觉元素，用其中的一个代替另一个的一个部分，从而使得意义得到体现，达到通过视觉传播理念的效果。两者替代要巧妙，在形态上能够找到合适的位置和比例，并使人们能够清晰明白地理解设计意图。

图 2-69　灯泡这个形象可以用于其他物体来代替它的一部分

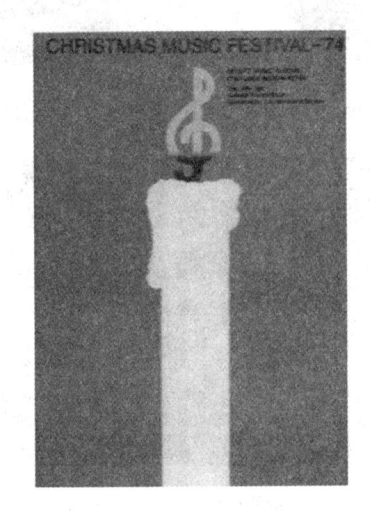

图 2-70　用谱号代替烛芯，点明了圣诞和音乐两个主题因素

图 2-71　用拖鞋的图案代替猫身上的斑点，增加图形的趣味性

第二章 图形艺术与广告设计

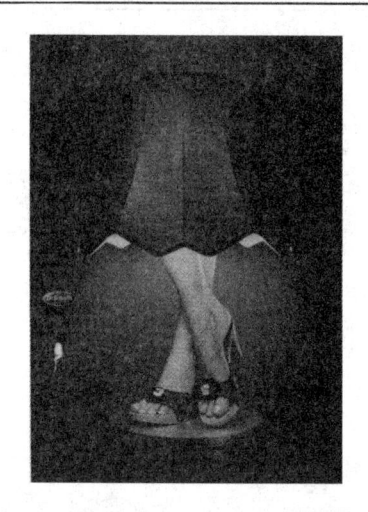

图 2-72 用双脚替代灯座,显示了鞋子带来的优雅感觉

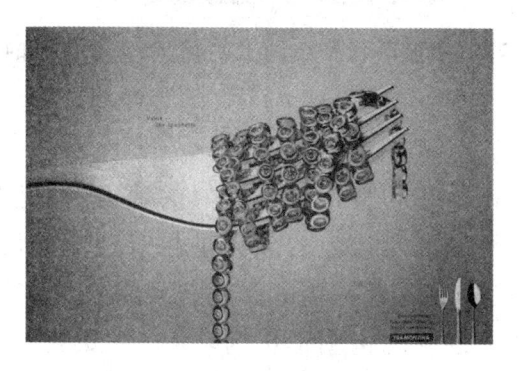

图 2-73 用珠宝替代普通的食物,用以衬托餐具的珍贵高档

图 2-74 用闪电构成起瓶器,暗示啤酒给人带来的激情

图 2-75　用披萨代替名画上的花,暗示着披萨的美味

(三)同构

同构的设计手法和替代有着类似的地方,都是两个形象的结合。替代的两个图形所代表的部分是相对独立的,比如说灯泡和灯丝,同构则表现为两者有轮廓线相连,或者共用轮廓或空间,它们的结合更紧密了。同构图形更为巧妙,更要从创意和形态的处理上挖掘。同构可以从轮廓线、从平面、从空间和体积上寻找结合的契机,并且通过大量的练习揣摩其中的奥秘。现代图像处理技术能帮助大家实现表现的效果。

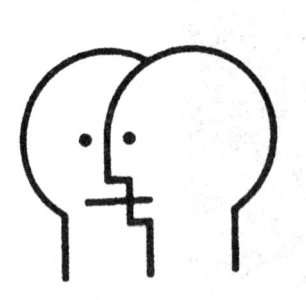

图 2-76　共用五官　　　　图 2-77　共用轮廓线

第二章　图形艺术与广告设计

图 2-78　共用体积

图 2-79　共用轮廓和平面

图 2-80　共用内部空间

图 2-81　共用平面

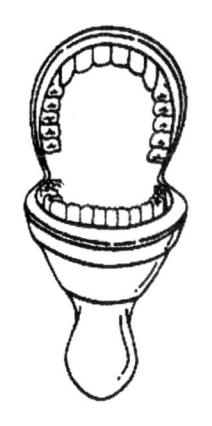

图 2-82　共用轮廓和结构

图 2-83　共用垂直的线条

图 2-84 咖啡和樱桃同构，
引发香气的联想

图 2-85 剪纸、爆竹等节日元素和可乐同构，
表明可乐伴随着节日的氛围

图 2-86 包和鳄鱼同构，引发"没有买卖
就没有杀害"的联想

第二章　图形艺术与广告设计

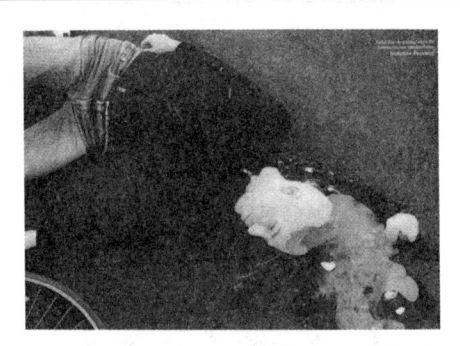

图 2-87　头和鸡蛋的同构，触发对生命安全的思考

图 2-88　图形暗示用了这个品牌的牙膏，牙齿像起瓶器一样坚固

图 2-89　马桶和花朵同构暗示清洁剂的效果惊人

图 2-90 啤酒和冰山同构给人清凉舒爽的感受

(四) 正负空间

正负空间是一种常见的图形设计技巧,实际上是利用了图和底在视觉上的转换关系。过去人们通常忽略主要形象四周的空间,而正负空间图形却强化了这种互相咬合渗透的关系。而构成正负空间的两个形象一般都有着意义上的关联,并加强了轮廓线的处理和细小细节的刻画,形象比同时表现两个对象要简洁得多,并有着特殊的趣味。

图 2-91 双手的合围构成了脸的空间轮廓

图 2-92 狗嘴缝变化成骨头

第二章　图形艺术与广告设计

图 2-93　利用文字中间的裂缝，加以错位

图 2-94　道路和箭头相互衬托

图 2-95　虫的入侵留下了自己的造型

图 2-96　利用两个人的间隙塑造了第三个人

图 2-97　猫的身体和鱼矛盾而密切的关系

图 2-98　轮廓的偏移改变，带来了意义的加入

图 2-99　正负空间的图形和新颖的表现手法相结合，缺失的那部分也寄托着牵挂

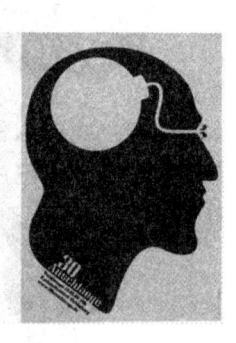

图 2-100　正负空间可以利用一个主要形和若干个图形文字结合

图 2-101　正负空间在标志设计中的应用

（五）矛盾空间

矛盾空间是图形设计中特殊的技巧，和前面的正负空间有一

定的关系,都是基于视知觉和错觉来进行构思设计,但矛盾空间更为复杂多变,需要反复练习才能熟练应用。矛盾空间最主要的特征是把二维和三维通过线的连接、延伸融合起来,有时也叫混维图形。瑞士图形大师埃舍尔和日本设计大师福田繁雄是此类视觉设计的开拓者。矛盾空间的图形体现了现代图形的模糊性、多变性,在设计者近似视觉游戏的构思、表现和观看的解读过程中,有着突破常规的乐趣。

图 2-102　平面转化为立体

图 2-103　平面转化为立体

图 2-104　空间的突破

图 2-105　立体的扭转,
　　　　　　破坏透视

图 2-106　空间的翻转

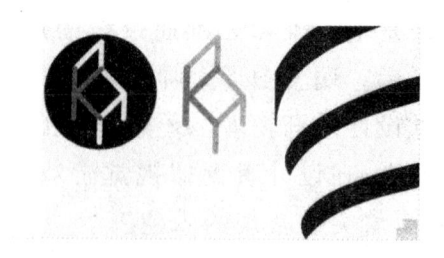

图 2-107 矛盾空间在现代设计中的巧妙运用

（六）影子和镜子

我们常常在镜子中检视自己，也常常根据影子判断行动。这两个和实在的具体物有关的虚幻的视觉，曾经让很多儿童感到迷惑和好奇。在图形设计中，镜子和影子有着特殊的寓意，图形中的这两个形象往往不是原形象的真实的、直接的反映，而是内在的愿望或者由潜在发生可能的情形的再现。很多幽默漫画，都是使用这种方法来获得滑稽或者讽刺的效果。图形设计用它来传达设计的意图，体现了图形创意丰富的想象力。

图 2-108　形态相似联想　　图 2-109　寓意联想

第二章 图形艺术与广告设计

图 2-110 内在心愿表达　　图 2-111 潜在可能预测

图 2-112 速度夸张　　图 2-113 真实和虚幻

图 2-114 美妙的幻想　　图 2-115 惟妙惟肖的象形

(七)聚集

聚集是一种特殊的夸张,它用数量多的形式强化了所要表达的效果。聚集中的各个元素可以是有规律的排列,也可以是拥挤的堆叠。

图 2-116　用聚集的铅笔构成人头的形状

图 2-117　密集的人面影像压缩形成特殊的效果

图 2-118　密集的卡通造型很受人们欢迎

图 2-119　用聚集的动物表现强大的吸引力

(八)渐变

渐变本来就是一种常用的艺术表现形式,比如音乐的声音从低到高,舞蹈动作从慢到快……图形创意中的渐变,有着和创意构思和主题传达独特的联系。两个互相变化的图形,在意义上可能是本体和喻体的关系,这样,渐变就可以传达一种想象和比喻,或者表现一种变化的过程。

图 2-120　渐变的两个图形之间有着象征和比喻的意义

图 2-121　渐变还可以表现一个过程

图 2-122　渐变和正负空间的结合

(九)突变

突变是在众多相近或同样的视觉元素中,有局部的改变和不同。这种局部的差异将会引起注意,成为视觉的焦点。而巧妙地把要传达的意图、内容和这个焦点相联系,将会获得事半功倍的传达效果。

图 2-123　明暗关系和位置突变　　　　图 2-124　色彩突变

图 2-125　内容突变　　　　图 2-126　元素突变

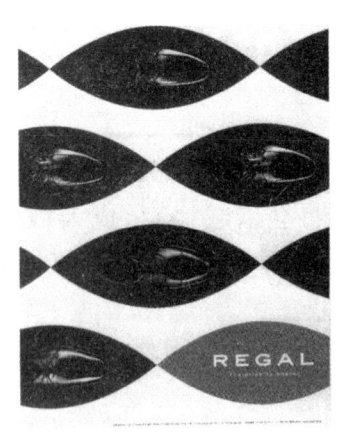

图 2-127　突变的色彩突出了产品的品牌

图 2-128 突变引起强烈的视觉效果，十分醒目

(十)残缺、透视、捆绑、打结、穿透

残缺、透视、捆绑、打结、穿透等均带有一定的破坏性，不仅能在视觉上引起刺激和注意，更能通过这些带有侵入性的手段的表现，达到反对、抵制、禁止或者洞察的意图。用各种不完整、不完美的带有负面的表现手段，更会使人留下深刻的印象。

图 2-129 用断置提醒人们保护树木

图 2-130 切入表示一种伤害和侵犯

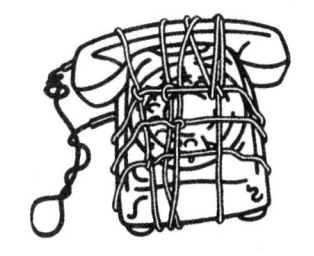

图 2-131 捆绑大都带有禁止的意思

图 2-132 断置、切入、捆绑均能吸引人们的注意力，起到一种警示作用

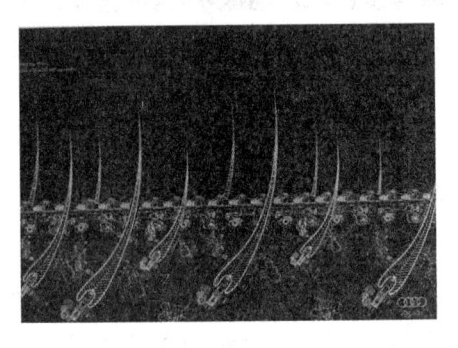

图 2-133 用透视表现内在的严谨和精致

图 2-134 打结的方式表示反对

图 2-135 叠透的方式表现生命的轮回

（十一）材质、肌理和实物

图形的设计也可利用材质、肌理、实物等手段。材质使用合理往往可以收获更好的效果，例如图 2-136，设计者有意采用脆

132

弱的材质拼组成心脏,发人深省,提醒人们关爱心脏健康。肌理和实物用于图形,能创造触觉感,增加表现力度,如例2-137至2-139所示。

图 2-136 强大的功能和脆弱的材质引人深思

图 2-137 特殊的肌理,造成令人惊异的视觉

图 2-138 美妙的剖面图造型,说明刀给人艺术享受

图 2-139 肌理和实物用于图形,能创造触觉感

(十二)文字

文字是图形设计里的一个特殊的领域,既是传达的内容,也是具体的符号。特别是有关中文的文字图形设计非常有特色。中国汉字有象形和会意等造字手法,这为汉字设计带来了灵感和启发,有的文字图形就是使文字的一部分还原成形象,和抽象的笔画相结合。还有些是把文字看作一个个点或者小的视觉元素,通过排列的方式,组成一些图形。文字也可以用图形设计的其他方法参与进来,增加表现力。比如说笔画夸张、中英文同构等。在标志和海报设计中,文字图形有着独特的魅力和传播功能。

图 2-140　象形形态和笔画的组合

图 2-141　汽车诞生 100 周年的海报,用数字组合成汽车的样子,直观而幽默

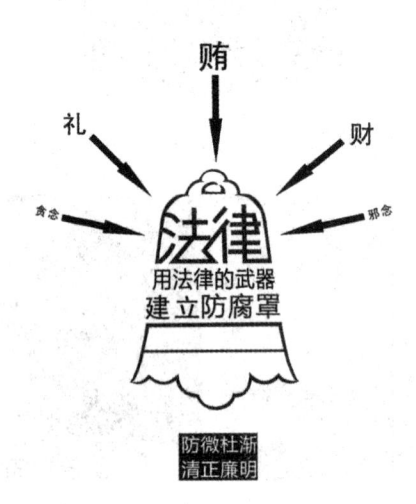

图 2-142　用文字的排列形成独特的图形风格

第二章　图形艺术与广告设计

图 2-143　把文字的一部分还原成图形和图像

图 2-144　此设计既利用图形关系表现文字，又把文字编排螺旋发射的形态

图 2-145　把文字看作造型的元素，通过聚集的方法汇集成图形

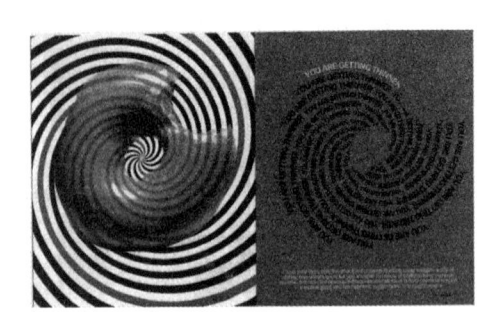

图 2-146　文字的编排是文字图形的重要设计手段

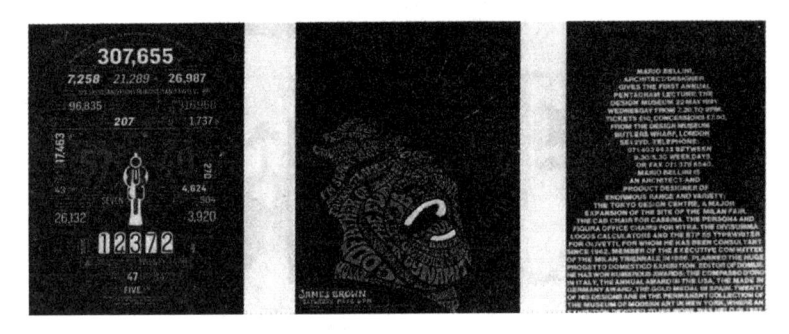

图 2-147　文字编排的图形既可以通过文字获取信息，
　　　　　也可以从图形中感知情绪

二、广告设计中图形创意的表现技术

图形的创意和构思，最后还要通过具体的表现技法来制作完成。图形表现技法既要根据图形创意和艺术构思的需要，也要考虑具体的应用要求。从纯粹的表现的角度，分为传统表现技法和计算机辅助设计等现代技法的应用。它们各有优势，需要通过合理调动和应用来互相配合。

（一）传统表现技术

1. 绘画性表现

手绘表现是最传统的表现技法，多用颜料及绘画工具产生绘画型的图形视觉效果，具有强烈的艺术气息。现代图形的开创时期,也是现代主义运动的激烈变革时期,当时,艺术的探索就是从绘画的表现开始。很多图形大师兼具极高的艺术修养和表现基础,也受时代氛围的感染。比如说美国的抽象表现主义应用大量的自由泼洒的技法,在图形设计中也应用这种技法来表现爵士乐的自由潇洒和酣畅淋漓。手绘的图形带有强烈的个人艺术风格,技法丰富多样,有油画、丙烯等多种质地和材料的感觉。手绘表现的图形运用在商业插画、海报等多种媒体上,是现代图形表现技法的基础。

2. 版画和丝网印技术

版画在东方和西方都有着悠久的历史,版画可以实现批量复制,也可以制作较大面积的画面,所以版画一直是传统海报、图书插图等主要的表现手段。现代丝网印技术可以表现丰富绚丽的色彩和层次。欧洲大量的设计艺术院校一直保留着设计师、艺术家自己亲手设计、制作丝网印海报的传统。丝网印可以控制网点的粗细,还可以利用它的网点来增加画面的层次,形成一种独特的风格。丝网印技术简便易学,现代有很多人利用小型的丝网印来印制书本、衣服上的图形。

图 2-148 绿色为丝网上防止颜料渗透的部分,白色部分是镂空的网点,可以使颜料印到下面的材料上

图 2-149　丝网印的制作过程

图 2-150　版画的表现手法虽然没有色彩，但线条同样可以进行深入刻画

图 2-151　丝网印的效果也可以通过现代软件来模拟，以及与其他技术相结合来表现

第二章　图形艺术与广告设计

图 2-152　绘画性的表现技法，有强烈的艺术气息

图 2-153　丝网印中的网点表现出特殊的肌理和层次感

3. 漫画、涂鸦性表现

相对于绘画式表现，有一种更加轻松的漫画、涂鸦式的表现技法，大多用单色，一般用在产品的说明和各种书籍的插画中，生动、活泼、简洁、幽默，充满灵气的效果可增强图形的趣味性，缩短和观看者的距离，加深消费者的印象。

图 2-154　漫画和涂鸦带来的轻松和幽默的气息

图 2-155　漫画中丰富的想象力是激发图形创意的源泉之一

4. 拼贴和实物

　　图形设计在整个现代艺术的发展过程中,不断吸收艺术的养分。达达、激浪等现代艺术流派常用的拼贴手法,在图形设计里也充分显示了它的表现力。利用各种现成的材料,包括报纸、包装、杂志等印刷品,截取其中可以利用的设计元素和信息符号,组成新的形式,传递出丰富而微妙的含义。

　　马蒂斯在晚年曾经大量创作彩色的艺术剪纸作品,通过这种质朴纯真的表现技法,显示出艺术家原始的创造力和激情。用各种质地、色彩的剪贴也可以成为图形的创造技法。

　　图形设计也常用实物组合集成的技法,用实物,包括水果、零件、玩具等各种可以收集到的大大小小的东西,通过巧妙的搭配组合,甚至设计师自己亲自动手改造——切割、焊接、重新上色,塑造成可以表达设计意图,又充满了趣味和感染力的图形组成。这些实物有的带有原来的使用痕迹,是时间积累的印记;有的是设计师巧妙改造的成果,充满了智慧的灵性。在整个物品选择和制作的过程中,设计意图和设计师的功力都得到了很好的体现。

图 2-156 剪贴的花边和素材的组合

图 2-157 用彩色纸剪贴拼成的招贴设计

图 2-158 现成品的拼贴利用为图形增加了厚重感和质感

图 2-159 换了材料的质感，类似于软性雕塑的表现技法

图 2-160　版画在图形中和巧妙的构思相结合

图 2-161　水墨在现代设计中有着特殊的魅力

5. 影像的综合技法

影像是现代设计的重要表现手段，摄影技术极大地改变了整个现代设计的面貌。影像的实验和探索从一开始就给图形设计以极大的启发，蒙太奇等手法和图形创意的构思是相似和互通的。

摄影逼真的表现力可以大大增强图形的震撼效果，摄影中的很多暗房技术、现代数字摄影高速摄影，甚至红外线摄影等都被应用到设计中。还有更多的图形设计是摆放和准备好各种素材，最后通过摄影的方式完成整体记录。

图 2-162　传统摄影和数字摄影的后期制作帮助完成图形创意的构思

图 2-163　摄影真实再现后的能力就是一种视觉感染力

(二)计算机辅助表现技术

计算机辅助设计已成为设计领域,尤其是平面设计领域里一种普及的工具和技术手段之一。从工具的角度看,计算机具有快速、高效、准确而规范的图形合成优势,能帮助视觉艺术家利用庞大视觉资源进行组合变化处理,完善构思。计算机使设计图像生成的每一个过程视觉化,并有效地进行控制,将结果通过计算机输出到不同的媒体,以较高的制作精度传达强烈的视觉效果。

计算机可以模拟各种效果和质感。通过操作各种计算机软件,人们可以在图形艺术作品中表现多种感觉形式;通过图形软件中二维或三维技术的辅助设计,模拟出逼真的图面,在虚拟空间画面中反复变化并形成新的视觉图像。这种方式从现象上改变了视觉艺术家对真实空间的认识。

过去依靠摄影暗房技术和大量的手工劳动都可以在计算机的明室环境里完成。图形背景更换,多个图像的混合结合、叠透,改变色彩、明暗等过程都是可以控制的。计算机有时会产生人们事先意料不到的效果,激发艺术家的图形设计思维活动,不断地产生新的想法和人机共创的好作品。结合计算机的超凡表现和合成能力，图形设计的空间更加广阔了。

图 2-164　借助计算机的合成技术，制作匪夷所思的影像效果

图 2-165　同构的创意手法借助计算机来完成，
　　　　　 比传统制作轻松许多

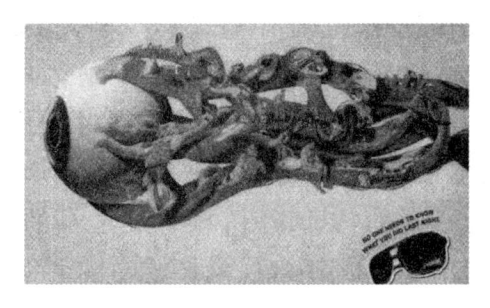

图 2-166　借助计算机把人们的想象真实地再现出来

第三章 色彩艺术与广告设计

色彩是广告设计的要素之一,它对塑造产品及服务的个性、树立品牌形象、激发消费者购买欲望都起着至关重要的作用。要在广告设计中做到合理用色,需要了解色彩的基本原理,掌握广告色彩设计的方法与技巧。

第一节 色彩艺术及其原理

一、色彩的形成与媒介

(一)色彩的形成

色彩的形成和光有着紧密的联系,它是一种大自然的光电现象。我们之所以能看见世间万物的色彩,是由于电磁波中的光的缘故。简单而言,光通过物体的反射,以一种色彩的形式被人类感知,所以,没有光就没有色彩。另外,光从空气进入某一种物质的时候,由于其折射程度与前进速度的不同,最终生成的色彩也不相同,这就是三棱镜为什么能将白光转化为七种色彩的原理(图3-1)。

(二)色彩的媒介

人们感知到色彩总是物质对象的色彩。物质是人们获得色彩的媒介。由于物体所呈现出来的颜色是物体吸收了某些光色而反射出来一部分光色的缘故，所以物质对象因本身的物质性质而呈现出特有的色彩面貌，而且各种物质对象在特定的环境中相互影响，所以人们感知到任何对象的色彩无不是各种物质媒介作用的结果。

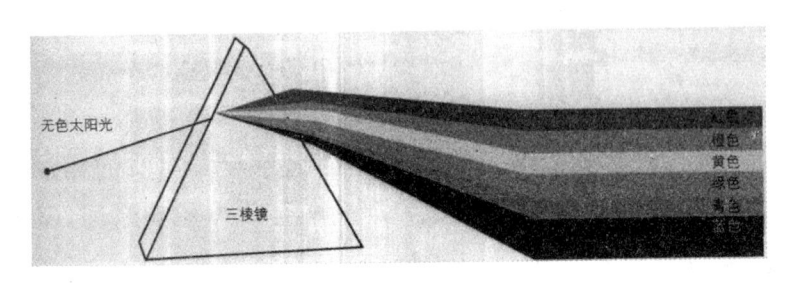

图3-1　无色光通过三棱镜折射而生成的七种色彩

即使是光源也会因媒介的作用而使光源色发生改变，比如白炽灯光，随着距离的推远，其颜色由黄逐渐向橙、橙红、红色变化，这是大气中的尘埃作用的结果。朝霞和晚霞的颜色迥异亦是同理。

任何物体都呈现一定的色彩面貌，并随着光源的变化和周遭环境的变化而变化，也因观察角度和距离的变化而变化。

研究媒介色彩，自然会涉及物体色、光源色、固有色和环境色概念。

1. 物体色

物体色是指物体本身不发光，而是从被照射的光里选择性吸收了一部分光谱波长的色光，反射剩余的色光，人眼接收的反射光即被当作物体的颜色。

形成的物体色也各不相同。物体的不同色彩是由它的表面和光源光两个因素决定的，当白色日光照射到物体上时，一部分光被物体表面所反射，另一部分光被物体吸收。如果物体反射阳光中几乎所有的色光，那么这个物体看上去是白色；相反，如果物体能吸收阳光中几乎所有的色光，物体则呈现黑色。物体如果吸收日光中蓝以外的其他色光而反射蓝色光,那么我所看到的物体是蓝色的,如蔚蓝色的大海,而大自然中的绿色正是由于吸收了日光中绿以外的其他色光,反射为绿色光。

物体色会受环境和观察角度的改变而改变。比如个红色的杯子在阳光下和在室内日光灯下会呈现不同的颜色面貌。所以物体色的性质要求在设计中要注重设计对象的存在环境,以便更好地发挥色彩的作用。

2. 光源色

光源色是指同一物体在不同的光源下表现出不同的色彩。光源的不同及光谱成分的变化,会使物体色产生影响。另外,光源色的光亮强度也会影响所照射的物体,如明亮的物体色通常是在强光下形成的,模糊、晦暗的物体色通常是在浅淡的弱光下形成的,而最清晰可见的物体色通常是在中等光线强度下形成的。

3. 固有色

固有色是指物体固有的物体属性在常态光源照射下所产生的色彩,如一些植物被15H光照射时,通过光的反射,使人们看到叶子是绿色的,花是红的。而绿叶之所以为绿叶是因为常态光源(太阳光)下呈现为绿色,因而绿色被人们认为是绿叶的固有色。但从色彩光学原理来看,物体并不存在颜色,而是与光色有着密切的关联。例如一片绿草地在白光下是呈现出绿色,而在红光照射下,由于绿草并不具备反射红光的特性,相反它吸收红光,结果绿草在红光下则呈现黑色。由此可见,物体的颜色并不是固定不变的。

尽管物体的颜色在不断地变化,但长期以来,人们习惯于在日光下辨认物体的颜色,并对物体呈现的颜色的记忆和称呼随着历史的发展而固定下来。因此,我们把物体在标准日光下的颜色,称为固有色。

自然界中的一切物体都有其固有的频率,对于照射的白光都有固定的选择吸收特性,也就具有固定的反射率和透射率。因此人们在标准日光下看到的物体颜色是稳定的。固有色给人的印象最深刻,形成了记忆,又称为记忆色。

固有色原理要求色彩设计要匹配人们对色彩固有的概念,以便达到对某一事物的认同。比如些咖啡包装的色彩设计利用了咖啡的固有色彩,给人造成浓郁、纯正的感觉。

4. 环境色

物体本身是具有固有色的,但在不同环境下,其色彩也会呈现出一些变化。在空间中充满了各种各样的物质媒介,因此物体的颜色多多少少受到其他媒介颜色的影响。[①]

在绘画时,要考虑环境色彩的相互影响和对比,避免色彩干扰和交叠,减弱了色彩的表现力。

二、色彩的三要素原理

色彩的三要素,即色相、明度和纯度,这三个方面基本决定了色彩性质的变化。色相是指颜色的基本相貌,是区分不同色彩的方法;明度是指色彩的明暗程度,白色的明度最高、黑色的明度最低,在色彩中加入白色或浅色,其明度就会提高,加入黑色或深色,其明度就会降低;纯度是指色彩的纯净、饱和或鲜艳程度,在色彩调配中,一种纯色混入灰色、白色或黑色越多,其纯度越低,这些成分混入越少,其纯度就相对越高。

色彩的色相、纯度和明度三要素是紧密联系、不可分割的,只有色相而无纯度和明度的色彩是不存在的,只有纯度而无色相和明度的色彩也是没有的。因此,在认识和应用色彩时,必须同时考虑这三者的关系。

---

① 通常情况下,邻近物体与被视物体靠得越近,被视物体表面越光滑,反射光线越强,则环境对被视物体的颜色所施加的影响也越大。反之,与邻近物体距离越远,表面越粗糙,颜色越浅,物体受环境色的影响越小。

第三章　色彩艺术与广告设计

一、色相

色相是指颜色的基本相貌，是色彩的表象特征，用来区分不同色彩的方法。色相是有彩色的最重要的特征，它是由色彩的物理性能所决定的，由于光的波长不同，特定波长的色光就会显示特定的色彩感觉，在三棱镜的折射下，色彩的这种特性会以一种有序排列的方式体现出来，人们根据其中的规律性，便制定出色彩体系。

色相的数量并不是一个确定的数，从三棱镜中分出来的是七色：红、橙、黄、绿、青、蓝、紫，但每两种颜色之间并无明显的分界，而是一个渐变的过程，所以，不同的研究呈现为不同的划分方法，色相就出现有 8 种、20 种、24 种，甚至 100 种等等。它们的排列是根据光的波长秩序，表示的方法就是"色相环"。每一种色相都有一个明确的称号，但通常总是用形容词"深""浅"来表示，这样是无法将几千几万种的色彩加以区分的。因此，色彩的研究者为了科学地区分色彩，运用了各种标识的方法。而在实际的色彩运用中，最为常用的色彩根据不同的划分原理组成了两种色相环：原色、二次色和三次色构成十二色相环，而奥斯特瓦尔德颜色系统则构成二十四色相环（图 3-2）。

图 3-2　二十四色相环

在设计中,设计师在一个色系中找到合适的色相是要仔细斟酌的。甚至在直觉性选择之外不得不借助理性地分析,才能做出决定。比如红色在设计中的使用,朱红、大红、深红等各种红色之间存在相当大的差别。

二、明度

　　明度是指色彩的明暗程度,可以用黑、白、灰的关系来表述。白色的明度最高、黑色的明度最低,在色彩中加入白色或浅色,其明度就会提高,加入黑色或深色,其明度就会降低。

　　任何色彩都存在明暗变化,如在无彩色中,该色彩的明度越高,其颜色越偏向于白色,相反则呈现为黑色;而有色彩则分暖色系与冷色两种色系。简单地说,明度就是色彩的亮度,不同的颜色也会有不同的明度(图3-3)。

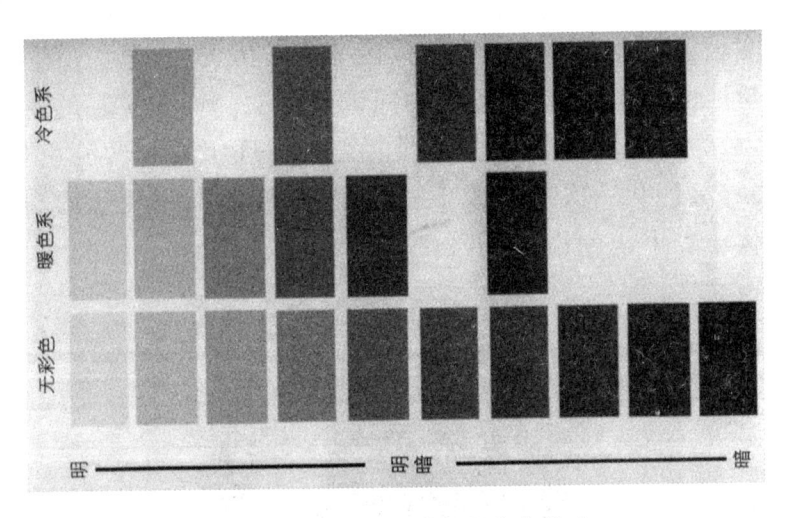

图3-3　十二种色对应明度变化表

　　广告中通过对色彩明度的变化来表现一种层层递进的渐变关系,明暗不一的色彩为观者带来不同程度上的情绪波动。在实际应用中,色彩明度值高的画面往往给人明朗、清楚的视觉感受;而色彩明度值偏低的画面则带给人阴暗、沉重的视觉感受。例如

图 3-4 所示,该公益广告画面的色彩明度较高,给人明快清晰的视觉感受。又如图 3-5 所示,该鞋类广告的画面色彩明度值偏低,整体显得厚重、独特。

图 3-4　公益广告　　　图 3-5　匡威帆布鞋广告

三、纯度

色彩的纯度又称饱和度,它是指色彩的鲜艳浓度和纯净度。纯度的高低决定了色彩包含标准色成分的多少。在自然界,人类视觉能辨认出有色相感的色,都具有一定程度的鲜艳度。然而,不同的光色、空气、距离等因素,都会影响到色彩的纯度。比如,近的物体色彩纯度高,远的物体色彩纯度低,近的树木的叶子色彩是鲜艳的绿,而远的则变成灰绿或蓝灰等图 3-6(K 代表黑色)。①

---

① 又如绿色,当它混入了白色时,虽然仍旧具有绿色相的特征,但它的鲜艳度降低了,明度提高了,成为淡绿色;当它混入黑色时,鲜艳度降低了,明度变暗了,成为暗绿色;当混入与绿色明度相似的中性灰时,它的明度没有改变,纯度降低了,成为灰绿色。

图 3-6　同一色相之间的色彩度变化

在光色中,各单色光是最纯净的,颜料是无法达到单色光的纯净度的;在颜料中,色相环上的色彩是最纯净的,而任何一种间色会减弱其纯净度。①

由于广告不是单纯地以色彩或者某个单一的视觉元素来阐述信息,因而处理画面中各物体的关系显得尤为重要。从色彩的纯度来讲,高纯度的色泽使画面五彩缤纷;相反画面则会变得暗淡无光。广告中通过调节物体色彩的纯度来协调画面物体间的关系,避免出现过于鲜艳或过于暗淡的色彩。例如图 3-7 所示,该广告色彩纯度饱和,画面中的事物在视觉上显得格外鲜活,使观者的眼睛感到舒适。又如图 3-8 所示,该广告的画面纯度略微偏低,色彩显得十分低调,褪色的背景色促使观者的视线集中在人物上。

图 3-7　纯度饱和较高的广告设计

---

①　纯净的色彩看起来很刺激,视觉效果上冲击力就大,但也会难以与其他色彩相配合,画面往往就会难以控制,所以,在设计中有时需要降低颜色的纯度,使画面中的所有色彩都统一起来,协调起来。

图 3-8　纯度偏低的广告设计

三、色彩的混合

色彩混合是指把两种或两种以上的色彩混合起来产生新色彩的方法。在广告设计中,对色彩的应用过程,就是对颜色的混合和配置的过程。

(一)加法混合

加法混合亦称色光混合,即将不同光源的辐射光投照到一起,合照出新色光。其特点是把所混合的各种色的明度相加,混合的成分越多,混色的明度就越高(色相变弱)。朱红、翠绿、蓝紫是加法混合的三原色,将这三种色光作适当比例的混合,大体上可以得到全部的色。朱红与翠绿混合成黄,翠绿与蓝紫混合成蓝绿,蓝紫与朱红混合成紫。混合得到的黄、蓝、紫为色光三间色。当不同色相的两色光相混成白色光时,相混的双方可称为互补色光(图 3-9)。

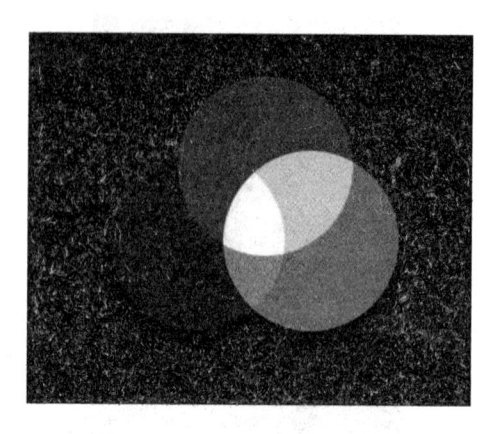

图 3-9　光的三原色加法混合

(二)减法混合

减法混合主要是指色料的混合,通常指物质的、吸收性色彩的混合。由于色料(包括所有物体色)具有对色光选择吸收和反射的性质,而这种性质决定了其反射过程中由于吸收了部分色光,而反射出的色光已减去了被吸收的部分。如黄颜色之所以呈黄色,青颜色之所以呈青色,是因为它们吸收了其他成分色光,只反射黄光、青光的缘故;如果将黄色与青色两种颜料混合,实际上是它们同时吸收了其他成分的色光,只反射绿光,因此呈绿色;如果将红色、黄色和青色三种颜料混合,那么就等于它们共同吸收了几乎所有色光,没有剩余的色光可供反射,因此就呈黑色。染料、美术颜料、印刷油墨色料的混合或透明色的重叠都属于减法混合。

减法混合的三原色是加法混合三原色的补色,即红、黄、蓝。原色红为品红,原色黄为淡黄,原色蓝为天蓝。用两种原色相混,产生的颜色为间色:红色与蓝色相混产生紫色;黄色与红色相混产生橙色;黄色与蓝色相混产生绿色。减法混合中,混合的色越多,明度越低,纯度也会有所下降(图 3-10)。

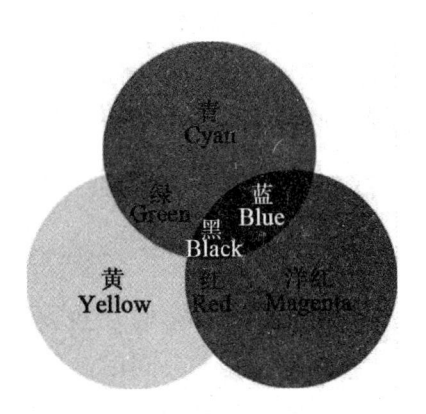

图 3-10　颜料三原色减法混合

(三)中性混合

中性混合是基于人的视觉生理特征所产生的视觉色彩混合，它并不变化色光或发色材料本身。由于混色效果的亮度既不增加也不降低，而是相混合各亮度的平均值，因此这种色彩混合的方式被称为中性混合。中性混合主要有叠加混合、并置混合、旋转混合、空间混合等，下面主要讲述旋转混合和空间混合两种。

1. 旋转混合

在回旋板上贴上几块色彩纸片，以每秒 40 至 50 次以上的频率快速旋转回旋板，使反射光混合的方法，被称为旋转混合。如图 3-11 所示，红绿两块颜色的旋转，混合生成橙红色。如把红色和蓝色按一定的比例涂在回旋板上，旋转则显出红紫灰色。

图 3-11　旋转混合

旋转混合的原理是视觉暂留与视觉渗合作用混合而产生的

效应。这种混合方法与色料混合法近似,旋转混合的明度是混合各色的平均明度,既不降低,也不增加,故属于中性混合。如将红、黄、蓝三色等量置于圆盘上旋转,会呈现出无彩色的灰色。

2. 空间混合

(1)空间混合的定义

将不同的颜色并置在一起,当它们在视网膜上的投影小到一定程度时,这些不同的颜色刺激就会同时作用到视网膜上非常邻近部位的感光细胞,以致眼睛很难将它们独立地分辨出来,便会在视觉中产生色彩的混合,这种混合称作空间混合,又称并置混合。这种混合由于并不是颜色之间真正混合,因此必须借助一定的空间距离观看来完成。

(2)空间混合的效果

空间混合的效果取决于如下三个方面:

第一,取决于并置色彩之间的对比度。

第二,取决于观者距离的远近,空间混合制作的画面,近看色点清晰,但是没什么形象感,只有在一定距离以外观看才能获得明确的色调和图形。

第三,取决于色彩间的并置来表现对象的基本形,如用小色点(圆形或方形)、色线、不同的风格或不规则的形等。这些元素排列越有序,形越细、越小,混合的效果越整体,否则,混合后的画面效果会杂乱且没有形象感。

(3)空间混合的规律

凡互为补色关系的色彩按一定比例空间混合,可得到无彩色系的灰和有彩色系的灰。如红色与青绿色的混合,可以得到灰色、红灰色、绿灰色。

非补色关系的色彩空间混合时,产生二色的中间色。如:红色与青色的混合,可得到红紫色、紫色、青紫色。

彩色系与非彩色系混合时,就会产生二色的中间色。

色彩空间混合时产生的新色,其明度相当于所混合色的中间明度。

色彩并置产生空间混合是有条件的,其一,混合之色应该是细点、细线,同时要求成密集状;其二,色彩并置产生空间混合效果与视觉距离有关,必须在一定的视觉距离之外,才能产生混合。距离愈远,混合效果愈明显。

四、色彩的对比

色彩对比是指两种或多种颜色并置时,因其性质等的不同而呈现出的一种色彩差别现象。它包括明度对比、纯度对比、色相对比、面积对比几种方式。

(一)明度对比

1. 色彩明度的分类

色彩明度可划分为九种明度对比调(图3-12),配色的明度差在三度以内的色,属于明度的弱对比,称为短调;明度差为四至六度的色,属于明度的中对比,称为中调;明度差别在七至九度以上的色,属于图3-12明度的强对比,称为长调。

(1)明度的弱对比

①高短调。高短调是指以大面积的高明度颜色为基调,配合明度差别较小的颜色,画面效果非常明亮、透明、柔和、朦胧、优雅。

②中短调。中短调是指以中明度色为主,配合明度较暗的色,形成中调弱对比。色彩效果模糊、含蓄、梦幻、深奥、沉稳。

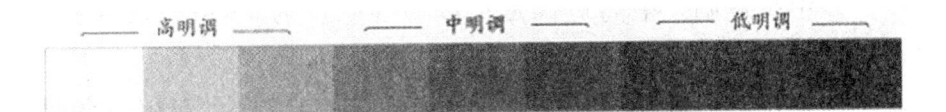

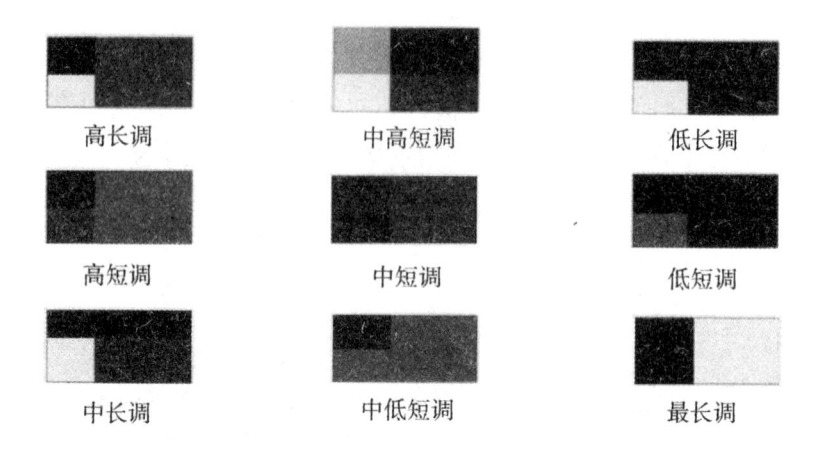

图 3-12 明度色标与明度基调

③低短调。低短调是指以大面积暗色为主,其余配色为弱明度对比,色彩效果厚重柔和、深暗、沉闷、压抑、缺乏生机,使人联想到悲痛、孤独、死亡等情景,给视觉和心理带来的压迫感很强。

(2)明度的中对比

①中长调。中长调是指以大面积中色调为主,配合高调色和低调色对比。中长调整体看起来比较明亮且富于变化,色彩效果丰富、有力、厚实,富有阳刚之气。

②中低短调。中低短调是以低明度配色为主,属中明度对比,色彩效果雄厚、稳重、朴素。

③最长调。最长调是指大部分由高明度亮色构成,明度反差大,对比强烈,色彩效果清晰、明快、活泼、刺激。

(3)明度的强对比

①高长调。高长调是一种高明度色占主要面积并搭配小面积的主色调为高明度色,配合小面积深色对比,效果明朗、辉煌。

②中高短调。中高短调是指以中等明度为主,属中度对比,色彩效果沉着丰富、柔弱含蓄。

③低长调。低长调是指以低明度为基调,配合小面积的高调色,属强明度对比,色彩效果威严、刺激、清晰度高,具有极强视觉冲击力。

2. 色彩之间的明度对比

在广告设计中,高明度的对比关系可以降低色相的差异,而产生统一的感觉,整体色调明快、柔和。中等明度的对比关系给人以含蓄厚重的感觉。低明度的对比关系色相和纯度差异较弱,容易取得调和的效果。

各种颜色之间的明度对比中,柠檬黄的明度最高,蓝紫色的明度最低,橙色与绿色属中明度,红色与蓝色属中低明度。此外,当任何纯色适量加入黑色或白色时,会产生不同的明度变化。如图3-13所示,以同样明度的灰色分别放置于黑色背景与白色背景中,对比后感觉黑色背景中的灰色较亮,白色背景中的灰色较暗,很难看出原先都是同样明度的灰色,这是明度对比造成偏差的错觉。

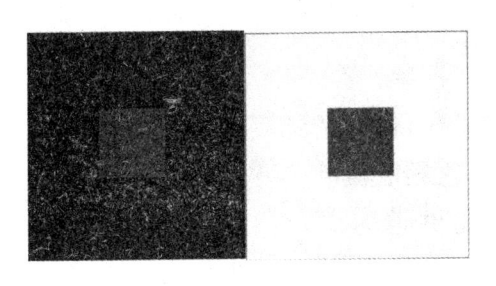

图 3-13　明度对比

又如图3-14所示,以中明度的灰色放置于中间,左右邻近接白色与黑色,这样,靠近白色的灰色感觉较暗,靠近黑色的灰色感觉较亮,这也是明度对比现象,又称边缘对比。

图 3-14　明度对比

明度的高低使画面中的物体在视觉上产生了"轻重"的差异，并增加画面的层次感。例 3-15 所示，设计者在广告中只用了蓝色系，并根据其明度上的变化形成广告的中心肖像，表现了打印机对色彩不同明度的捕捉能达到惊人的精确程度。

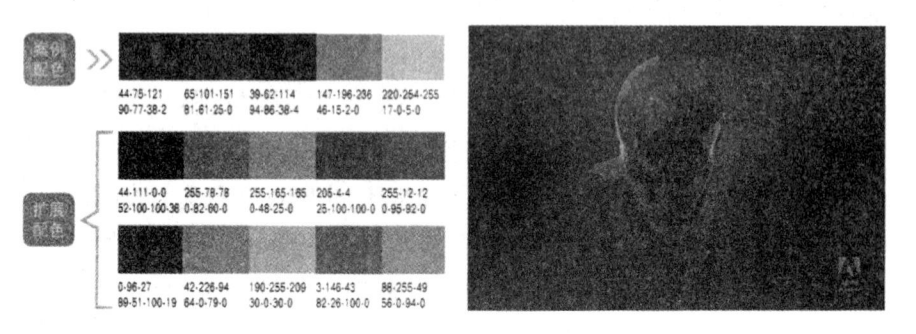

图 3-15　明度对比在广告中的运用

(二)纯度对比

纯度对比是指因色彩的纯度差异而呈现的色彩对比效果，对比的强弱取决于色彩的鲜艳与灰暗差别程度。纯度对比较之明度对比、色相对比更柔和、含蓄。纯度对比可以体现为某一色相的不同纯度的对比，如黄色与略加灰色的黄色之间的对比；也可以体现为不同色相之间的纯度对比，如红色与蓝色的对比，红色的纯度高于蓝色；又如黄色与绿色对比，黄色的纯度高于绿色。

1. 纯度色调的划分

利用纯度变化可以形成丰富的中间色，这些色彩在配色实践中有很重要的作用。为了更好地研究各种纯度对比的情况，这里将三原色与相同明度的无彩色灰或白色按照等差比例进行混合，建立一个含 12 个等级的纯度变化色标体系(图 3-16)。根据此色标，可以将色彩关系划分为三种纯度色调：接近无彩轴的为低纯度色调，距离无彩轴最远的色段为高纯度色调，其余的称为中纯度色调。

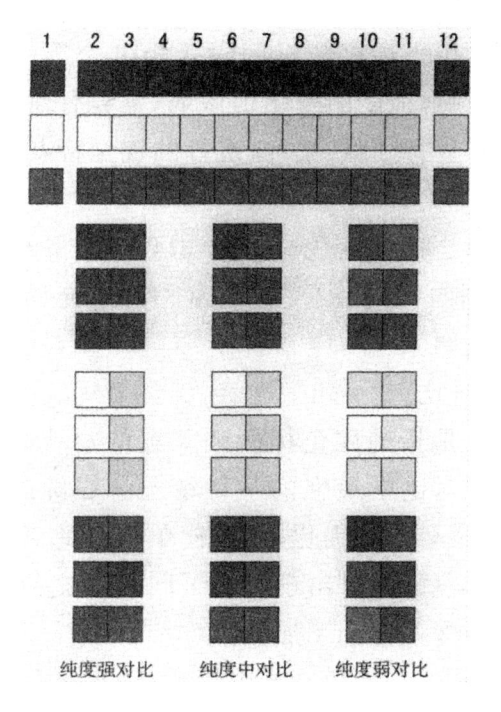

图 3-16　纯度变化色标体系

（1）低纯度色调。低纯度调是指在纯度色标 1 至 4 级的低纯度色构成的色调。低纯度色调具有沉闷、压抑、苍白的视觉特点。

（2）高纯度色调。高纯度色调是指在纯度色标 9 至 12 级的高纯度色构成的色调。高纯度色调的色彩鲜明,对比极其强烈,有时候容易产生生硬、粗俗、杂乱的视觉弊端。

（3）中纯度色调。中纯度色调是指处在纯度色标 5 至 8 级的中纯度色构成的色调。中纯度色调在纯度关系中是最符合人的视觉生理需求的色调,具有柔和、舒适、安静的特点,所以是最容易使用和把握的一种纯度色调。

2. 纯度对比的强弱划分

根据纯度变化色标体系中的色彩进行两两并置比较,可得到纯度对比的几种强弱情况。

(1)纯度弱对比

纯度弱对比是指纯度色标间隔 1 至 2 个等级的对比。在纯度弱对比的色调中,纯度的变化很微弱,需要仔细观察才可分辨,因而这样的色调具有细腻、柔和、沉静的视觉特点。

(2)纯度中对比

纯度中对比是指纯度色标间隔 3 至 5 个等级的对比。在纯度中对比的色调中,纯度的变化丰富、有力,充满生机,是较常出现的纯度对比色调。

(3)纯度强对比

纯度强对比是指纯度色标两端并置的对比。无彩色与纯色的对比形成纯度对比中最强的一种情况。在纯度强对比的色调中,纯色的纯度感会得到强化,甚至比单独看此纯色时还要强烈,因为纯色与无彩色的同时出现形成了同时对比的效果,无彩色使纯色的色相和纯度都得到了加强。

综上所述,纯度高的色彩光鲜艳丽,纯度低的色彩晦涩暗淡,在广告色彩中运用纯度对比,使鲜艳的元素成为画面的重点,作为局部刻画的灰色调则被恰当地沉淀到背景中。例 3-17 所示为世界杯宣传广告,广告中的运动员身着黄色球衣立于灰色调的场景中,这种纯度上的巨大反差也将人与犀牛的拼抢刻画得异常激烈。画面中定格的人物动作形成鲜明的反差,配合色彩上的纯度对比,强调了广告传达激情的用意。

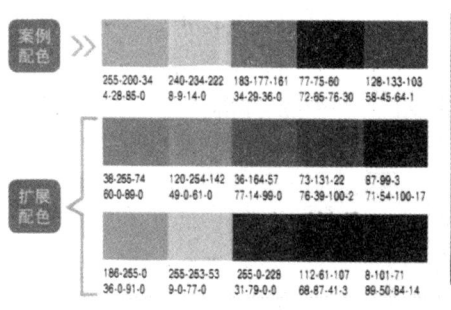

图 3-17 纯度对比在广告中的运用

（三）色相对比

1. 色相对比分类

色相对比是因色相之间的差别所形成的色彩对比。色相对比的强弱，取决于色相在色相环上的距离远近和角度。对比中的两色在色相环上的距离越远，色相之间的对比就越强，反之，距离越近，色相之间的对比就越弱。在 24 色相环上任选一色作为基色，可把色相对比分成以下几种对比。

（1）邻近色对比

邻近色是色相环上相邻的色彩，它是距离 60°左右的对比，如橙色与黄色、橙色与红色、黄色与绿色等。邻近色对比的特点是色相间相差较小，往往只能构成明度和纯度方面的差异，属于同一色相中的对比。邻近色的对比较弱，明度与纯度也比较接近，因此，由邻近色构成的画面色彩柔和、清新、明快、和谐、雅致，在广告设计色彩中运用较广泛，但要注意调整明度、纯度、面积的差异，以免产生沉闷感（图 3-18）。

图 3-18　邻近色对比

另外，邻近色的另一个显著特征就是具有明确的调性。不论是冷色调、暖色调、中间灰色调，还是呈现某色的色调，如橙色调、绿色调等,邻近色反映出来的都是一种带有色彩倾向的鲜明调性关系。

(2) 同类色对比

同类色对比是指在色相环上 15°以内的对比。同类对比在视觉上色差很小,常被看作是同一色相,因此它是色相中最弱的对比。同类色对比不同于明度与纯度的色彩对比,虽然同类色单纯、统一、柔和,在广告设计色彩中运用同类色配色,如不注意明度和纯度变化,也容易显得单调。为了改变色相对比不足的弊病,一般需要运用小面积的对比或较鲜艳的色彩做点缀,以增加色彩生气(图 3-19)。

图 3-19　同类色对比

(3) 对比色对比

对比色对比是指在色相环上 100°以外的对比,是色相中的次强对比,如红色与黄绿色、橙色与青紫色、黄色与红紫色等。对比色对比,色彩对比效果强烈、鲜艳,具有饱满华丽、欢快、活跃、动感等特征,但容易产生不协调、凌乱、炫目的感觉(图 3-20)。

(4) 互补色对比

互补色对比是在色相环中处于 180°的色相对比,是色相中最强的对比。互补色对比具有充实、激烈、鲜明的特点,最大程度上体现了色彩的鲜明程度,强烈刺激人的感官,因而最能引起视觉

第三章　色彩艺术与广告设计

的注意并满足视觉生理的需要(图3-21)。从三原色看,补色关系是一种原色与其余两种原色所产生的间色的对比关系,最典型的补色对比是红与绿、黄与紫、蓝与橙。其中黄与紫,明暗对比强烈,色彩个性悬殊,是三对补色中最冲突的一对。

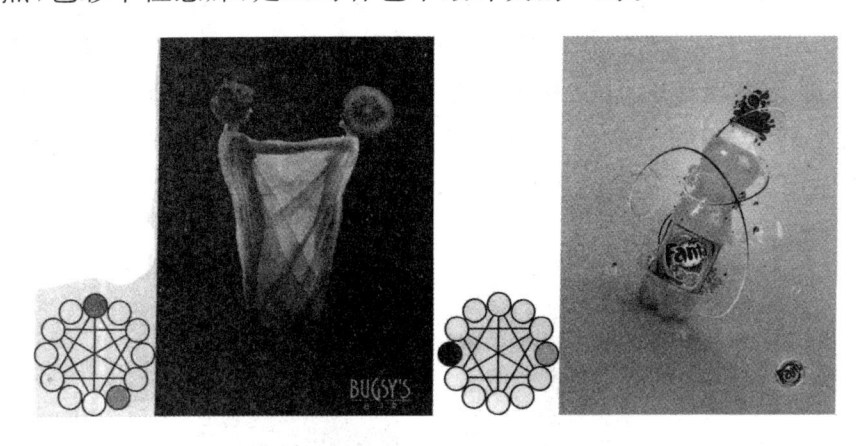

图 3-20　对比色对比　　　图 3-21　互补色对比

在广告设计中,最基础的互补色为红配绿、蓝配橙以及紫配黄。互补色本身就具有强烈的对比性,而在广告中,这种色感的差异更是为突出主题发挥了积极的作用,画面中适当地调配补色的比例,可以使整体层次更加丰富。例图 3-22 是一则啤酒广告,设计者在色彩上选择了明度与纯度较高的红与绿作为搭配,它们在画面中各自占的面积也是平分秋色,此时丝毫没有压迫感的互补配色令人感到清爽,爽朗的色彩将野餐与啤酒的闲适表露无遗。

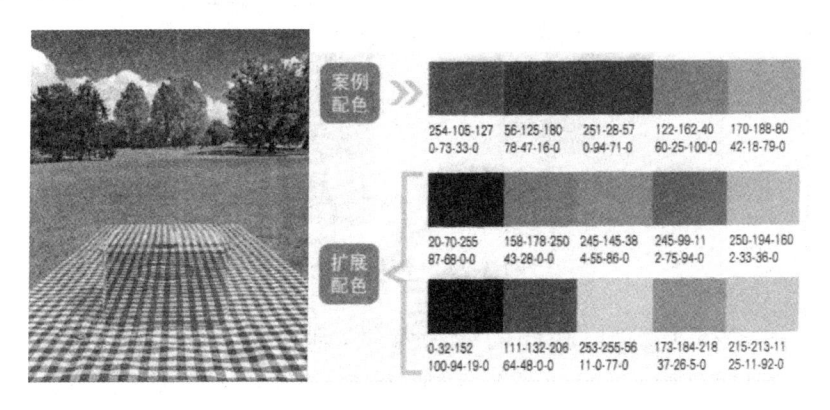

图 3-22　互补色对比在广告设计中的运用

165

2. 色相与主相的关系

色相对比是因色相之间的差别形成的对比。以色相作为主要的对比现象,经过对比之后的色相感觉会产生变化或偏移。在色相对比中,当主色相确定后,必须考虑其他色彩与主色相的关系,即要表现什么内容及效果等,这样才能增强其表现力。如图3-23 所示,相同的橙色分别置于红色与黄色背景中,产生色相对比作用,红色背景中的橙色偏黄,黄色背景中的橙色偏红。

图 3-23　色相对比作用

图 3-24 所示,色相对比应使用色彩饱和度高的纯色相,同时,至少要有三种以上的色彩搭配组合,以产生不同的色相对比效果。

图 3-24　色相对比

图 3-25 所示,以相同的绿为背景,刺猬是黄色,其效果调和、统一;刺猬是橙色,对比效果丰富、强烈;刺猬是红色,与背景色成补色关系,对比效果最强烈。

图 3-25　色相对比

综上所述,色相对比就是将两个色相存在差异的物体进行对照。这种手法往往会刻意减少被突出物体在画面中的色块区域,从画面比例和色相上的巨大反差来塑造广告的中心主体。

图 3-26 所示是一则公益广告,作者将两种存在色相差异的洋葱比作肤色不同的人,颜色上的差异使画面的主次关系显得明朗、直接,广告将这种种族歧视表达得简单而深刻。

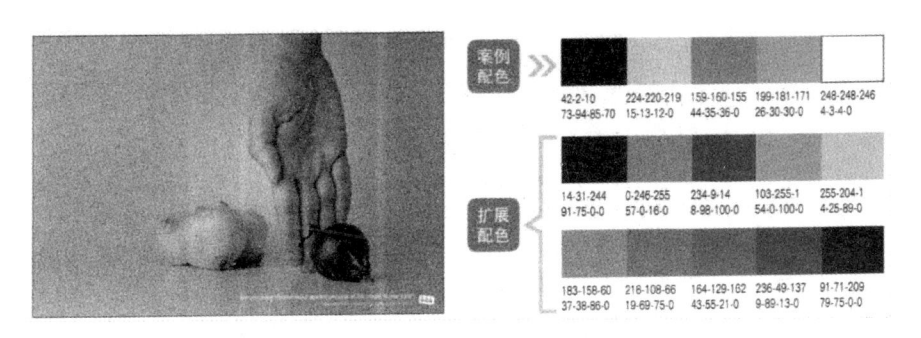

图 3-26　色相对比在广告设计中的运用

(四)面积对比

1. 面积对比概述

面积对比是指各种色块在构图中所占量的对比,也就是色块大小和多少的对比关系。色彩的明度、色相、纯度的对比与色彩面积的大小有关。

为了研究面积的对比规律,以下进行实验:如图 3-27 所示,图(2)的色彩对比效果最强烈,然后依次是图(4)、(3)、(1)。正是由于图(2)中两色的面积均等,因此形成了最大程度的对比效果。而其他三幅图之所以色彩对比效果偏弱,是由于色相相同或色彩面积差别过于悬殊。为此,在许多艺术设计中,创作者都会利用色彩的面积对比来获得别致的画面效果。

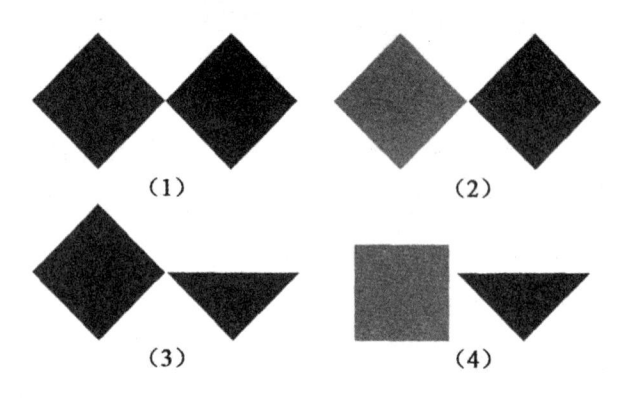

图 3-27 色彩的面积对比示意图

在广告设计中,如果画面中两块或更多的颜色在面积上保持近似大小,会让人感觉呆板,缺少变化。色彩面积改变以后,就会给人的心理遐想和审美观感带来截然不同的感受。

2. 两平面之间的面积比例

在两个色平面之间的面积对比,及色彩对比双方之间的面积对比,都可以简洁地构成画面的对比结构,产生鲜明生动的画面整体效果。一般情况下是以一方为主,对比双方的面积可以控制在 3∶7 的比例,切忌 5∶5 的比例。这是因为面积的大小之比直接影响到画面的效果。比如红和绿、黄和紫、蓝和橙这几对补色关系的颜色相配,如果它们的面积为一比一,那么会给人一种势均力敌、互不相让的感觉,且生理上感觉也不舒服,所以应当予以避免;而让一个颜色面积大一些作为背景,居于主导地位,另一个颜色面积小一些作为点缀,居于从属地位,就会达到色彩的调和(图 3-28)。只有这样才能保证主要一方的色彩力量得以充分发挥,采用适当的对比力量能使其画面更加生动,有"万绿丛中一点红"般的视觉感受。

图 3-28 色彩的面积对比

歌德根据颜色的光亮度区别设计了一个反映明度与纯色关系的示意图,其具体纯色明度比率为:黄、橙、红、紫、蓝、绿之比为 9∶8∶6∶3∶4∶6。为了保持色彩的均衡,上述色彩的面积比应与明度比成反比关系。例如,黄色较紫色明度高 3 倍,为了取得和谐色域,黄色只要有紫色面积的 1/3 即可。

3. 色彩面积对比与空间的关系

面积对比是表现画面空间深度的另一个重要因素。如果在一个大的红色色块上有一个小的蓝色色块时,红色只能起到背景的作用,而蓝色就会向前突出;但是,当蓝色的面积不断扩大侵占了红色的面积时,蓝色就将成为主导的作用而变成背景,使红色又向前突出,我们又可获得画面空间新的平衡。

以下以"图"和"地"的关系问题来进行研究。在框架空间内,由于"图"的形象有前进的感觉,"地"的形象有后退的感觉,再加之"图"的形象容易成为视焦点,容易形成画面核心,因此当两个色面靠在一起处于色彩对比过强的状态时,可以将相对明亮而鲜艳的小的色面变换为"图"的色面,再将相对较暗不太鲜艳的大的色面变换"地"的色面,使之成为起衬托作用的背景,让形象起主导作用,造成两色感觉上的协调。如图 3-29 所示,一般是让彩度低的颜色占据较大的面积,彩度高的占据较小的面积,反之会让人感到压抑。

图 3-29　色彩的面积对比

例 3-30 是一则洗涤液广告,画面中红与蓝的冷暖对比十分醒目,广告中的色彩同时也有明暗间的变化,并通过适当控制红色块的面积来减缓视觉冲击力,让红色"污渍"在画面中显得突出,使消费者有种想要洗涤的欲望。

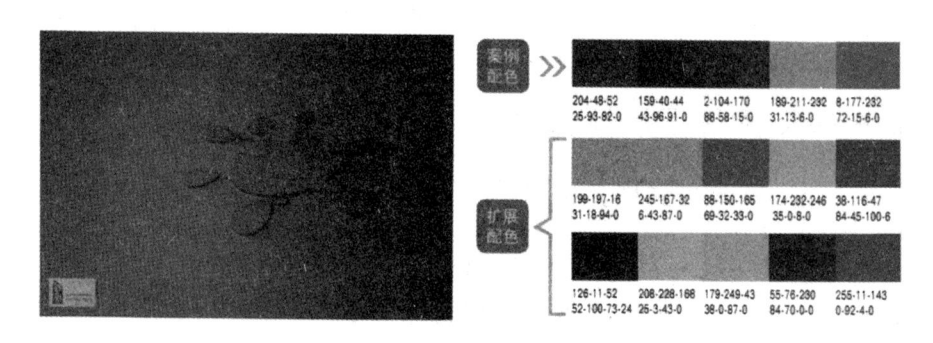

图 3-30　面积对比在广告设计中的运用

(五)冷暖对比

1. 冷暖对比概述

色彩的冷暖对比基本可以理解为色性的对比。花花绿绿的广告画面中总有一个倾向性的色调,使画面整体看起来够纯粹。

为了方便研究色彩的冷暖对比,进行如下实验:在一个作业场所的墙上涂上蓝绿色,另一个则涂上橙红色,两处的客观物理温度是相同的,但主观上色彩对于心理作用的差异却极大,即在蓝绿色场所工作的工人,在 15℃时感觉寒冷,而在橙红色场所工作的工人,温度降至 11℃时才感觉寒冷。两处工人的温度感觉有

第三章 色彩艺术与广告设计

3℃至4℃差别,这是因为蓝绿色减弱血液循环,而橙红色刺激情绪,使血液循环旺盛。

在色相环上,偏向红色的色相具有暖感,称为暖色;偏向蓝紫的色相具有冷感,称为冷色。例如图3-31所示,同一灰色在冷色和暖色的映衬下,所表现的冷暖感是不同的。将其置于暖感的色彩上,会偏暖色;将其置于冷感的色彩上,会偏冷色。

图 3-31 同一灰色在冷、暖色上的效果

色彩的冷暖对比还受明度与纯度的影响。因为白色的反射率高而感觉冷,而黑色的吸收率高则感觉暖。如纯红色是最具温暖感的色彩,倘若提高红色的明度成很淡的粉红色,和纯红色相比,会有冰凉的感觉。纯蓝色是最冷的色彩,如果降低其明度成暗蓝色与纯蓝色相比,就会有温暖感。

2. 冷暖对比的运用方法

在色彩体系中,人们把橘红色定为暖极色,天蓝色定为冷极色。通常情况下,暖色指红色、黄色、橙色;冷色指蓝绿、蓝紫等色;黑色偏暖;白色偏冷;灰色、绿色、紫色为中性色。

冷色代表阴影、透明、镇静、流动、远、轻、湿、理智、冷漠、后退;暖色代表温暖、阳光、热烈、刺激、浓厚、近、重、干。运用冷暖色对比可以用来创造和表现丰富的画面效果,加强色彩的艺术感染力。

在广告设计中,通常,以冷色为主的画面显得盛气凌人,使人产生被逼迫的感觉。当画面融入一定比例的暖色后,冷色秉持的锐气将会被削减不少，而画面的色彩氛围也会变得十分融洽。

图6-32所示是一则冰箱广告，设计者采用大面积的冷色调，使画面产生冰凉的金属质感，视觉中心的火焰成为广告中唯一的暖色。小面积的暖色有均衡画面色调的作用，广告冷暖色的对比与产品信息十分切合，将主题信息表现得一目了然。

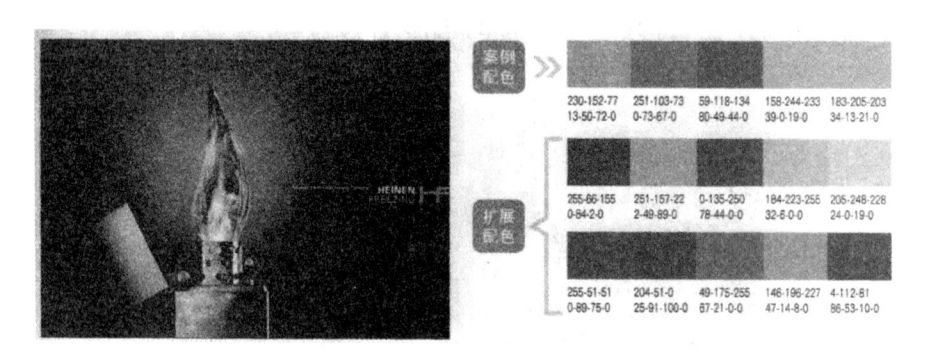

图3-32 冷暖对比在广告设计中的运用

另一方面，以暖色为主的广告令观者感到热闹而嘈杂，视觉上的膨胀感容易使人产生视觉疲劳，这时掺入以宁静为特质的冷色，可以有效地平缓这种刺激，甚至淡化观者的疲劳感，并将他们的注意力集中在冷色物体上。

如图3-33所示，该平面广告以暖色调为主，唯有弱小的鲨鱼被施以冷色，设计者通过这种冷暖色调的自然对比，将该广告的夸张程度提升了一档。

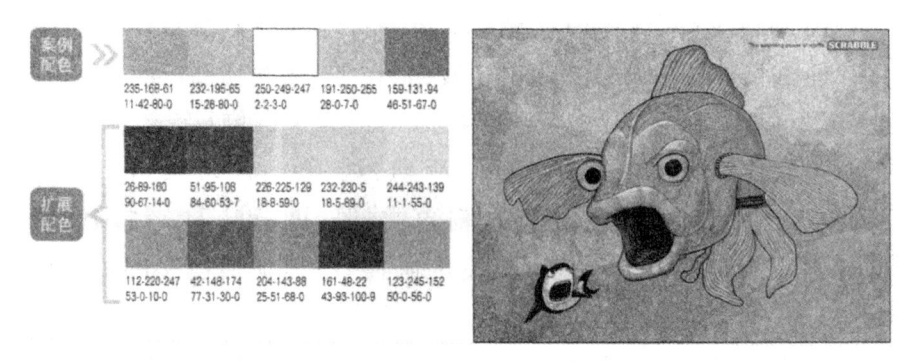

图3-33 以暖色调为主的广告设计

五、色彩的调和

两种以上的颜色,通过有序、和谐地相互搭配,从而使整体色彩形成和谐统一的美感,称为色彩调和。色彩调和的目的主要是使色彩有变化,但不刺激,画面统一但不单调,从而达到赏心悦目的视觉效果。

调和和对比都以维持画面美感为目的,但调和是对比的反面。色彩调和是抑制画面因对比过分突出的一种手段,它将对比产生的刺激钝化,使整个画面的色彩得以均衡。

(一)同类色的调和

同类色是指单一色相系列的色彩(分布在色相环 0°到 15°夹角内的颜色),它们色相性质相同但有深浅之分。同类色的色调较为单纯,在大体协调的色感下有一定微妙的变化。

如图 3-34 所示是一则果汁广告,画面的主色调为黄色,设计者大胆地使用同类色来表达柠檬的清爽。用耀眼的柠檬黄配以水的材质体现果汁凉爽通透的口感,并通过在明度上的微妙变化,使中间的主体物线条干净而流畅,靓丽的色泽将果汁的口感诠释得十分到位。

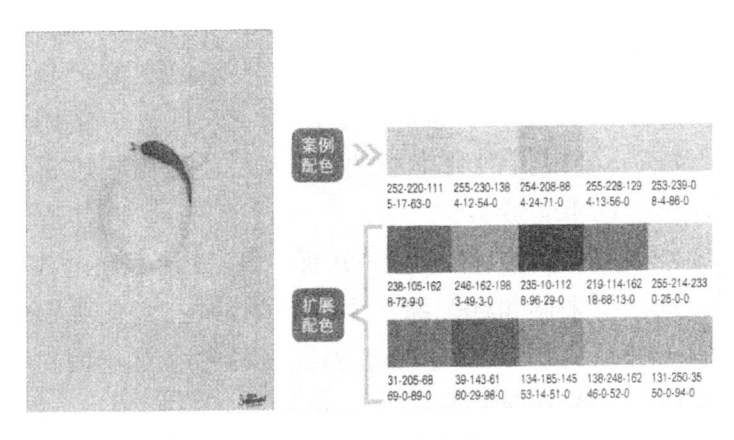

图 3-34 果汁广告

(二)类似色的调和

类似色相较同类色来说范围更广,它是指分布在色相环上大约30°到45°以内的颜色。类似色的变化相比之下更为丰富,这样看来,类似色在保持画面协调统一的同时也不乏活力。

图3-35所示是一则清洁剂广告,设计者选用了暖色系来表现画面的温馨与轻快,以体现产品能使衣物变得芳香而柔软的功效。画面中类似色的微妙对比搭配使画面显得十分统一。

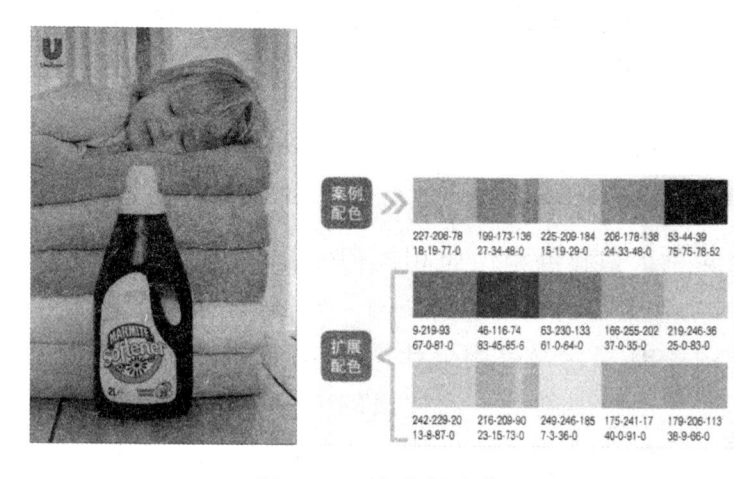

图 3-35 清洁剂广告

(三)对比调和

对比色在视觉上给人一种有明显区别的感觉,它分布在色相环上大于等于120°且小于等于180°的位置。广告中运用调和对比色时,画面会呈现出饱满华丽的效果,并且避免了过于夸张的色彩对比造成的审美疲劳。

图3-36是一则某品牌的意大利面广告,设计者通过控制各色彩在画面的比例来调和红配绿产生的视觉冲击力,使画面的色彩氛围变得十分融洽,使观者不至于因过强的色彩对比而对广告画面产生视觉疲劳的状况。

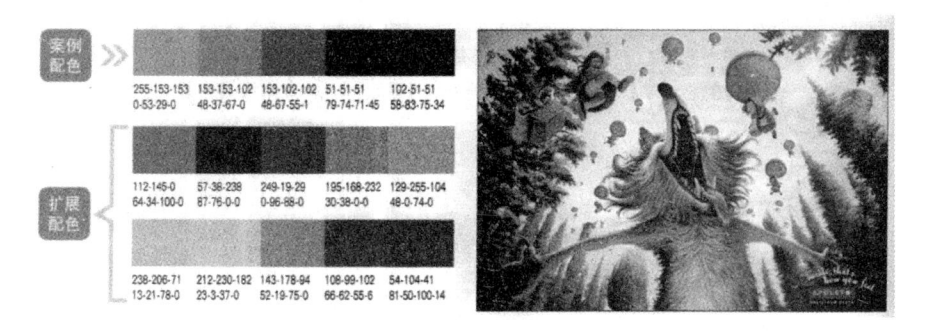

图 3-36　意大利面广告

对比色中，最刺激视觉神经的要数互补色了，它们是位于色相环 180°对称的两种颜色。广告中常常用互补色来增强画面的视觉冲击，但一味追求刺激感的广告很容易给观者带来视觉疲劳，因而设计者们通过在纯度或明度上的调和，将这种冲击大大降低了，使视觉舒适。

图 3-37 所示是一则红酒广告，设计者将两位人物配以互补的色彩，大大增强了人物的存在感。低纯度的墨绿色与橙色大大缓解了互补色产生的视觉冲击感，转而使观者的视线定格在人手中的酒杯上，设计者以诙谐的构思调和了补色在视觉上的原始刺激，让广告萌生出几分趣味，使人倍感轻松、愉悦。

图 3-37　红酒广告

第二节　广告中的色彩类别划分

一、无彩色系

无彩色主要是指黑色、白色以及由黑白两色相融而成的各种深浅不同的灰色。无彩色不含有彩度，只存在明度上的变化。无彩色只有黑白的明暗变化。从物理学的角度来看，无彩色不应包括在可见光谱中，不能称为色彩，但从视觉生理学、心理学上来讲，它们具有完整的色彩性质，应包括在色彩体系中。在色彩中，无彩色在视知觉和心理反应上与有彩色一样具有重要意义。无彩类色按照一定的变化规律，可排成一个系列，白色渐变到浅中灰、深灰直到黑色，色度学上称此为黑白系列，当某一种色彩分别调入黑、白色时，前者会显得较暗，而后者会显得较亮，如果加入灰色则会降低色彩的纯度，(图 3-38)。这种类别的颜色可以表现出简洁、深沉、忧郁、神秘等心理感受，因此被广泛用于表现该类感情色彩的广告中。

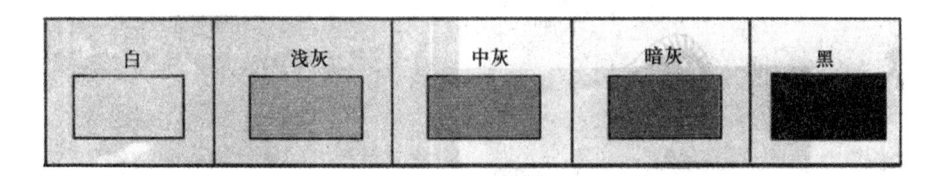

图 3-38　无彩色系

灰色是由不同比例的红、黄、蓝三色混合而成，由于各原色间的比例不等，三色中任何一色含量略有变化，混合之后的灰色也不尽相同，如可以形成红灰、黄灰、蓝灰或绿灰等各种不同色彩倾向的灰色。明亮的浅灰色给人愉悦和安静的感觉，最有利于情绪的安定，但又容易觉得空虚苍白；浓重的深灰色则既可给人带来稳重安定的感受，也会加重压抑的心理。由于灰色的不确定性，故给人们带来辽阔的想象空间。

因为无彩色类别还能够表现出怀旧的感觉，所以也经常用于需要表现出商品古老历史感的广告。如图3-39的耐克黑白色广告设计——力量之美。

图3-39　力量之美——耐克黑白宣传广告设计

二、有彩色系

有彩色是指包括在可见光谱中的全部色彩。有彩色是无数的，它以红、橙、黄、绿、青、蓝、紫为基本色，也包括含有色相的灰色，如蓝灰、红灰等，另外也有一些特殊色，如金色、银色、荧光色等。基本色之间不同量的混合，以及基本色与黑白灰色之间的不同量的混合可以产生成千上万种颜色。有彩色是由光波长和振幅决定的，波长决定色相，振幅决定色调（图3-40）。相对于无彩色而言，有彩色要复杂得多，一般用色相、明度和色度这三组特征值来确定。

有彩色类别由于能够根据需要营造出各种广告氛围效果，因此在所有广告中占有绝对数量上的优势，如图3-41的可口可乐广告设计。

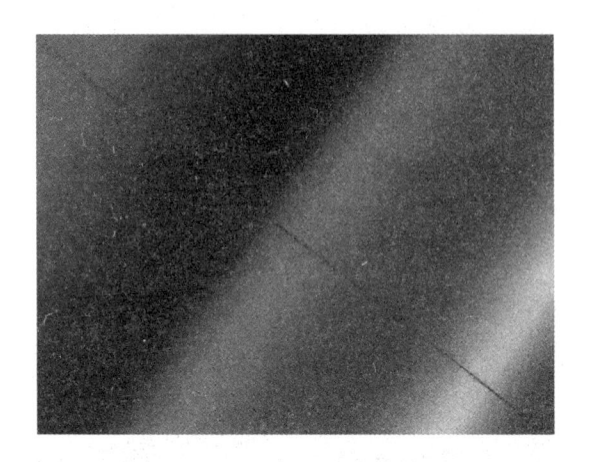

图 3-40　有彩色系

图 3-41　可口可乐广告

第三节　广告设计中色彩的心理作用

一、色彩的联想

人类对客观事物的感觉离不开已有的印象和经验,因此才会看到某个颜色而自然地联想到与其相关的其他事物。

各种色彩都有着其特定的语义,包含一定的象征意义,见表 3-1。

第三章 色彩艺术与广告设计

表 3-1 各种色彩的象征意义

色彩类别	色彩名称	代表的象征意义
无彩色类别	白色	明亮、洁白、纯真、朴素、神圣、白云、冷清、贫寒、悲哀等
	黑色	沉稳、严肃、夜晚、黑洞、死亡、丧礼、恐怖和绝望等
彩色类别	红色	引人注目,让人联想到太阳、红旗、春节、温暖、热、喜悦、火警、血腥、暴力等
	紫色	高贵、神秘、优雅、成熟、华贵、消沉、不幸等
	黄色	既有快活、轻松、愉快、智慧与权威的意义,同时也有病态、轻浮的感觉
	绿色	青春、成长、和平、安全、树木、森林、抑郁、变质等
	蓝色	安静、沉着、冷静、空旷、悠久、寂寞、冷酷、海洋、天空、稳重、科技等
	银色	冷静、纯洁、富贵等
	金色	黄金、秋天的田野、阳光、富贵等

不同的广告可以使用不同的颜色来渲染感官感受,例如红酒类经常使用紫色、蓝色等颜色表现出高贵、神秘、优雅的心理效应(图 3-42)。

图 3-42 红酒广告

食品广告可以使用红色和黄色相搭配,并且添加其他暖色调来点缀,渲染富有食欲的气氛。而洗涤用品可以大面积使用白色以及相似色来使受众得到清洁、无瑕的心理效果。

二、色彩感觉

(一)暖色与冷色

按色彩的视觉温度感将色彩色相分为暖色系和冷色系。红、橙、黄为暖色系,青绿、青、青紫等色,则属于冷色系。作为人类的感温器官,皮肤上广泛地分布着温点与冷点,当外界高于度肤温度的刺激作用于皮肤时,经温点的接受最终形成热感,反之形成冷感。色彩的温度感是长期条件反射的结果。比如太阳照射到的时候形成暖的感觉,就被反射为对太阳的常见色彩的感觉。

在广告设计中,暖色容易使人产生温暖感,冷色使人产生寒冷感。无彩度色中的深灰色和黑色较具暖和感,浅灰色或白色有寒冷、凉爽的感觉。例如图3-43所示,为巴黎水(Perrier)的广告,略倾向黄色的绿色让人感到清爽、自然和纯净,常用于饮料设计。

图 3-43　巴黎水广告

(二)兴奋色与沉静色

人们看见色彩时,有时心理上也会受到强烈的刺激,而产生兴奋或沉静的感觉。色彩的兴奋与沉静是由色相的冷暖决定的,在暖色系中,彩度高的红、橙、黄等鲜亮的颜色给人以兴奋感,这些色彩有着促进我们全身机能、脉搏增加和促进内分泌的作用;在冷色系中,蓝绿、蓝、蓝紫等明度和彩度低的深暗的颜色给人以沉静感。介于两类色彩之间的,既不属于兴奋色,也不属于沉静色,称为中性色,像绿、紫等在感觉上也呈中性,兼具兴奋和沉静两方面的性质。色彩的明度、彩度越高,兴奋感越强。

在兴奋色中,以红、橙为最令人兴奋的颜色,这点在我国的婚庆及其他节日中表现得尤为明显。沉静色中,以蓝色为最沉静。穿着色彩鲜艳的运动服装,就显得精神饱满,步调活泼,就会想去爬山,或去海边游玩。

在广告设计中,通常在看到红、橙、黄等纯色相时,心理上会觉得较为兴奋、积极,称为兴奋色或积极色;若看见青绿色、青色、青紫色,就会有沉静、消极之感,称为沉静色或消极色。红橙色是最为兴奋的色,依次为红色、红紫色、橙色、黄橙色、黄色、黄绿色等。

另外,在红色中加入少量的黄,会强化其活力,更趋于躁动、不安;加入少量的黑色,会使其沉稳,趋于厚重、朴实;加入少量的蓝,则会削弱其热烈的性情,更雅致、更柔和;加入白形成的粉色更显温柔、较弱。如图 3-44 所示的国航形象广告中,红色基调的广告作品鲜艳夺目,可以烘托热烈的气氛,是中国传统的喜庆色彩。

(三)前进色和后退色

若两种色彩相互比较,有的色彩会感到具有向外膨胀的现象,称之为前进色或膨胀色;反之,有的色彩看起来则具有向内收缩的现象,而有后退感,称之为后退色或收缩色。例如同样体积大小的黑、白两个色块,人们总会觉得白的要大一些;同样体积大小的红、蓝两个色块,人们总会觉得红的要大一些。这是由于人的感觉并不总是准确的,有时会有偏差而造成的。暖色、亮色(红、黄、白)具有扩散性,看起来要比实际的大些,称为膨胀色,冷色、暗色(蓝、绿、黑)具有收敛性,看起来比实际小些,称为收缩色。一般以为,黄色面积看上去是最大的。即使图形都是一样的大小,但是在感觉上,我们还是会觉得黄大于绿、红大于蓝。

图 3-44　国航形象广告

正因为这种感觉上的误差,会造成我们认为奥林匹克标记的五个圆圈,一定是中间的黑色圈显得较小,黄色圈显得较大,法国国旗上的蓝、白、红三色不是相等的。所以在使用时要对色彩进行加工处理,例如把红、蓝、绿各色的明度、彩度提高到跟黄色相似的程度,使其在明度、彩度上取得平衡。

一般而言,在广告设计中,暖色具有膨胀性,冷色具有收缩性。明度高低,也会影响色彩的膨胀感和收缩感。如黄色和蓝色搭配,黄色有膨胀感,而蓝色相对有收缩感;另外高彩度的色彩要比低彩度的色彩有膨胀感。

(四)轻色和重色

各种不同的色彩相互搭配,有些色彩会使人有轻重感。[①] 色彩的明度变化是体现色彩轻重感的决定性因素,明度高的色彩给

[①] 轻重感是物体质量作用于人类皮肤和运动器官而产生的压力和张力所形成的知觉。色彩的轻重感是由于人们接受物体质量刺激的同时,也接受其色彩刺激所形成的条件反射。反过来,色彩刺激总是伴随着重量感觉,因此些色彩显得重,而另一些色彩显得轻。

人感觉较轻,明度低的色彩给人感觉较重,而无彩度色中,白色的明度最高,是最轻的色彩,随明度降低则有较重的感觉。总之,用色彩来标识物体的轻重感,对于反映商品属性是重要的。

第四节　广告色彩的视觉体现与配色规律

一、广告色彩的视觉体现

(一)色彩鲜明

广告设计中,如用鲜明的色彩则具有较高注目度,能够优先被观众注意到并产生深刻的印象,利于信息的传播。当同样的信息伴随不同色彩被发布出来时,鲜明的色彩通常会显得"声音"更响亮。例如巴黎的水广告,其色彩运用充满创意魅力(图 3-45)。

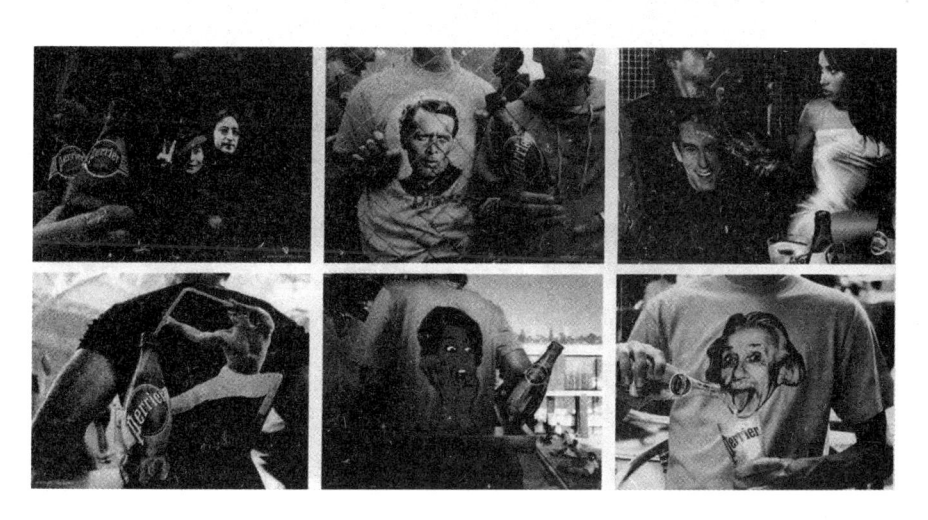

图 3-45　巴黎水广告的色彩运用

(二)色彩对比

用色彩对比要素来设计广告,可以增加消费者的依赖度。在对比手法上，主要有艺术手法上的对比与实质性的对比。其中前者是指在广告画面上采取一定的艺术手法以突出商品的形象。而后者可以用于反映商品使用前后效果的对比、商品改装前后的对比这些方面。至于本商品与另一同类商品的对比较，如果用于贬低别人以抬高自己的话，则是不可取的。正如国家工商行政管理局颁布的《广告审查标准（试行）》第三十五条所规定的："不得以直接或影射方式中伤、诽谤其他产品。"

图 3-46 所示为某餐厅的宣传广告。这种对比手法，使餐厅的区别在画面上十分显眼，达到了商业宣传的目的。

图 3-46　餐厅广告

(三)强调个性

同质信息集中发布会产生相互干扰，最终令消费者无法记住任何一种产品信息，有所区别的信息才能在消费者心中留下印象。自然界的色彩种类虽然多至无数，但其中的微妙差异却是人们难以轻易识别的，兼之色彩所处环境的复杂性，只有较明显的色彩差异才能让人们感受到不同。例如百事可乐广告，其色彩运用了蓝色，能够加深人们对该产品的印象(图 3-47)。

图 3-47　百事可乐广告色彩运用

（四）煽情色彩

广告的最终目的就是要打动消费者并使其购买产品，那么广告的视觉语言就必须是能感动人心的、富于感染力的。色彩是传递情感的有效工具，在快速影响消费者心理方面的作用胜过千言万语，例如图 3-48 为化妆品广告，该广告以色彩传递高品位信息。

图 3-48　化妆品广告

（五）直接展示

直接展示就是将商品直接而真实地展现在消费者面前，以便使消费者在大脑中留下较为深刻的印象。这种表现手法较为传统而通俗，但因它与广告宣传商品的目标一致，因此，现在经常被运用。尤其是用来表现商品的外观和特点，可以突出商品的美，使人一目了然。但也不是自然主义地纯客观表现，而要在构图的安排、主体的突出、背景的衬托、色光的处理等方面进行精心的设计。

如图 3-49 所示，周大福首饰的产品广告直接展示出产品，使人们在不知不觉中感受到周大福首饰所展现的魅力。

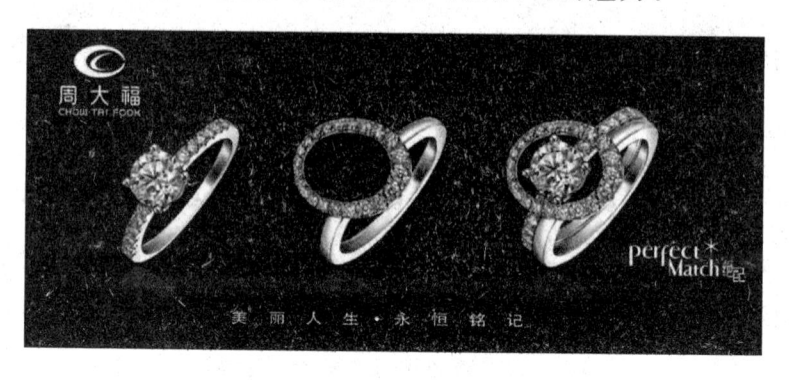

图 3-49　周大福广告设计

二、广告色彩的配色规律

（一）均衡性

配色的均衡是指颜色搭配后在视觉上、心理上给人以平衡的安定感。配色的均衡除了明度、纯度、色相这些基本因素之外，还包括色彩的面积对比、位置分布、聚散、冷暖、形态等等。这些因素错综复杂地互相作用，会形成变化万千的效果，相当于平面构成中的对比、空间、对称与平衡构成。概括起来，主要有以下几种。

（1）左右（对称）均衡——指色彩左右放置，在视觉上取得均衡，称之为左右均衡。左右均衡往往表现为庄重、大方和平稳安定，但在不合适的场合，这种均衡会让人产生呆板、单调的感觉。

（2）前后均衡——指服装、雕塑、建筑等立体的物体，从侧面看时，也表现出均衡感。

（3）上下均衡——指色彩的上下放置情况，在视觉上取得均衡。上边的颜色轻、下边的颜色重具有安定感；上边的颜色重、下边的颜色轻易产生一种富有朝气的运动感。

（4）不均衡——指在色彩搭配上没有取得均衡。通常情况下，不均衡缺乏美感，但由于人们的审美标准是不断变化的，在特定的环境和条件下，这种不均衡被作为一种新的均衡被人们所承认和接受,这种美的形式被称为不均衡的美。

(5)不对称均衡——指综合色彩的轻重、强弱、面积等因素,使之在人们的视觉上表现为相对稳定的状态。

(二)节奏性

在造型艺术上,"节奏"是用来描述视觉上有规律、有秩序的反复和变化。配色的节奏即通过色彩的色相、明度、纯度、面积、形状、位置等方面的变化和反复,表现出一定的规律性、秩序性和方向性的韵律感。画面中的节奏可以归纳为以下三种:

(1)综合节奏。综合节奏是指色彩和形状的重复单位被复杂化组织以后,能够产生极强的韵律感,层次也异常的丰富,但是色彩之间仍需一些关联①。严格地讲,一种色彩在不同部位的重复出现,才叫色彩的关联,但实际运用中,作为两个关联的色彩在色相、明度、纯度等方面比较近似,就可以获得和谐的效果。这种近似的关联,往往比某个颜色的重复出现更生动,这也是色彩节奏美的重要表现之一,相当于平面构成中的近似和特异构成。

(2)重复节奏。指以单位的色彩形态,做有规律的循环反复而表现出的秩序美。

(3)层次节奏。是指色彩的色相、明度、彩度、大小、形状按一定秩序渐变,所产生的节奏变化。类似于音乐上的由高音到低音或由低音到高音逐渐变化,具有规律性的美。

(三)层次关系

配色的层次分平面、立体两种。平面层次是指暖色、亮色、纯色等前进色和寒色、暗色、浊色等后退色搭配会产生层次感。立体层次则是指色块在位置上、质地上有差别后,就会产生层次,比如衬衣和外衣的颜色差别。

色块之间、图片之间、字与背景字之间以及色块、图、字之间

---

① 关联是指色彩之间的互相联系,互相包含,以求形成画面统一的色调。

互相遮盖、叠压给人的感觉当然也就不会相同,前后的层次也就不同,这一点在平面设计中显得尤为突出。

(四)疏密关系

色彩以点、线、面的形式聚集会产生一种凝聚的力量,分散则会产生一种舒缓、悠闲的感觉,类似于平面构成中的放射、密集、分割等构成。国画中讲究以白当黑,讲究布局,现代色彩搭配布局同样重要。

(五)点缀配色

点缀配色又称"强调配色",是指用较小的面积、强烈而醒目的色彩,调整画面的单调的效果。它是最常见而又简便的配色方法。配色时要注意量的大小,面积过大会影响整体,面积过小起不到点缀的作用。

第五节 广告色彩的表现与运用

一、广告色彩的表现方式与方法

(一)创意色彩的表现方式

1. 点、线、面的表现

在运用色彩中,点、线、面作为几何学名词具有非形象的抽象意义,是形式构成的基本表现要素。

点的视觉特点具有求心性、空间性及连线、积点成面的意义。点的构成方法有不连接与连接两类。规则性不连接构成了一种秩序的静感;不规则性不连接构成一种变化的动感;等间隔连接则构成单纯感;不等间隔的连接会构成丰富感;重叠连接会构成线、面的变化(图 3-50、图 3-51)。

图 3-50　点的色彩构成(1)　　图 3-51　点的色彩构成(2)

线在构成中具有位置与长度的状态,主要以方向、长度、形态为表现特征。线的构成方法因线的特性不同而形成不同的性质。直线等距或不等距、不连接变化可获得韵律感;折线的连接、辐射线的连接可获得强烈的节律感;垂直线的交叉、倾斜线的交叉可获得丰富的编织秩序;曲线不连接可形成活跃的势态,连接可形成缠绕、蜿蜓、柔软的动感,交叉可形成原图形所意料不到的复杂效果;空间性曲线具有神秘与变幻的空间感;徒手曲线具有偶然与自由的抒发性(图 3-52、图 3-53)。

图 3-52　线的色彩构成(1)　　图 3-53　线的色彩构成(2)

面在构成中占有空间,具有实质性和积极的视觉价值。面由许多"点"平面集合而成,由许多"线"平行密集接近或纵横交错而成,由"点"或"线"扩大而成。各类线都可以分割画面,构成各种面的造型(图 3-54、图 3-55)。

图 3-54　面的色彩构成(1)　　图 3-55　面的色彩构成(2)

点、线、面的存在性质具有一定的相对性,在画面中的确定很大程度上取决于视域与互相之间的对比关系,并根据它们在构成中所占有的地位与所起的作用而产生。相对而言,"点"因其小而以位置为主,"线"以方向、长度与形态为主,"面"则以面积与形态为主。色彩的点、线、面的应用要综合色彩的三要素来考虑,因为在具体的使用过程中,这是一个比较复杂的技术与技巧。

2. 色平面的表现

色平面,是指由相同或相近明度、色相、纯度的色组成的色彩区域或色彩平面,它可以改变或中和不必要的深度空间,将一个作品中的色彩和形状组织到两个或更多个色平面中,并能很好地处理画面的整体结构和画面的深度空间。色平面是画面构成、结构画面的基本方法,色平面的多少,可以依据画面效果的需要而定。色平面的数目决定画的效果,色平面越多,画面效果越接近自然真实;色平面越少,画面效果越接近抽象及主观表现,画面越具有现代感。

色平面的结构往往是错综复杂的,两个或两个以上的色平面重叠在一起,或相互加强,或相互减弱,或更突出一方,使之能够产生出更加丰富多样的画面结构,表现更加细腻细致的情调情感效果。通过调节色平面的多少和不同应用组合,可以使繁纷复杂的造型结构、色彩变化和空间结构得以条理化表现,使画面因素更具有可控性。

3. 色彩的张力表现

色彩张力,是指由色彩的冷暖、明暗、强弱以及不同层次等构成的对抗、运动趋向和谐的现象。在优秀的设计作品中,其内容以及表现内容的一切造型手段(包括色彩)都是有张力的。概括来说,色彩张力主要由以下几部分内容组成。

(1) 色彩中的层次

色彩中的层次具有两种含义:一是指同一色相由浓到淡、由冷到暖、由明到暗的变化,二是指一种色相逐渐向另一种色相靠拢。一种色彩有了这种变化、靠拢,便产生张力。色彩层次愈丰富,其产生出的张力就愈明显,也就愈有表现性。

另外,中间色调的层次也是比较丰富的。所谓中间色调是指处于色彩的冷与暖、光线的弱与强之间的色调。

(2) 色彩主次关系

主色是指一个设计作品中基本的、主要的色调,也称基调。主色主要用来突出主要物象的色调,使作品的主题、主旨突出出来。由于主色与次色在色彩的色相、饱和度、亮度上有差别,因而主色调与次色调搭配得好便能产生张力。而用次色调描绘的物象,可以烘托、陪衬以主色调描绘的物象。

(3) 色彩的极限语言

在中国,多数设计者们强调黑白的补色对比,而在西方国家,许多设计者则强调红与绿、橙与蓝、黄与紫这三组补色的对比,以此形成极限语言。这种极限语言,能使色彩张力得到最大程度的体现,产生极强的视觉冲击力。

在当今,由于人们的生活节奏较快,而中性的色彩语言却难以描绘出现代生活的旋律,于是许多设计者使用饱和度高的响亮的原色与它们的补色,以及黑白二色作为极限艺术语言中的对抗色彩,来表现现代生活与人们的感情,取得了明显的艺术效果。

(4)色彩振动

色彩振动是色彩动力学的主要内容之一,具体是指在美术作品中的不同色彩之间的对抗、跳跃、旋转、频闪等,让人在视觉上产生振动的感觉。设计者们为了使色彩产生最大的张力,根据审美动力学原理,运用多种手法,如色彩对抗、跳跃、旋转、频闪等使色彩振动起来。

色彩对抗有两种:一种是互补色对抗。例如红与绿,在中央对抗着,产生极快的振动,单纯用眼睛就可以看见。而作为互补色的红与绿能产生对抗,同样橙与蓝、黄与紫、黑与白也能产生对抗。对抗又绕圈运动,就会产生极大的振动。色彩的另一种对抗,是"同时对抗"。同时对抗是色彩的动力学和它们的构造。例如"各种色彩反映着如石投水后的圆圈,多个浪圈能相叠,运动也同时向着相反方向进行,因而一切处于相互影响中,具有同时性。这个同时性动作,是绘画的本质的和唯一的题材。"[①]

色彩跳跃,指画面上的色彩往往由色轮上的一色越过它相邻的色,跳跃到另一色,在视觉上形成跳跃感。

色彩旋转,指众多的小色块,按旋涡形或浪圈形组合,使原本不动的色块,在人的视觉上产生极快的运动。这种色彩旋转能表现快节奏的生活与人的紧张或躁动的情绪。

此外,还有色彩频闪。频闪由频闪摄影而来。比如一个人下楼梯,摄影机只能把他下楼梯的全部动作,分几次、几十次拍下来。要是把这几次、几十次拍下来的单个照片,按原来动作的顺序贴在一个可以转动的圆筒上,快速地转动它,就会产生一个人

---

① 瓦尔特·赫斯著;宗白华译. 欧洲现代画派画论选. 北京:人民美术出版社,1980

下楼梯的连续动作的感觉。电影就是根据这一频闪摄影的原理加以扩大而制作出来的。现代主义艺术家,特别是未来派艺术家根据频闪原理,让形体与色彩连续运动,表现现实生活的节奏感。

(二)创意色彩的表现方法

1. 复原法

色彩复原法是指在设计中,把观察到和体验到的色彩通过手和眼复原或创造性地复原到平面上。色彩复原法训练能使我们认识到物体的固有色、环境色、光源色之间的联系,逐渐建立起这样的意识:必须经过描绘者的主观参与,客观对象在画面上的色彩才可能协调。

2. 临摹法

临摹法是指临摹大师的作品,是直接向大师学习,把大师通过艰苦探索得来的成果吸收为自己的知识。临摹的原则应该是尽可能地复原原作的技巧、气质和画面整体效果。但是,临摹毕竟只是学习手段,不是目的,当熟悉了大师部分技巧以后,最好能把这种学习方法向另一个层次推进。

3. 归纳法

色彩归纳是根据自己的感受对客观对象取舍的过程。即以写生素材为依据,把原先比较丰富繁杂的色彩进行统一整合,将代表性的色彩以色谱的形式归纳出来,并作进一步的提纯和强化,在归纳整理的过程中完成色彩的创意表现。

色彩归纳是一种平面化的观察与表现方法,强调色块之间的关系,用平涂的方法去表现客观对象的体积、光影和空间关系,并进行适当的夸张处理。弱化所描绘对象的空间感,简化形体的写实结构,侧重于画面构成的和谐美感,注重装饰效果。

色彩归纳法首先明确画面的主色调,经过严密的思考和推理,概括出几种代表性的色彩。然后依据这些主要色彩,分别把与它们相近的45°之内的类似色与邻近色进行统一与归纳,使画面诸多色彩最后归集到几组主要的色彩对比关系之中。最后经过提炼后的色彩高度概括,表现力度大大加强了。此外,在色彩归纳的过程中,要注意画面的整体效果,保留原作的原汁原味和画面风格。

4. 再现法

色彩再现是指借鉴绘画写生的训练方法,通过写实色彩训练,追求对自然物象的真实表达,研究自然色彩的成因及其变化规律,从而科学地了解和掌握色彩造型的基本原理和方法,系统地认识和学习色彩造型。色彩再现要注意对比色的构图、构形、构色以及在画面中的构成方式、表现技巧和形式风格。

色彩再现要求认识到物体的固有色、环境色、光源色之间的关系,掌握用色彩客观真实地描绘形体的能力。在实际操作中,要注意强调对比色的适度表现。色彩对比可以从很大程度上唤起训练者对色彩本质的积极思考,创造性地表现客观对象,体会色彩搭配对人的视觉生理和心理产生的影响,从理论和实践上总结色彩组织变化的规律。

5. 置换法

色彩置换法是指以画面色调的组合构成为中心,改变原有的色彩关系,把原来的绿色调改成红色调,或把高明度色调改成中明度或低明度色调,或把低明度色调改成高明度色调,或改变色彩的主要对比关系。

色彩置换法主观创造的成分较多,更有设计的意味,是高层次的理性思维色彩训练。伴随着色彩置换,也会带来色彩的面积、形状、位置、层次感等一系列色彩关系的变化。色彩置换法有利于熟练地掌握并自如地运用配色规律,并可以根据设计思想和设计意图任意地转换色调。

6. 分解法

色彩分解法主要通过色彩的空间混合实施。而色彩的空间混合是通过视觉神经功能和空间距离共同完成的,如色块大小和空间距离成为主要的构成因素。视觉空间距离不同色彩效果也不同。在确定色点的大小与色线的粗细后,距离近时混成色闪烁不定,距离远时混成色安定平稳。确定色点的大小、色线的粗细与视距后,色差越小混成色安定平稳,色差越大混成色闪烁不定。鲜艳的品红、橙、柠檬黄、翠绿、孔雀蓝、紫、白、黑是空混不出的,可作为视觉空间混合的原色。混成色的明度、色相、纯度均接近比例大的色,并随比例变化而变化。点大与线粗的混成色闪烁不定,点小与线细的混成色安定平稳。

在色彩写生过程中,根据所表现色彩气氛将色彩进行分解,也可以根据画面的总体色调将灰色分解为一组组相应的互补色。比如将绿色分解为黄色和蓝色等。这些高纯度的对比色借助于一定的空间距离,就可以获得与颜料混合截然不同的视觉混合效果。对比色的并置使画面整体的色相感增加,纯度提高,色彩简练单纯、响亮生动、对比强烈,使看似杂色的画面显得精彩纷呈,富有特别的韵味。

7. 重构法

色彩重构是一种理性分析、认知的思维活动,也就是对所采集的色彩信息进行理性和逻辑性的分解、归纳、组合与再创造的过程。它是以前人的色彩作品为依据,提取其色彩组织方法和规律,分析主要的色彩关系、色面积比例关系、色彩倾向和构成特征,分析在明度、纯度、色相、面积、冷暖等色彩因素上的色彩配置,在保留原有的色调、意象、气氛与整体风格的基础上,注入新的思维和创意,重新组织新的色彩形象。

色彩重构的形式主要体现在以下几个方面:

第一,忠于原作,变化创新。将原色彩关系和色面积比例完整地采集下来,运用在新画面中,保持原作的色彩倾向、构成特征和整体风格不变。

第二，汲取精华，获得新生。从原作中选取所需的色彩关系或某个局部色调进行重构，使新作品的色彩感觉上既有原来的影子，又更加灵活自由。

第三，融入情感，追求神似。在对原作的色彩关系、意境深刻分析、理解和认识的基础上，将原作的色彩情感、色彩风格作神似的再创造，新的色彩关系与原作的风格非常接近，但更具感染力。

8. 数字色彩

数字色彩是指运用电脑软件将许多传统的色彩表现改变成丰富多样的所要达到的效果。它比手工操作节省了大量的时间。比如数字化电脑屏幕的RGB色彩色域为我们提供了远远多于用颜料进行手工调配的色域范围，有利于把握和创造性地运用色彩审美规律。

数字色彩法借助现代科技手段吸取色彩灵感的方法，给我们提供了源源不断的最新色彩组合，对色彩创新起到了积极的推动作用。使用便捷、高效的电脑作为绘画色彩的辅助教学工具，有利于开拓和活跃大脑思维功能以及创造能力的培养。

数字色彩要求学生在掌握基本的图形图像软件基本操作技能的基础上，运用计算机准确、高效的分析手段，对色彩现象进行创造性的主观分析和开发，通过对色彩的综合、分析、归纳，掌握变化丰富的配色色谱，探索多种色调变化转换的方法。

二、广告设计中的色彩运用实例

(一)公益广告——保护绿色

该公益广告用满底的红色，衬托出绿色的火柴头，两种极端的互补色的对比，形成醒目的视觉效果。在图形创意上，以火柴为树木的载体，告诫人们要保护好绿色，否则必会遭到自然的惩罚。

第三章 色彩艺术与广告设计

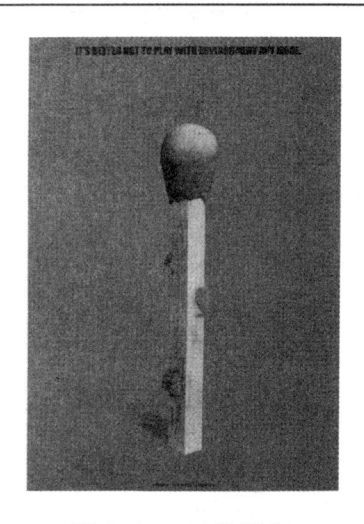

图 3-56 保护绿色

(二)cacharel 香水广告

cacharel 香水广告用白色作为所有文字的颜色，由于白色作为无彩色能够与所有颜色相搭配，因此使用该颜色能够让整个画面显得简洁。由于此款香水个性定位在高贵和时尚之间，因此在颜色的使用上也尽量和此品牌定位靠拢。使用金色和其同类色搭配使用，使整个画面呈现出由亮到暗的渐变效果。产品香水放置在页面下方的暗部位置，从香水瓶口溢出金色亮丽的光线，以形象、极具吸引力的手法突出了香水的诱惑之感。

图 3-57 cacharel 香水广告

(三) Hubba Bubba 泡泡糖广告

图 3-58 所示是一则泡泡糖广告。设计者运用浅色高纯度的色彩,将画面营造得格外活泼,为观者展示出孩子们天真奇幻的色彩世界。画面轻快而明朗,将童年那种无忧无虑表现得十分到位。设计者将主角讲述的内容以泡泡的形式呈现在画面的中央,并用单色将其与周围的彩色区分开来,构成独特的视觉中心,色泽鲜艳的卡通画面让人对世界充满想象。

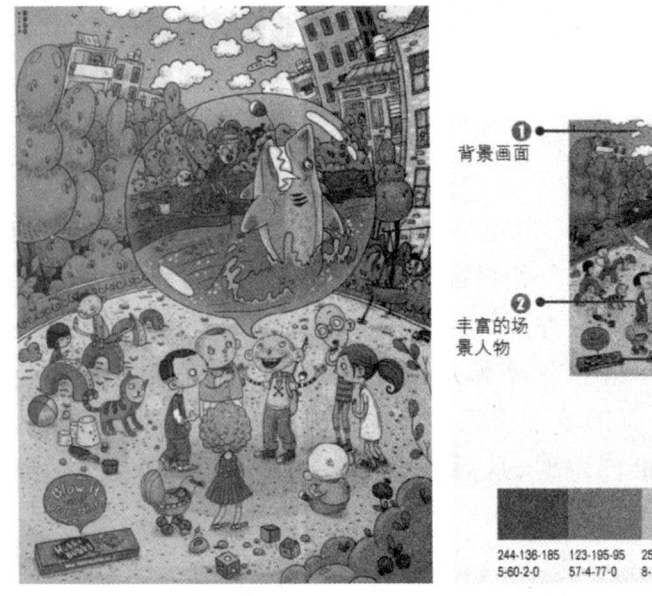

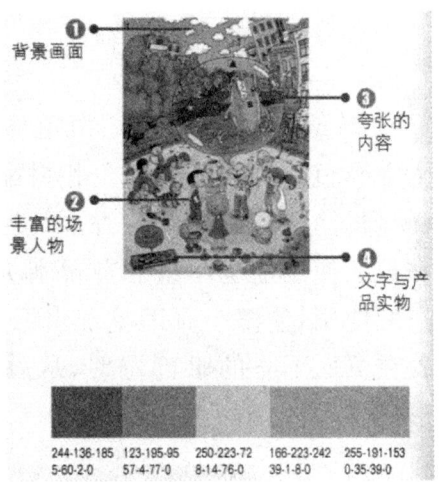

图 3-58　浅色高纯度色彩在广告设计中的运用

在图 3-58 中,有如下特点:

(1)绚丽的背景色彩。明朗的黄色、干净的绿加上蔚蓝的天空,使画面充满童真,绚丽的色彩使画面有了亲和力,给观者带来好感。

(2)丰富的人物。场景中的小孩数量众多,却不影响主角的风采,他们各自色彩饱满的衣着充实了整个画面的局部。

(3)夸张的内容。位于画面中央的泡泡是孩子吹嘘自己夸张的经历,设计者选用单色,使其在画面中显得格外突出,表现其天真和想象力。

（4）文字及产品实物。左下角的文字成为广告信息最直白的阐述，泡泡糖作为广告的直观媒介，将这种信息表述得更加深刻。

(四)RedSpot Pizza 广告

图 3-59 所示是一则外卖广告。设计者在画面中运用对比色，各种色调的红与绿穿插在人物中，使画面顿时流光溢彩。色彩的运用十分到位，在人物的编排方式上，由近到远的视觉流程更增加了画面的层次感，使对比色产生的刺激转为轻盈飘逸。这则广告颜色上的搭配个性而独特，观者将会被这丰富的色彩牢牢吸引。

图 3-59 对比色色彩在广告设计中的运用

在图 3-59 中，具有如下特点：

（1）不容忽略的人物。身着大红色衣着的男士位于镜头的最远处，与整体纯度上的比较使其在如此繁复的画面中没有被淹没。

(2)表现出色的女孩。配合艳丽的色泽,女孩们打闹的姿态使画面变得格外鲜活,而散漫的神态也反衬出外卖服务的快捷。

(3)色泽绚丽的背景。环境中大部分都是粉色系,设计者将女孩的住处营造得十分到位,鲜艳的色泽也成为吸引注意力的重要因素之一。

(4)文字说明。右下角白色的文字阐述将广告的主题娓娓道来,帮助观者理解广告的含义。

(五)蔬菜广告

图 3-60 是一则营养食品的广告。画面中主体物的色泽十分醒目,以对比色的调和将孩子对蔬菜的喜爱表达得熠熠生辉。设计者用纯度低的色彩简单地勾勒了背景,刻意虚化的背景将画面中的小孩与蔬菜映衬得格外出彩。广告的用色干净利落,没有拖沓的过渡色,而对比色的应用也十分到位。

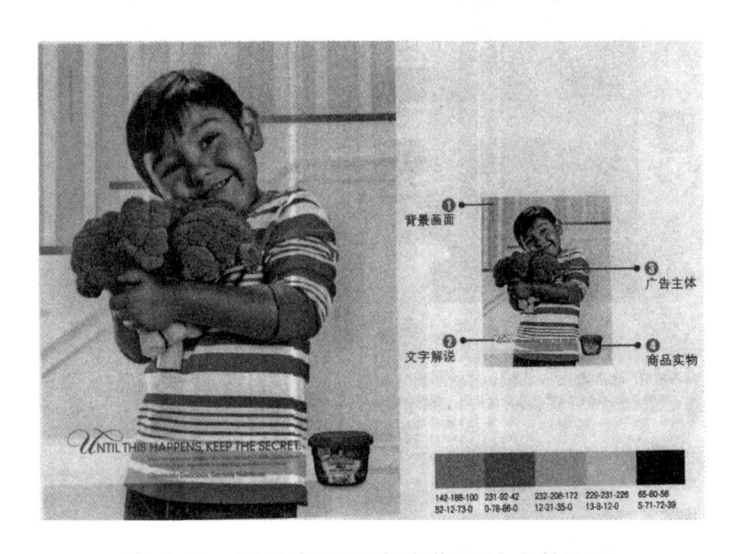

图 3-60 对比色调和在广告设计中的运用

图 3-60 具有如下特点:

(1)清淡色调的背景。近乎淡蓝的背景有使人耳目一新的感觉,刻意简约化的背景的目的在于反衬有着较高纯度的主体物。

(2)详细的文字解说。灰色的字体位于画面的正下方,艺化的首写字母与整齐排版的文字为广告增色不少。

(3)色泽差异的主体。调和后的对比色在画面中显得格外淡雅,使观者视觉感到放松的同时,也将广告的主题表达得熠熠生辉。

(4)小巧的商品实物。位于右下角的产品实物的出现将广告还原于真实,避免了主体内容在表现上的浮夸与做作。

(六)汽油广告

图 3-61 是一则汽油广告,整体色调呈灰色,增加了画面的品质感,车顶色泽丰富的气球象征着快乐与幸福,整体的灰调使画面失去了这类广告普遍应有的商品质感,拉近了广告与消费者的距离,使观者感到无比的轻松与自在。广告内容简单易懂,画面也没有过于刺激视觉的色彩搭配,让人感觉耳目一新。

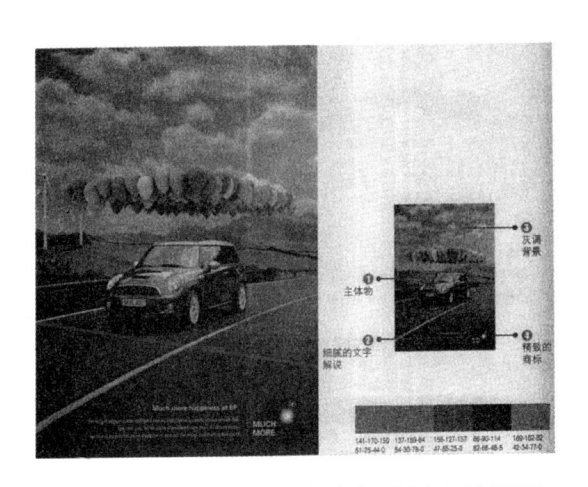

图 3-61　整体灰色调在广告设计中的运用

图 3-61 具有如下特点:

(1)洋溢欢乐的主体。色彩繁多的气球使人感到心情舒畅,醒目的气球群不但没有过于抢眼,反而增添了画面的美感。

(2)工整的文字说明。白色的字体位于画面正下方,文字简短,帮助观者了解广告的创意,也成为美化画面的小小点缀。

(3)灰色调的风景。浅蓝让人产生清澈愉快的心情,辽阔的天空、绿意盎然的草地都将成为远离世俗的调和剂,这样的画面清新而自然。

(4)精致的商标。位于整个画面右下角的商标是整个企业的精神浓缩,外形小巧、细腻的商标为画面增添了几分品质感。

第四章 编排艺术与广告设计

广告编排是按照一定的视觉表达内容的需要和审美规律,结合各种设计的具体特点,运用各种视觉要素和构成要素,将各种文字、图形及其他视觉形象加以组合编排、进行表现的一种视觉传达设计方法。它就像戏剧场面调度,将各种承担信息传达任务的文字图形艺术地组合起来,使画面变成一个有张有弛、且刚且柔、充满戏剧的舞台。

第一节 编排设计及其原则

一、编排设计的定义

编排即在有限的版面空间里,将版面构成要素——字体、图形、线条和色彩诸因素,根据特定的内容需求进行排列组合并把构思与计划以最有效的视觉形式表达出来的艺术手法。任何一个视觉空间都需要将各种视觉要素有序地加以组合,使之形成统一的画面。通过巧妙而有艺术感染力的编排,可以使设计作品清晰、条理地传达给观众。

要进行编排设计,首先要清楚人的视觉流程。视觉流程,是一种视觉的"空间运动",主要是指视线随着版面的各视觉要素在空间沿着一定的轨迹进行走动,其目的在于诱导人们的视线依照设计意图,"按图索骥"地感受最佳的印象。

人们在进行视觉移动时，形成了一定的视觉习惯。充分利用视线的移动规律，合理引导视觉的流向，可诱导读者的视线，使读者顺利地按设计者的构想，主次分明地了解整个版面的每一个广告内容。一般来说，人们在观察和阅读时，其视线都是由左到右、由上到下、由左上沿着弧线向右下方流动。因此，"左上角和右下角"被称为最佳视域，常被放置重要内容。

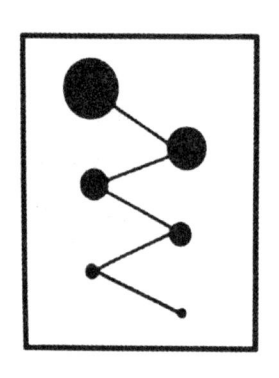

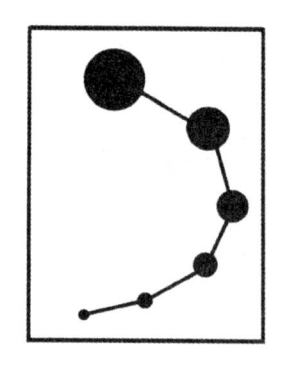

图 4-1　视觉流程及最佳区域

在进行编排设计时，除了要注意人的视觉流程，还注意人们视觉的中心点。由于人的视错觉的存在，视觉中心点并不是绝对的数学中心点。以图 4-2、图 4-3 为例：用数据来表示画面的中心点，数字的中心平衡点比应为 1∶1 的 B 点上，而由于人的视错觉的存在。视觉的中心平衡点比应为 1∶1.62 的 A 点上。

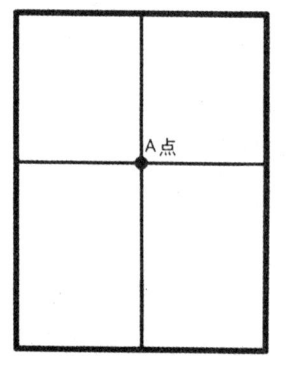

图 4-2　视觉中心 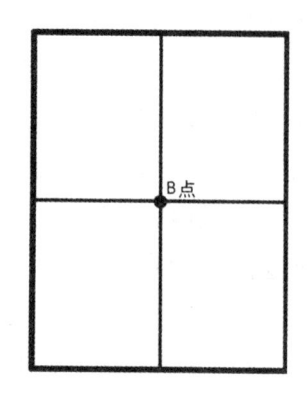　　　　图 4-3　数学中心

二、编排设计的原则

(一)突出主体的原则

编排设计的最终目的是使读者清晰了解版面诉求的内容。为此,就应注意编排版面的空间层次、视觉的主从秩序。主体信息的明确有助于增强读者对版面的视觉注意力,对版面的空间层次、主从关系、视觉秩序及彼此间的逻辑条理性的把握与运用可以增强对传达内容的理解。主体突出是判断广告设计好坏与否的必须要素,它要求形式表现必须服从内容,内容要尽量单纯,有重点。

广告编排的主体突出,需重视各组成部分之间的相互联系,使形态、色彩、材质、光感等要素在整体广告创意策划下,对各部分的对比、过渡及呼应、主从关系、规范与秩序进行配置,使各部分协调统一在一个整体之中。各种形式围绕一个中心,并将这一主题摆放在最佳视域,形式尽量单纯,避免其他元素的干扰。以图 4-4 饼干的广告设计为例。

图 4-4 饼干平面广告设计

图 4-4 是一个饼干广告，在广告中用产品堆砌成了房屋造型，以此来突出产品的造型，既表现出了产品的特点效果，又可以表现出一定的情趣。在画面的左下方位置展现出了真正的产品包装效果，点明产品名称，促进消费。

(二)秩序井然的原则

在广告编排设计过程中，整体感是一种协调、统一的色彩、表现形式和风格特点的体现。广告设计是一门信息传达艺术，具有很强的逻辑性，需要通过重复、渐变、韵律、节奏感等表现原则，以及色彩的搭配，强调版面的协调统一，并通过图形、文字的组合和信息的有序处理诱导人们的视线按照设计意图，形成秩序、自然、合理、畅快地感受最佳信息，从而以整体编排形式形成最佳视域和视觉流程。以图 4-5 的牛奶宣传广告为例。

图 4-5 牛奶平面宣传广告设计

该广告中文字所占比例较少，图形位于画面的突出位置，且颜色运用较鲜亮、对比较明显，秩序清晰明了，具有较强的视觉效果。

第四章 编排艺术与广告设计

(三)简洁性原则

突出视觉形象个性的简约化设计是现代编排设计发展的一大趋势。简洁精练的表现语言能强化主题,使视觉焦点处于最佳的视域,避免各部分孤立分散、语义模糊、降低传达的效率。编排设计应在突出重点的基础上达到整体协调的效果。因此,简洁性既是时代审美的需要,也是传播信息的功能需要。

(四)形式与内容统一原则

广告设计是传播信息的媒介,形式必须符合主题的思想内容,两者的相互协调统一是广告设计的前提。在设计过程中应将各种形象元素以及各部分的形式组合构成一个秩序化的整体,如主次强弱、动势趋向、肌理效果、虚实效果等,从而形成层次分明、条理有序的信息传递系统,达到更有效的阅读。

图 4-6 的绿茶广告与背景相符合,使画面看起来整体、统一,并达到了形式与内容的完美统一。

图 4-6 形式与内容的统一

(五)趣味性与独创性相结合原则

广告设计中的趣味性,主要是指形式美的情趣。趣味性可采用寓意、幽默和抒情等艺术表现手法,以构成生动、活泼的版面视觉语言。

独创性主要是指突出个性化的特征。广告设计是实现和完成创意的一种手段,趣味性和独创性都能使主题表现富有个性化。图4-7所示为充满独创性的公益广告设计,其旨意在于开车时别打电话。

图 4-7　独创性广告编排设计

(六)时代感与适用度相统一原则

时代审美范例对设计创作具有很深的影响力,但同时又在不断创新、改良,加之设计师个性的灵活贯通,在同时代中呈现出多样的面貌(图4-8)。版式设计是平面设计的基础部分,其首要功能是为信息传达提供适用的平面结构形式,而审美诉求则居于其后。

图 4-8　Nike 时尚编排设计

第二节 广告编排设计的形式与视觉流程

一、广告编排设计的形式

(一)以形式法则划分的编排形式

编排以形式法则为依据,可划分为对称式、均衡式、对比式、对比和平衡式、黄金版面、四边和中心以及破型七种。

1. 对称式

对称就是将文字、图形按照中心轴线向左右对称地展开,分为完全对称和相对对称两种形式。对称式也是编排设计中一种基本的构图形式,常见于各种宣传样本、直邮广告等。
(1)完全对称
完全对称是指构成要素按最简单的绝对对称形式排列,无论要素如何杂乱和不规则,只要采用完全对称的形式加以处理便会秩序井然(图 4-9)。
(2)相对对称
相对对称是指构成要素在宏观上对称,在局部上发生变化,形成一定的对比,是一种于不变中求变化的富有生气的对称构图形式(图 4-10)。

2. 均衡式

均衡就是将文字、图形按照其形态的大小、多少、色调和肌理的明暗、轻重等关系在平面上进行布局,利用虚实气势达到呼应和谐一致,造成视觉上的"均衡"。均衡式是编排设计最基本的构图形式之一。均衡在心理上具有动势感,应用于设计中可以带来无限变化。均衡构图可以分为大小均衡、位置均衡、色调均衡和肌理均衡等多个种类,但是在设计实践中各种均衡样式都可以综合运用。如图 4-11,图 4-12 所示就是均衡式的编排设计。

图 4-9　完全对称式电影海报　　图 4-10　相对对称式电影海报

图 4-11　均衡式美食广告　　图 4-12　均衡式俱乐部宣传海报

3. 对比式

对比式是将画面构成要素互相比对,互相衬托地进行处理、配置,达到量感、虚实感和方向感的表现力。即对比就是矛盾,矛盾是"对立面的统一"。在视觉传达设计中,对比因素是无所不在的,不论是形与形还是形与空间,它们之间的大小、长短、多少、疏密等对比关系都存在,只是对比距离与程度不同而已。对比式通常通过三种要素的对比进行对比,即形态对比、色彩对比、形成左右两部分。根据人们视觉流程的心理顺序,广告的诉求重心一般放在版面的左上方或右下方。如果左右的部分明暗对比强烈,那么,版面的视觉效果则更加明显。

4. 对比和平衡

视觉传达中版面中的对比可以是形态的对比,也可以是颜色的对比或者质感的对比,等等。通过对比的方式让画面达到一种均衡的效果,以使版面信息更明确、视觉效果更突出。需要注意的是,过强的对比容易使画面显得粗俗、繁杂,主题不突出,因此应适度地表现对比,以均衡画面(图 4-13)。

图 4-13 钟表广告

5. 黄金版面

黄金比例源于古希腊,比例为 1∶1.618,是被广泛应用的美学比例。采用黄金比例的视觉传达版面中,所展现的不同部分的比例符合视觉审美角度,在众多艺术作品中都有体现。例如图 4-14 越野车广告就是采用了黄金比例。

图 4-14　黄金版面的广告编排的设计

6. 四边和中心

四边即版面边角的四个点,而中心部分则是位于版面中心的版心部分。通过连接对角四点形成交叉线,其交叉点形成版心,从而表现出画面均衡的视觉效果。

7. 破型

破型版面效果打破了传统的表现手法,将版面中的图形或文字以看似较凌乱的样式进行排放,以突破束缚、打破平衡,从而赋予画面活跃感。但需要注意的是,破型版面效果的表现应遵循一定的条理和规律,避免造成画面紊乱,层次不清,如图 4-15 就是应用了破型的编排形式。

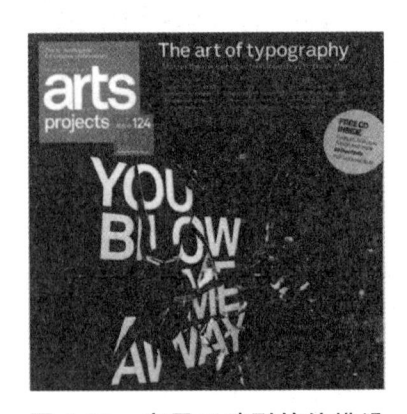

图 4-15　应用了破型的编排设

（二）以编排位置划分的编排形式

以编排位置为依据，可划分为自由式、中心式、左右式、强调上下左右式。

1. 自由式

自由式是指一些运用非规律的方法对画面构成要素进行编排的构图方式。这样的方式可以是将文字图形散点式展开，运用文字随意构成一些具有实际形象或抽象的形象，也可以是将画面中的要素极为混杂地加以组合的方式。自由式构图方法完全依赖于人对视觉形象的知觉判断，这是最具典型意义的感性设计方法（图 4-16）。

2. 中心式

中心式是指将画面的构成元素从画面的中心向外扩散或由外向中心点集中的一种编排方式。这种编排方式对视觉的吸引力很大，使人的视线一下子集中到画面的中心部分。设计时往往把需要重点突出的构成要素放在中心，起到强调和吸引视线的作用（图 4-17）。

图 4-16　自由式服饰广告版面　　图 4-17　中心式化妆品海报设计

3. 左右式

左右式是一种对称的编排形式,在编排过程中,图像置于页面的一边,而文字置于图像的另一边位置,在版面上形成左右两部分。根据人们视觉流程的心理顺序,其重心一般放在版面的左上方或右下方。如果左右的部分明暗对比强烈,那么,版面的视觉效果就更加明显(图 4-18)。

图 4-18　左右式营销海报

4. 强调上下左右式

强调上下左右的形式是指将图像或者文字排在上下或左右两端,使其产生一种稳定的水平作用力,并相互呼应,但是由于这种编排形式相对对称感强,因此要注意设计时产生呆板的感觉。

(三)以图文关系为划分的编排形式

以图文关系为依据,编排设计形式可划分为文字式、图片式和散点式三种。

1. 文字式

文字式的编排,即整个版式以文字为主,图形只作为点缀而存在。设计时其吸引力主要来源于文字内容或者字体、字号的变化,编排时既要富有变化又要清晰易读(图 4-19)。

图 4-19　服饰广告

2. 图片式

图片式的编排有全图式和多图式两种。

(1)全图式

全图式是指以图为重点,利用图片直观、形象、真实的传播特点,强调产品的与众不同,使受众直接感受到产品的独特魅力。整个广告以画面为主体,文字只是作为很小的点缀,主要靠精彩的图片来吸引受众(图 4-20)。

图 4-20　Canon 相机广告

(2)多图式

当产品的图片资料很多并且表达的信息量很大时就需要编排多张图片(图4-21)。图片和图片之间的联系是多种多样的,对多图片的编排来说,可以将图片依照一定的格式,形成秩序感;也可以采用重叠处理手法,将小图片重叠在大图片上或者重叠其中的一部分,产生较为生动热烈的效果,为整个画面增加一些意想不到的气氛。需要注意的是,在编排过程中要分清楚图片的层次关系,以免产生喧宾夺主之感。

图4-21 多图式广告

3. 散点式

散点式是将画面的构成元素在版面上做规则或不规则的散点构成,这种排列方式看似随意,实际上却要求独具匠心才能产生好的视觉效果。设计时各元素的大小、方向都可根据需要变化,没有固定的格式,比较随意,但需要注意的是在元素摆放上的疏密和节奏感。图4-22的tramontina刀具广告就用了散点式的编排方式。

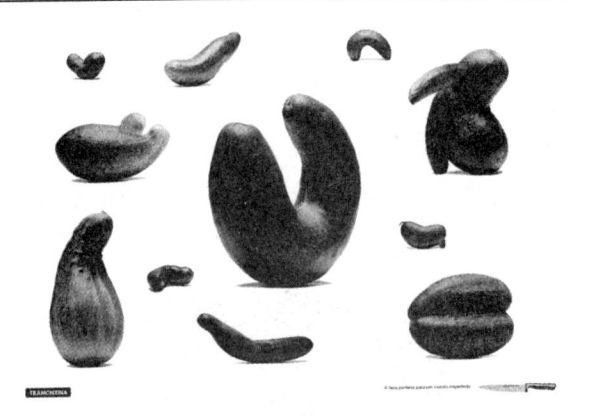

图 4-22　散点式的编排设计

(四)以字型划分的编排形式

以字型划分的编排形式主要有四种,即 I 字型编排、V 字型编排、N 型编排和重复式。

1. I 字型编排

将构成版面各元素以两边留空白的形式排成 I 字型。设计时留白的地方应巧妙地编排。这种编排形式需要注意活跃变化版面、在重量上加以均衡,这样才不会让整个版面产生失重的视觉效果(图 4-23)。

图 4-23　I 字型音乐海报编排

2. V 字型编排

把版面构成的各元素放置在画面中央的上方或下方,并在一方出血,产生 V 型空白。这种编排方式有强烈的稳定感,具有强烈的感染力。空白处的编排要精心设计,否则会过于呆板(图 4-24)。

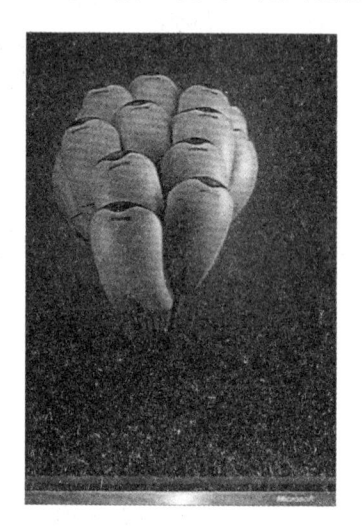

图 4-24　V 字型 Microsoft 平面广告编排

3. N 型编排

在版面上将构成元素做流线型编排,使视觉由上到下反复移动,形成既有呼应,又具有均衡的稳定感(图 4-25)。

图 4-25　N 型编排体育广告

4. 重复式

在内容中相同或者有着内在联系的图片重复,会使人产生节奏感和调和感。尤其对较为复杂的事物,通过比较和反复联系,可以使复杂的过程变得简单明了。重复也有强调的作用,使主体更加突出。有的重复式不是单纯的图像重复,也可以是对象重复,在对象不变的情况下,改变其角度也能产生调和感,从而引起受众的共鸣(图4-26)。

图4-26 上海电影节海报设计

二、广告编排设计的视觉流程

(一)视觉流程的释义

视觉流程,是人的视觉在接受外界信息时的空间流动程序。人的视觉有限,不能同时接收所有的物象信息,所以要按照一定的流动顺序进行运动。编排设计的视觉流程也被称为是一种"空间的运动",就是视线会随各个视觉元素在空间内沿一定的轨迹运动。这种流动的线条并没有实实在在地出现,而是引导人的视线依照设计师的意图来获取相关信息的"虚拟的线"。由于这是看不见摸不着的无形之线,也往往被大家轻视。版面中存在着大量的信息,这些信息需要一个最佳的组合与合理的编排,因此,视觉的流程设计尤为重要,见图4-27。

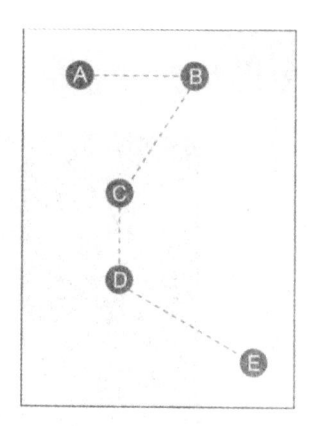

图 4-27　国外海报的视觉流程图示

(二)视觉流程设计的原则分析

1. 逻辑性原则

视觉流程的设定,首先要能符合人们认知的心理顺序以及思维活动的逻辑顺序,版面中各视觉元素的主次顺序应与其吻合一致。例如对于人们视觉认知而言,图比文字更具有可视性与直观性,所以设计人员在大多数情况下,会把图作为版面的视觉中心,这也符合人们在认知过程中先感性后理性的顺序。这里所说的图与文不可以生硬地区分,因为在许多情况下文字经过设计是可以图形化的,见图4-28电台节目的推广海报设计和图4-29可口可乐广告设计。

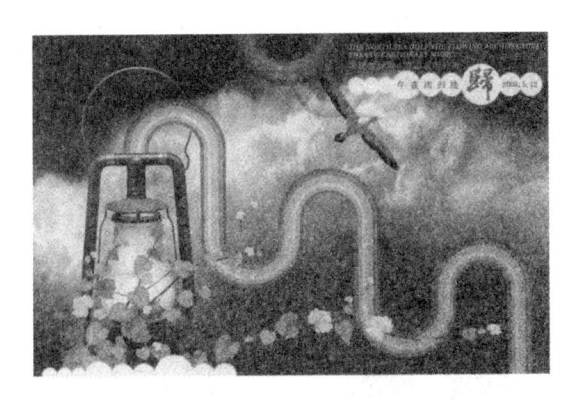

图 4-28　电台节目

图 4-29　可口可乐广告设计

2. 视线流动原则

人眼的视线总是先瞄向刺激力度最大的区域,然后依照视觉物象的刺激度由强到弱地流动,形成一定的先后顺序。

视线流动的顺序同时受到生理及心理两方面的影响。理论上,眼睛水平方向的运动比垂直方向要快,也就是说当人在观看版面时,容易先注意到水平方向的物体,然后再注意垂直方向的物体,如图 4-30 为 SamSam 品牌推广广告设计。

图 4-30　SamSam 品牌推广广告设计

视觉流动总是反复多次的。视觉在物象上停留的时间越长、次数越多,获得的信息量就越大,反之,获得的信息量就越小。

人的视觉运动具有很强的自由选择性,经常有选择地接受视觉所传递的不同信息。视觉运动同时还具有忽略性,会对一些并不能引起兴趣的视觉物象忽视遗漏。在设计过程中,怎样才能使观者按照预先所安排设定的视觉路线有顺序、有步骤地进行浏览?我们需要各视觉元素和整体布局的良好呼应,信息的前后"衔接"应落到实处,这也是检验设计人员设计技巧是否成熟的标准之一。

3. 节奏性原则

节奏是一种有规律的、连续进行的完整运动形式,用反复、对应等方式把各种变化因素加以组织,构成前后有序的整体。

节奏经常与音乐联系在一起,指音乐运动中各音的长短和强弱,常被比喻为乐曲的骨架。其实节奏不仅限于声音层面,也存在于事物的运动、情感的运动等层面,如自然界山川的跌宕起伏、人类的生老病死、宇宙太阳黑子的活动周期、汉字书法的起承转合……都具有不同的节奏。外在图形的节奏,能够对空间有良好的伸延,还能够给画面带来视觉上的协调感受。韵律,是设计节奏的变化形态,而设计节奏的空间等距间隔,则是以几何级数来进行变化间隔,仿佛音节的律动,有赏心悦目的质感。设计的节奏和韵律双方,都是互相依靠的,不可单一为之。设计节奏的变化,具有机械美感,而韵律就是机械上的装饰品,让整体的平面设计作品产生更生动的效果。

例如图 4-31 所示,利用图形图案的反复形态表现和重复构造,在版面中弹奏出一曲轻盈跳跃的乐章。

图 4-31　充满节奏的海报编排

4. 诱导性原则

现代编排设计,应重视如何引导观众的视线。设计人员可以通过巧妙的构思、适当的编排,运用策略,根据创意的目的、内涵、定位、销售形式等进行整体布局,规划视线的流向和顺序,选择合适的诱导方式来引导人们的视线。

(三)视觉流程的表现形式

1. 线型视觉流程

线型视觉流程主要是利用线不同方向的指引性这一特点,在版面中设定一条相对明朗的视线运动流向并贯穿其中。这类引导形式脉络清晰、简洁明了,往往具有极强的视觉效果,使整个版面的动势有"主体旋律"。具体分为以下四种类型:

(1)横向视觉流程

横向视觉流程基本依照水平方向牵引视线,包括从左至右、从右至左的形式来编排信息,属于较为常见的手法。横向视觉流程能给人带来理性感和安逸感,如图 4-32 的"遇"主题海报设计,用"遇"字中一个笔画的书法形式与赋有现代符号表象的图形相结合,横跨版面,表现出速度与无穷的张力。

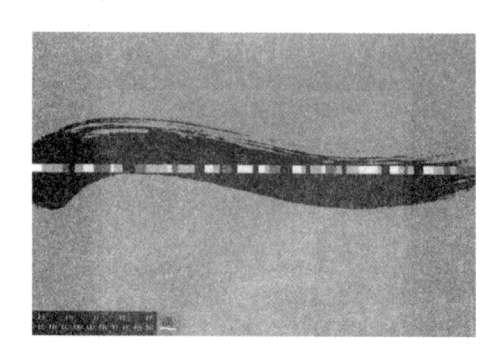

图 4-32 "遇"主题海报设计

(2)竖向视觉流程

竖向视觉流程力求引导人们的视线沿垂直方向流动。通常,设计师会更倾向于选择自上而下的顺序,因为这种方向比较符合人眼阅读的基本习惯,竖向视觉流程给人以直观、明确与稳定感。例如图 4-33 的食品包装设计,包装的容器结构可以直接影响版面的效果,图中包装盒的局部设计与水墨效果的图形、文字结合,无形中产生了一条垂直的视觉流线。

图 4-33 食品包装设计

第四章　编排艺术与广告设计

再如图 4-34 中的杂志推广海报设计,主体图形自上而下垂直竖立,使人们的视线随之关注到下部的文字。

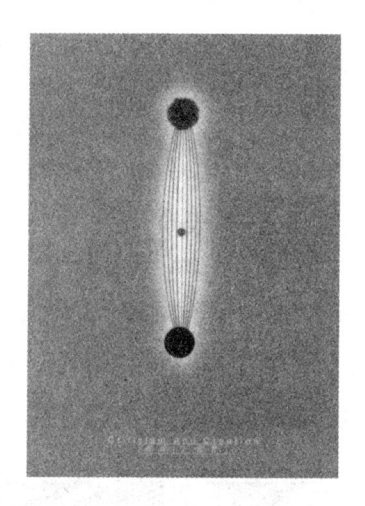

图 4-34　杂志推广海报设计

(3)斜向视觉流程

斜向视觉流程就是将版面中的视觉信息按照倾斜的方向来组织编排。与垂直、水平方向相比,斜向的视觉流程更容易产生动感并具有不稳定性,在运用斜向视觉流程时应注意版面整体的重心与平衡。见图 4-35 的名片设计。

图 4-35　名片设计

(4)曲线视觉流程

曲线与直线所带给人们的心理感受大相径庭,直线利落、干脆,曲线含蓄、柔美。虽然不如前三种形式直接简明,但作为一种常用的视觉引导形式,曲线视觉流程更具韵律感。

2. 导向性视觉流程

导向性视觉流程在版面中或许并不能找到如线型视觉流程那般明显的线性走向,但设计者可以通过各种诱导元素巧妙地将人们的视线按一定方向牵引,虚实结合,在有意与无意之间实现信息的衔接与传递。此类形式表现手法众多,根据不同的设计需求,所选择的方式也不相同,发挥空间极大。引导性符号、文字、手势、视线、物象的动势等都可转化为版面中的诱导元素。例如图4-36的品牌形象设计,根据logo的特点,推广设计以此为基础和导向,采用横向的视觉流程设计,大气、统一。

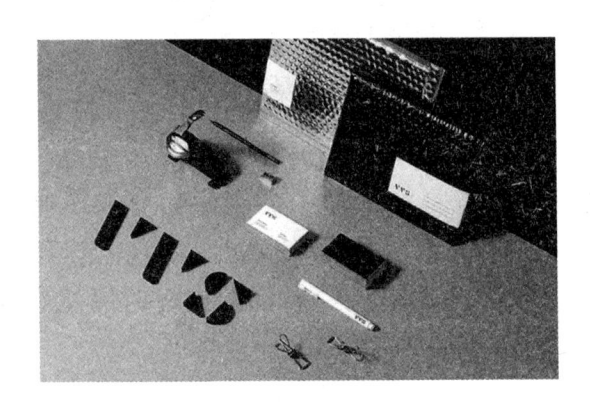

图 4-36　品牌形象设计

3. 多向视觉流程

多向视觉流程是指视觉要素在版面中按照相同、相似、不同甚至相反的方向做一定有规律、秩序、节奏性的逐次运动。此类流程形式具有秩序美与韵律感。表现形式分为以下四种:

(1)连续视觉流程

连续性视觉流程能够使视线流畅连贯地跟随设计人员设定的路线接收信息,感受视觉流向的律动美。比如图4-37的招贴设计,字母交错连续的排列使视线从版面上方迂回至下方,属于连续型视觉流程。

图 4-37　招贴设计

（2）重复视觉流程

重复视觉流程能够产生极强的冲击力度，不断反复出现的视觉元素在加深人们记忆的同时也烘托出了气势如虹的版面情境。

（3）近似视觉流程

近似视觉流程往往把两个以上的近似形态按照一定的顺序与规则排列，可以延续也可以相对，形态的大小可根据需要变化，如图 4-38 的奢华品牌系列灯箱广告海报设计。

图 4-38　奢华品牌系列灯箱广告海报设计

227

(4) 反向视觉流程

反向视觉流程是指在版面中存在两条或多条方向相背的视觉引导线。虽然这种形式貌似不符合一般的视觉流向,但巨大的反差往往能形成强烈的视觉效果。如图 4-39 为某杂志的版面广告设计。

图 4-39　充满反向视觉流程的海报设计

4. 散点式视觉流程

散点式视觉流程指在版面中各视觉元素呈现出一种相对分散且具有多个视觉中心的编排方式。这种形式的一个显著特征是使阅读速度有所放慢,不如其他几种视觉流程形式快捷、直接。但散点式视觉流程能给观赏者带来富有生趣、随性自由、新鲜刺激的心理感受。设计师在版面编排中选择此种形式需要谨慎。第一,应该符合设计定位的具体需要,不能贪恋"散点"给人带来的新鲜视觉。第二,注意度的把握,散点式视觉流程如运用得恰当,能使版面活力四射,但如果处理不当,便容易造成散乱不堪的局面。见图 4-40 的招贴设计和图 4-41 香港玩具展海报设计。

第四章 编排艺术与广告设计

图 4-40 招贴设计　　图 4-41 香港玩具展海报设计

(四)视觉流程的编排

1. 文字的阅读顺序与视觉流程

在版面元素的构成中,文字是不可或缺的重要元素,文字的编排不仅要追求其自身在形式上的美感,更要寻求其在表达效果上的高识别性,因此必要的显示出视线的推进顺序尤为重要。文字的视觉流程有其自身的规律可循,由于人们长期的阅读习惯,阅读文字的时候,是按照一定的顺序来完成的,如横排的文字,阅读顺序是从左到右,从上到下的顺序阅读;竖排的文字,阅读顺序是从上到下,从右到左的顺序阅读。文字的视觉流程如图 4-42 所示。

在进行页面视觉流程的编排时,文字的阅读顺序是我们必须关注并且必须充分考虑的问题,如果文字只有单一层级,那么编排的时候根据人们的阅读习惯按照文字的阅读顺序编排即可,但是如果页面中的文字出现不同层级的时候,标题性文字、正文文字、注释文字等如何编排,如何使不同的文字视觉层级更分明,条理更清晰,如何更适合读者阅读,就是需要我们认真思考的问题了。安排好文字编排在视觉接触上的先后顺序,首先要了解文本内容,准确把握文本传达的信息,并深入分析内容与版式形式之间的联系。对于页面中的不同层级文字,可以通过字号的不同、字体的不同或者编排位置的不同以及色彩的不同等处理方法,使不同层级的文字得以区分,从而营造更适合读者浏览与阅读的文字视觉流程,提升版面的可读性。

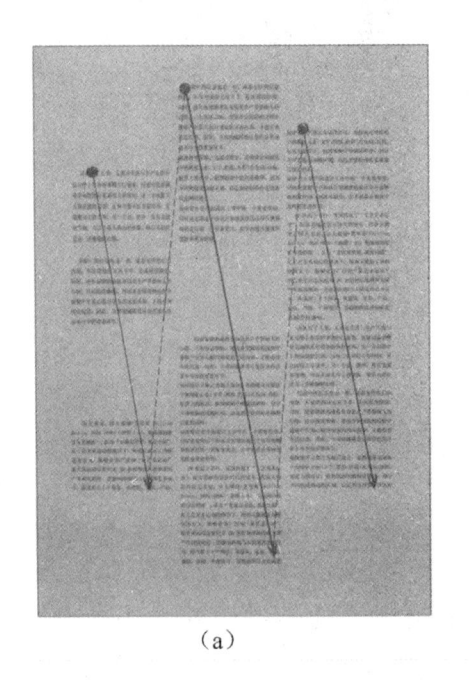

(a)　　　　　　　　　　　(b)

图 4-42　文字的视觉流程

2. 图文混排的视觉流程

对于大多数版式而言,图文混排是编排设计中经常遇到的一种编排方式,那么遇到既有图片又有文字的设计题目时,如何处理图与文的视觉流程呢?对于多幅图片与多组文字来讲,应根据版面传达内容的需要来安排图文的位置关系,如果图片与文字不可分割,是一个整体,例如该组文字只对该图片进行解释说明,那么可以采用反复视觉流程的编排方法,使读者的视线浏览完图片即可阅读文字。这种反复引导的编排方法,能使读者更好地完成阅读。

　　在一般情况下,图片更具吸引力,能更快地传递信息。因此,很多版面中应用图片的真正目的是辅助文字传达信息,同时运用图片也可以起到对文字的补充说明作用。对于这样的版面在进行视觉流程编排时,往往将文字的视觉流程单独编排,图片的视觉流程也单独编排,使两者之间的视觉流程具有相对的独立性,从而形成较规整,结构清晰、整洁并且具有一定规律的视觉浏览路线。当然在进行图文混排的布局时,必须遵循形式美法则,将版面中的不同元素依据主次关系、虚实关系穿插排列,从而形成具有一定节奏感、韵律感,并且视觉流程布局合理的版面关系,以增加读者的阅读兴趣,如图4-43所示。

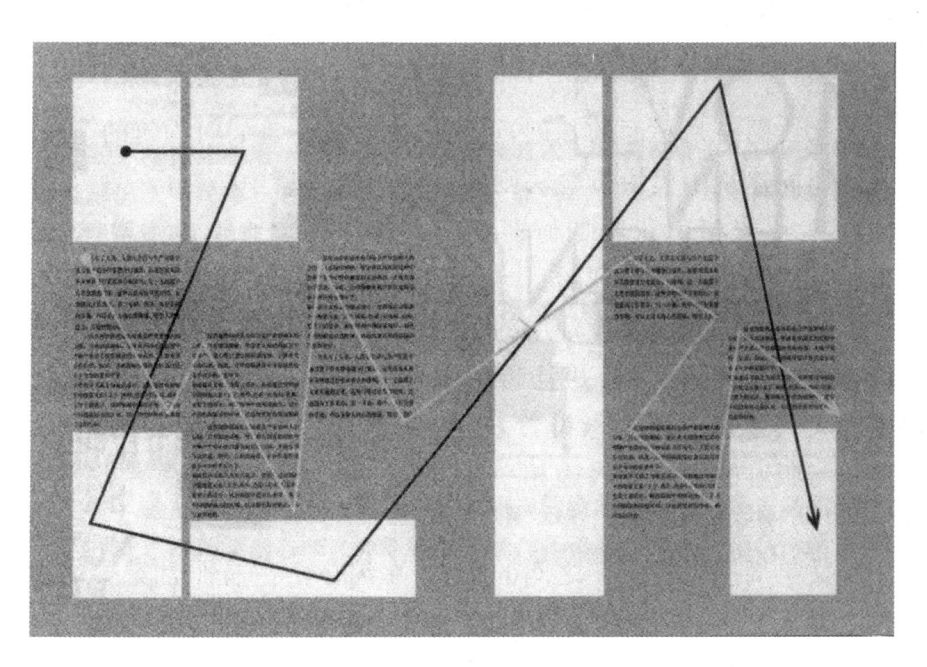

图4-43　图文混排的视觉流程

第三节　广告编排设计样式表达

一、网格编排设计

网格系统作为一种版面设计的形式法则,将构成艺术引入到版面设计之中,使版面中的设计元素,如字体、图片及点、线、面之间的协调一致成为可能。网格的编排可以使版面产生紧凑、明确的节奏感和韵律感,体现出整洁有序的版式设计。

(一)网格设计的类型

1. 基线网格设计

基线网格是平面的基础,可用来说明设计是如何构筑的。

如同建筑中模块折叠法则的目的一样,基线提供了一种支持的意义,并且指引我们如何在纸面上非常准确地放置元素,这如果光凭肉眼是很难做到的。

基线网格和很多设计中的关键元素有着很重要的关联性,诸如基线到基线的距离,并且暗示字号的大小和间距。另外,基线是为大写还是小写字母设置,也是需要考虑的。文字行的基线,应该与版心的网格的底边相一致。

(1)文字间距

文字周围以及文字之间的距离,在编排中占有非常重要的地位。对于文字:周围形态空间的处理是否得当,可以决定文字是清晰易读还是难以辨认。

编排就是用文字来塑造空间,优秀的版面,需要考虑到每一个文字和其之间所处的空间。读者不会刻意去注意字的间距,但是故意拉紧或放松的字间距会改变人们的阅读习惯,从而引起人们的注意。对字距拉紧或放松的处理比较适合于标题性文字对于正文来说,恰当的文字间距不会引起额外注意,主要的目的是将读者的注意力放到文字内容上。

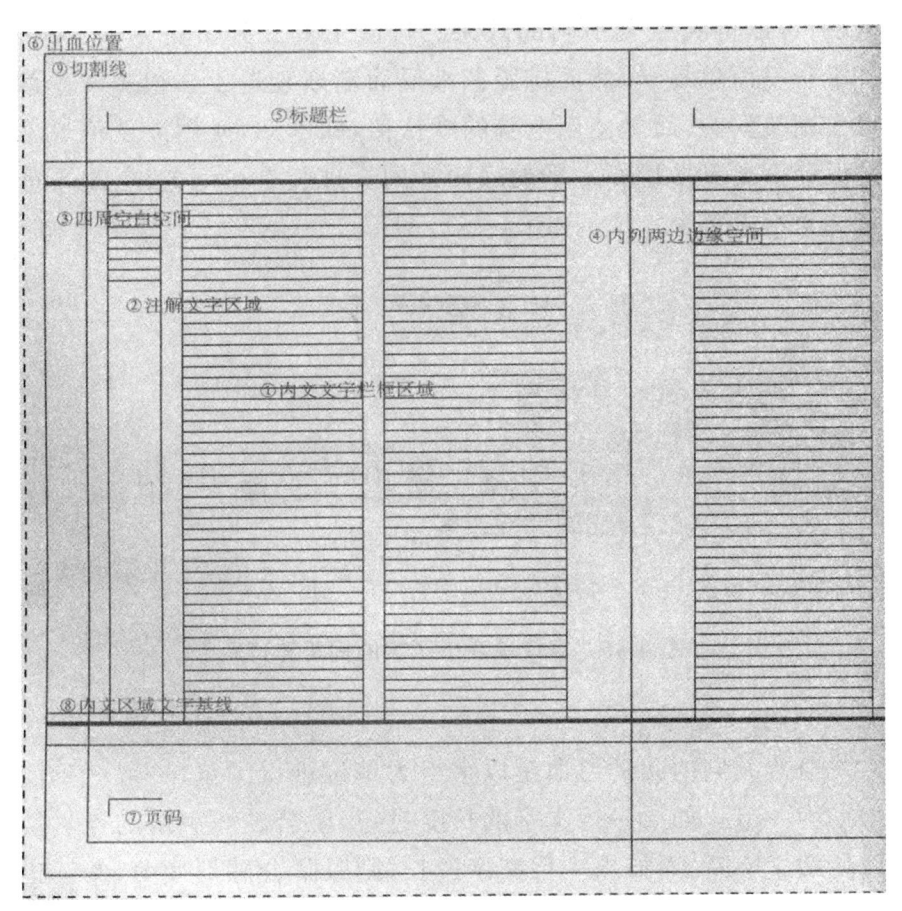

图 4-44 标准页面格式

过大或过小的间距,都会使读者感觉异样。虽然电脑会自动调整一些字的间距,但有经验的设计师会为正文和标题专门设计间距。作为标题和标识性语句,每个字或句子都可以单独加以处理。不同的设计内容,同样也决定着文字间距的处理方式。

因此,编排的重点在于细微调整,编排的质量是由字间距和行间距来决定的。早在金属活字排版时期,字体之间的距离是由金属片决定的。熟练的排版工可以选择不同宽度的金属片,在文字之间作间隔,以获得不同字距的版面。这种穿插在字与字、行与行之间的金属片以及金属条,被称为"加空铅"。到了电脑桌面排版时代,文字间距的调整变得更为轻松灵活,在输入不同的数据后,可以得到完全不同的效果。排版工具交到了每个人手里,排版变得简单易学,然而排版艺术反而渐渐衰退了。很多学生懒得去调整间距,而是使用电脑的默认值,殊不知,使用默认值通常是设计不出高质量高水平的版面来的。排版是一门艺术,是不能完全交给电脑来完成的(图 4-45)。

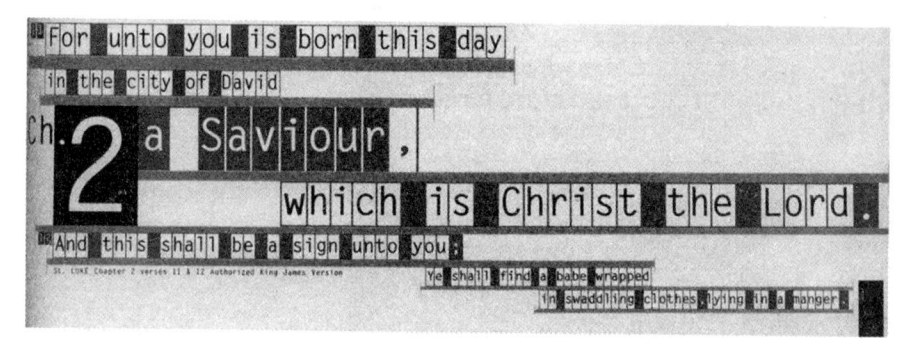

图 4-45 宣传单突出了字的间距和行距

(2)文字长度

通常人们的阅读习惯是以字组为单位进行浏览,一般三到四个字为一组。如果一行文字的长度过短,就会破坏字组的连贯性而使阅读中断;而如果一行文字过长,则眼睛会感到疲劳,阅读也会变得吃力。有研究证明,大脑和眼睛在感到疲劳时,所能承受的每行长度的极限大约为 39 至 45 个字符。同时,每行的长度也需要根据行间距的大小来决定。

(3)对齐格式

对齐可以连接图片与文字,使文字的段落整齐划一,易于阅读。

左对齐:因为人们的阅读习惯就是从左到右的,因此这是编排格式中最常用的一种,尤其是英文排版中,读者可以沿着左面的轴线方便地找到每一行的开头,而右边的空白又显得随意自然。

右对齐:适合于少量的文字或标题,不规则的起始部分增加了阅读的时间和精力。

居中对齐:和右对齐一样,仅限于短少的文字内容,较适合启事、邀请等。

左右对齐:常用于报纸、杂志和一些版面内容较多的出版物,两头对齐干净利落,方便阅读。但其缺点是为了强制每一行的左右对齐,文字的间距有时会变得不均匀。

自由格式:为设计提供了无限的可能性,最具有时代感。但是需要花费较多的时间和精力进行调整,因为自由的格式是找不到标准来衡量的。

除了以上这五种常见的默认设置外,还可以通过各种创造性手段加以设计。比如在齐行的段落中添加部分首行缩进,将一个大段落分裂为几个小块等等。

2. 栏柱式网格设计

从早期手抄本时代起,对文字的编排就开始以单栏或双栏的栏柱形式来进行。一个栏框就是一块文字植入的区域,使用栏柱可以有效地进行组织编排,使文字以整齐划一的面貌呈现。栏柱给人一种强烈的秩序感,同时,置入的文字和图片也可以根据栏框的位置来使版面产生一些变化。

文学类的书籍,由于是以文字为主,因此往往是用栏柱式网格来进行编排的。一般正文文字部分整体向上向内移,书籍边缘部分的空白位置通常留得比较大,主要是为了保护版心内容不受干扰,便于阅读,同时也起到美观的作用。

栏柱的宽度,一般由每行的字数和字体的大小来决定,控制在一定的宽度中,以保持每行文字的易读性(图4-46)。栏柱的数量由书籍的开本和内容来决定,一般多为两栏式或三栏式。单栏适用于开本比较小的书籍,而三栏以上的多栏则需视编排的载体而定,如报纸往往就采用多栏式。

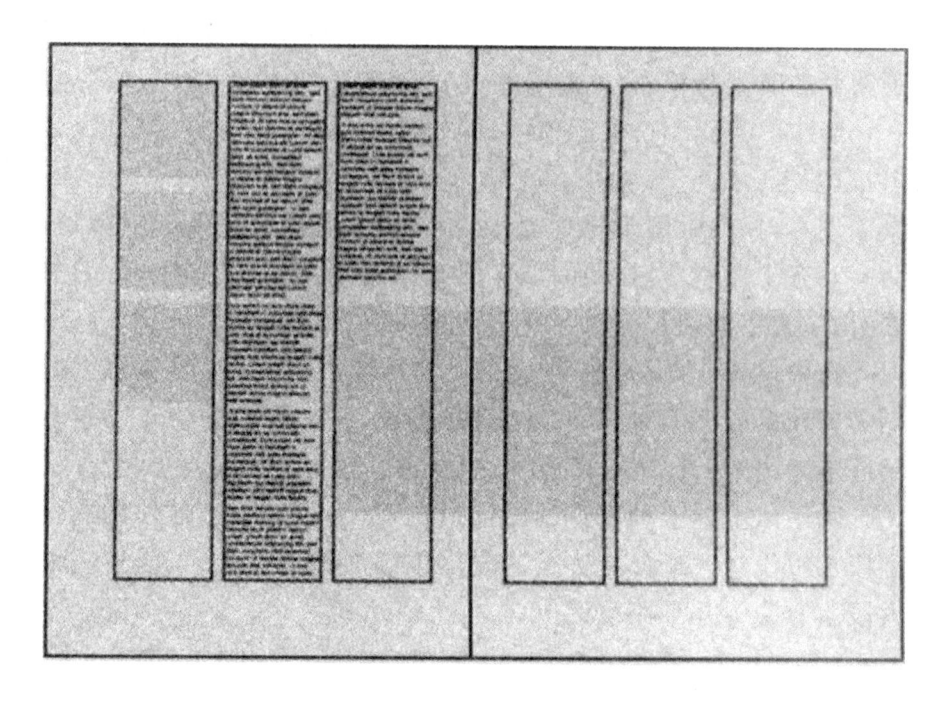

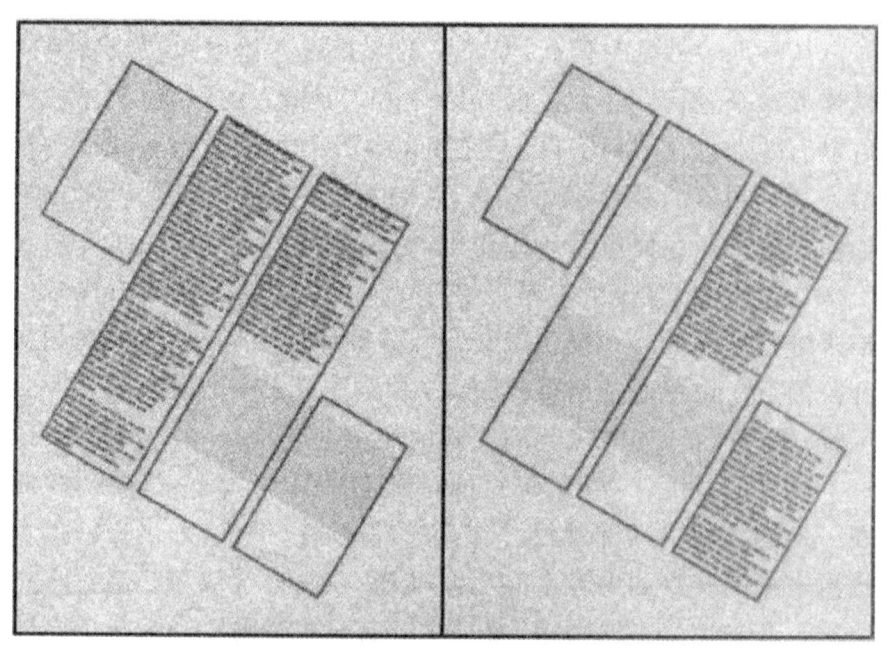

图 4-46 栏柱式网格编排设计效果

3. 模块式网格设计

栏柱式网格主要是由单纯的纵向线条组成,而当纵横方向交织的线条将版面划分后就得到了很多版块。以相同的模块重复排列而得到的版面,我们将其称为模块式网格。

模块式网格运用的范围比较广泛,常用于图文混合的排版或以图为主的画册。运用模块网格的编排也相对比较自由,文字或图片虽然需要遵循模块所固定的数据,但是可以跳出单个模块的局限,跨模块进行编排。

在几何形态中,正方形是最基本最纯粹的形态之一,因此,正方形在网格设计中的使用也是最普遍最基础的。网格将页面分割为中间有间隔的多个正方形,通过格子的数量变化来决定图片的大小,还有它们的比例。格子越小,对于图片尺寸与比例的限制也就越严格。

瑞士设计师卡尔·嘉斯特勒(Karl Gerstner)的方格子网格是一个经典范例(图4-47)。他利用费班纳赛数列,网格由4、9、16、25以及以此类推的级数组成。2×2模块由28个基线单元组成,3×3模块由18个单元组成,4×4模块由13个单元组成,5×5模块由10个单元组成,6×6模块由8个单元组成。每个模块之间的间隔是2个单元。这个网格系统看上去好像很复杂,它的数理计算方法却很简单,运用起来也很方便。

在19世纪,苏格兰设计师查尔斯·伦尼·麦金托什特别偏爱正方形。他喜欢运用线条硬朗的直线素材结合正方形态和简洁明快的色彩来进行设计。这种特殊的风格比繁复华丽或者柔和娇媚更富有视觉冲击力。麦金托什风格打破了19世纪末英国设计界长期以来的沉闷气氛,令人为之一振。他的几何方块形态不仅出现在平面作品中,还延伸至建筑、室内装饰、家具及纺织品等作品上,影响了一大批设计师。

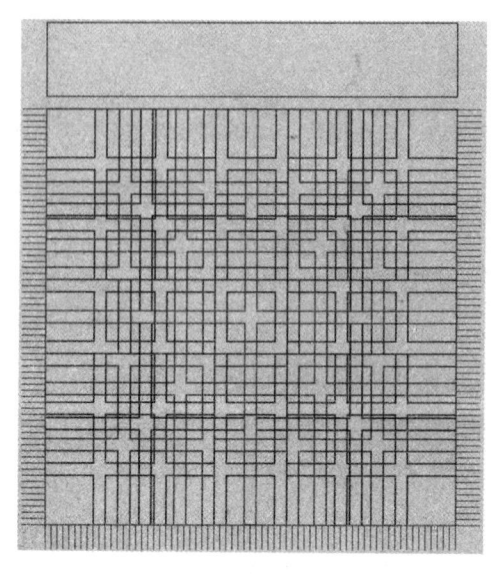

图 4-47　Karl Gerstner 的方格模块网格

4. 对称与不对称的网格设计

传统意义上的版面,页面的对称非常重要,以书的中心轴做画面的镜像重复,从而得到完美平衡的布局。在传统的书籍中,版心常常处于页面内部中心朝上的位置。双页面的对角线可以很容易地安排出两个对称的幅面,进行对称版心的设计。

对称的版面设计,其目的在于通过双页的对称版心传达出一种和谐感。版面上的结构从左页反射到右页,提供了平衡的视觉对称(图 4-48)。

不对称式的网格,往往左右两页共享同一个网格形式,也被称为均衡式网格。这种形式使页面在保持连贯一致的前提下,具备了多种创造的可能性。不对称式的网格在设置内容时更为灵活,骨骼虽然左右重复,但画面元素可以不受版心和页面边距的限制,而得到和对称网格完全不同的页面版式(图 4-49)。

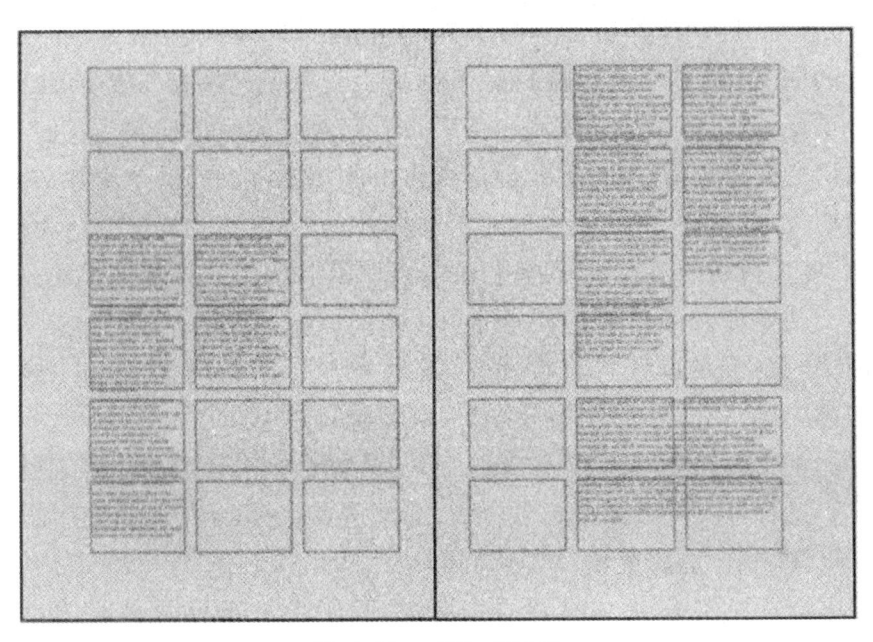

图 4-48 对称式网格

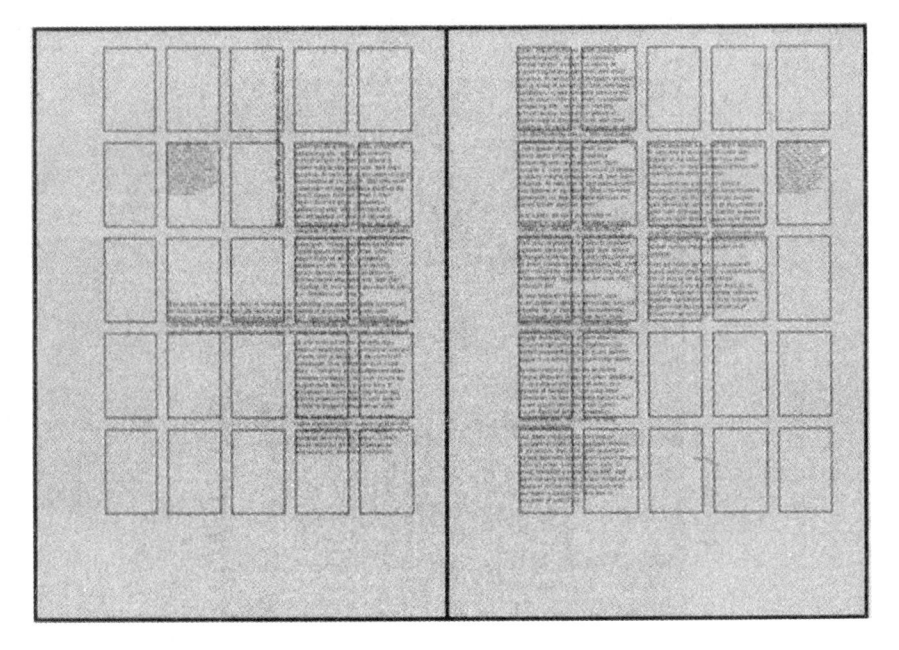

图 4-49 不对称式网格

5. 多重网格设计

网格是设计师所选择的工具,一些设计师觉得网格是他们最好的朋友,而另一些则觉得有了网格很受限制。网格的灵活性非常重要,复杂的网络系统可以使设计看起来有趣而不枯燥。我们习惯用栏框将页面进行划分,但增加水平的网格可以提供图片和文字的切入点。将两种或更多的简单网格叠用,可以使设计更复杂和自由,多重网格能够提供一些奇怪的空间切割,用于放置各种元素。

某些涉及内容较广泛的载体,比如画册、杂志、书籍等,运用简单网格不足以安排全部信息,这时候为了内容的需要,就必须有第二层、第三层的网格叠加,以满足设计的需求。

多重网格并不是越复杂越好,设计时也需要注意必须有主有次。只有解决好页面信息的分布,突出重点,网格才是有效实用的。

图 4-50 是荷兰设计师 Linda van Deursen 的书籍设计内页。该书以荷兰文和英文两种语言撰写,为了可从正反两面阅读,在编排时左右两页采用了完全不同的网格系统。每一页虽然阅读方向不同,但展开时并不觉得有任何干扰。

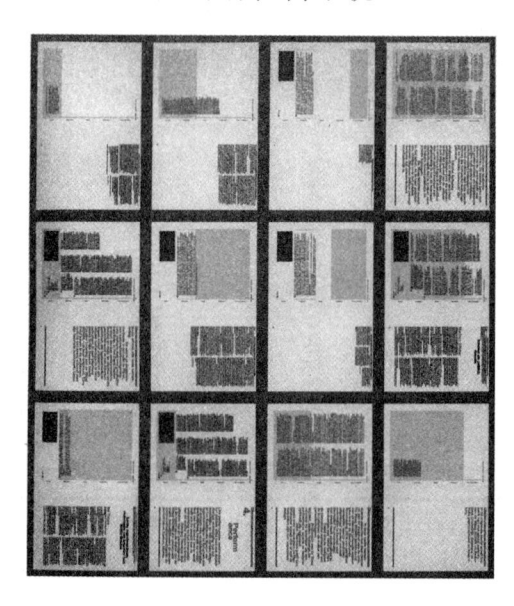

图 4-50　多重网格书籍设计内页

(二)网格编排的设计技巧

1. 利用辅助线设置网格,改变版面风格

在编排设计中,辅助线的设置是十分必要的,利用辅助线可以对版面进行精确的划分,可以将复杂的设计程序简单化。辅助线的多少可以根据具体内容而定,辅助线设置得越多,可供参考的标准也就越多。例如,在左右相同的对页版面中,通过辅助线可以将两个版面各划分为纵向两栏(图 4-51)。

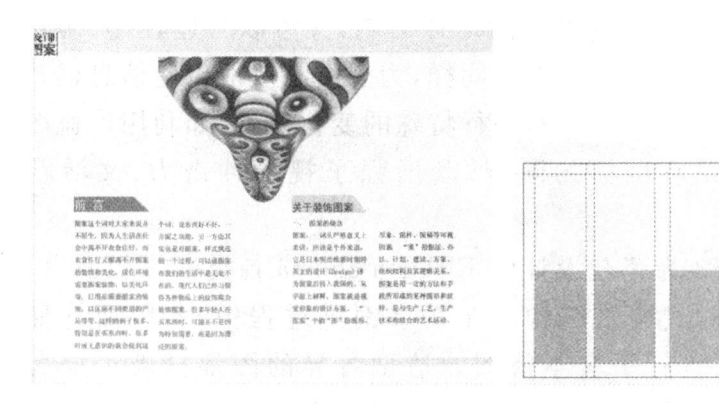

图 4-51 纵向两栏的版面风格

也可以通过辅助线将两个版面各划分为纵向的三栏或四栏等,而栏数不同,所带给人们的视觉效果也不同(图 4-52)。

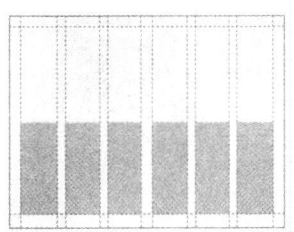

图 4-52 纵向三栏的版面风格

所以，在编排设计中，合理利用辅助线，对于建立精确的网格体系是十分必要的。同时，辅助线的变化也会影响整个版面的设计风格，也可以让网格的变化更有规律。

2. 利用视觉元素的变化打破网格，增加版面趣味性

网格的存在在很大程度上限制了版面视觉元素的位置变化，有时形式过于单一，容易造成版面的呆板。如文字和图形都照预先设定好的位置安排在其中，则会缺乏变化的空间。如果在排列整齐的文字中间加入一些设计元素，如造型各异的图形或图像等，则既改变整体的设计面貌，又可以营造轻松、愉悦的氛围，给阅读带来趣味性。同样，为了更有效地传递信息以及美化版面，可以将信息元素进行特殊的变化处理，如利用出血图片可以打破原有网格的限制，既增强了视觉冲击力，又活跃了版面。

图 4-53 为著名设计师 Elzbieta chojna 各类书籍版面设计，均采用对称式网格结构。在文字编排过程中，各版面均加入了图片，并进行了文本绕图。造型各异的图形打破了原有的网格结构，不仅丰富了版面，增强了版面的节奏感，同时也减少了阅读大量文字信息所造成的视觉疲劳，有利于信息的有效传递。

第四章　编排艺术与广告设计

图 4-53　书籍版面设计

3. 利用网格的细分、合并，实现版面多样性的统一

通过网格体系设置的版面看起来会整齐划一，更具规律性，但在实践编排设计中，图片在版面中所占的比例和文字往往是不相符的，这就给版面的编排设计带来了困难。利用网格体系进行辅助设计，这样就能保持版面的完整。如果图片过多，占据大面积的版面空间，会影响文字的传递效果。可以先划分网格，确定主要图片的位置，然后根据具体的情况再细分网格。可以将文字放在图片比较少的空白空间，之后调整文字和图片的大小比例关系使其统一。如果文字过多，图片较少，则可以对图片和文字分别分栏，这样仍然能保持画面的完整。

此书籍内页设计，通过网格的合并将主要图形进行放大处理，形成独特的设计风格，而文字与图形的比例关系及间距又有一定的规律（图 4-54）。在编排上，图文保持了版面整体的一致性。

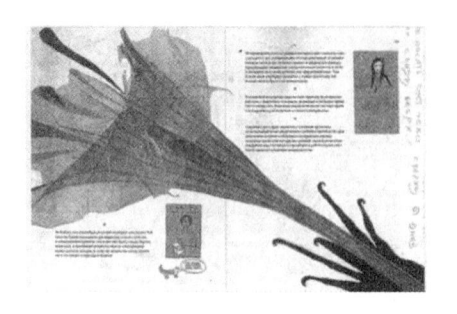

图 4-54　书籍内页设计

(三)网格化版面情感表达

网格化版面在版式设计的发展与应用过程中占有极其重要的地位,由网格化版面能够延伸出多种版面类型。

网格化排版的重要特征为规范、科学、严谨的空间安排与分割。这样的编排方式,常常体现出一种精细、准确、大气、规范的情感与风格(图 4-55)。

图 4-55　网格化版面

图 4-56 是北京某地产项目的广告设计。该楼盘以公寓为主,主要受众为中青年。作者运用了大量的文字线状编排、颜色的明快对比、简练的网格式编排,使画面给人以明快、简洁、时尚之感,与该楼盘的销售策略恰好吻合。

第四章　编排艺术与广告设计

图 4-56　地产广告设计

二、自由编排设计

（一）自由编排的布局

1. 向往自由

人类有对理性秩序的需求，自然也有对自由奔放的向往。

设计师是否会对网格系统产生厌倦情绪？是否看腻了比例、尺度、模块，当见到有机的自由形体时会为之一振？一些设计师认为网格是存在于 20 世纪的现象，将被 21 世纪所淘汰。而另一些则坚信网格始终是设计中不可缺少的强有力的元素，无论是在建筑设计还是平面设计中，通过现今的电脑等高科技手段，我们都可以将网格运用得更丰富多变，使网格更模糊地隐藏在设计背后而不被发现。

很多年轻的设计师喜欢采用自由版式，追求特立独行的效果。自由版面看上去随心所欲、富有生气，实际上要驾驭它并不容易，只有经验丰富的设计师才能够胜任，否则安排不当会造成版面的混乱。如何解决编排在形式与功能上的冲突，如何在追求版面的狂放与变化的同时，能够完成传达信息的目的，是自由编排设计矛盾性的一面。

无论如何,自由的编排形式一直以来都存在着。它渴望打破传统,强调非理性、不稳定性、非规律性。它试图消除理性的网格系统所带来的呆板僵硬的弊端,朝着洒脱随意、无规无矩的方向发展(图4-57)。

图4-57 游戏文字作品《World in Futurist Freedom》

2. 未来主义和达达主义

1909至1915年间,意大利倡导了一场革命性的艺术运动——未来主义运动。未来主义最初只是一项文学运动,但后来波及绘画、建筑等领域。未来主义运动提出"印刷工＝诗人"的概念,挑战传统的排版和印刷模式,将字符和抽象画以一种充满动感的方式进行排列组合,创造出一种"诗画"效果。

1916年发源于瑞士的达达主义,对设计的影响与未来主义有相似之处。其中最大的影响在于它具有利用拼贴,比如将摄影照片拼贴为插图等的方法进行版面设计,以及版面编排无规则、自由化的特点。同时达达主义反映在文学上的文字编排,也体现为高度的自由。法国象征土义诗人斯蒂方·马拉美认为"重要的是字母的混乱编排造成的韵律"(图4-58)。

图 4-58　未来主义设计师设计的书籍版面

3．自由编排的发展

20 世纪 60 年代之后,很多设计师不满足于理性主义的设计主流,开始寻找新的表现形式,其中比较突出的是法国独立派设计师哥特·登贝(Gert Dumbar)创建的荷兰登贝设计工作室和以戴维·卡森为代表的美国和英国的新青年设计师等等。

早期自由编排设计,由于印刷手法的限制,画面多为黑白单色。如法国独立派设计师罗伯特·马辛(Robert Massin)的设计,大多为单色版画作品。概括如剪影般的人物形象,配合不拘一格、自由洒脱的文字组合,形成其独特的个人风格。

随着技术的发展,自由编排进入到一个前所未有的阶段。登贝的设计在作品中大量采用摄影合成技术,利用光影的变化进行图文叠加,使画面具有三维的错觉。登贝非常注重对字体的选用,常常独立设计字体,以精湛的编排组合方式,将文字纳入到版面空间中。虽然登贝的设计作品乍一看似乎内容很多,画面很乱,但其实他对于信息的归纳处理恰当,文字传递准确迅速,很好地解决了自由形式和传达功能这两者间的矛盾。

自由编排设计开始逐渐走向成熟,技术的发展使创新的机会也比以往任何时候都更加明显。走出传统的网格系统,同样能创造出独特的设计,并让它们正常发挥传达的功效。自由编排设计正日新月异,变得更为丰富多彩,也显示了它的可用性和引人之处(图 4-59、图 4-60)。

图 4-59　书籍设计　　　图 4-60　荷兰艺术节海报设计

(二)自由编排的设计原则

　　自由版式看似自由,实际上创作起来并不是轻而易举的事。在自由版式的创作中,必须遵循形式美法则。形式美法则贯穿整个版式设计的始终,均衡、比例、节奏、韵律、留白等都是在设计中经常用到的形式美法则。对于自由版式设计来讲,看似随意、自由的版面,实际内在却蕴含着个人对版面美感的深刻理解和感受,需要设计者花费大量时间和思考在版面设计的布局上,要不断处理版面所出现的细节,同时又要不断创造出更多的细节。因此,在进行自由版面编排时,设计者要做好充分的心理准备,一幅优秀的版式编排作品,不仅要求设计者具备扎实的编排基本功,同时也要付出大量的时间和努力,对于艺术创作者来讲,不断实践和探索自由版式设计也是提高自身审美能力与编排创作能力的有效途径。

(三)几种特殊类型的自由编排设计

1. 倾斜型的版式构成

倾斜型的版式构成指的是将版面中的主体元素或辅助元素做斜向处理,使版面产生倾斜的运动感与秩序美。在实际编排中,倾斜的方式有两种,一种是整体倾斜,另一种是局部倾斜。整体倾斜是指将版面中所有的视觉元素以统一的倾斜角度进行排列,并能带给观赏者整体、秩序的视觉美感。整体倾斜可以产生向上或向下的动势,向上具有冲刺的速度感和力量感,向下则有摇晃的不稳定感,这会给人带来刺激的紧张情趣,因此这种倾斜方式会给人较强的视觉冲击力。局部倾斜是指将版面中的部分视觉元素做倾斜处理,这种处理方式,可以增加版面的对比因素。倾斜与非倾斜的对比,可以丰富版面内容,打破单调乏味的视觉环境,缓解视觉疲劳,增强版面的运动美感。

2. 几何形的版式构成

几何形的版式构成也是版面设计中经常使用的一种编排方法,几何形版式是指版面中的构成元素以几何形的形态摆放。利用几何形构图可以营造版面规整、集中的视觉效果。在实际的编排设计中,经常使用的几何形有三角形、四边形、多边形及不规则几何形等,不同的几何形能表现出不同的视觉美感,例如三角形在结构与样式上具有稳定的视觉效果。因此,利用三角形构图可以营造版面稳固、踏实的视觉感受,并能有效凝聚视觉中心,形成视觉焦点。在编排设计中,合理利用几何形,不仅能突出主题、集中主体元素,还可以增加版面的形式美感,增强版面的艺术效果。

3. 曲线形的版式构成

曲线形版式是指版面中的构成元素根据主题要求组合成具有一定美感的曲线形态，曲线形版式具有柔美、飘逸、艺术美感强烈的视觉效果。常见的曲线形版面分为规则形曲线版面和不规则形曲线版面两种。规则形的曲线版面包括圆形、椭圆形等，在进行编排设计时，将版面中的部分元素以规则的曲线形态进行排列，能够增强版面的圆润感、新颖性，并能丰富版面内容。不规则形曲线版面是指元素排列的曲线轨迹根据版面的设计需求自由伸展，这种方式看上去随意，却能表现出强烈的艺术美感，例如利用文字进行不规则的曲线排列，可以形成优美、飘逸的曲线线条，不同长短的曲线线条交相互织、排列能够形成个性鲜明，具有强烈艺术感染力的版面效果（图 4-61）。

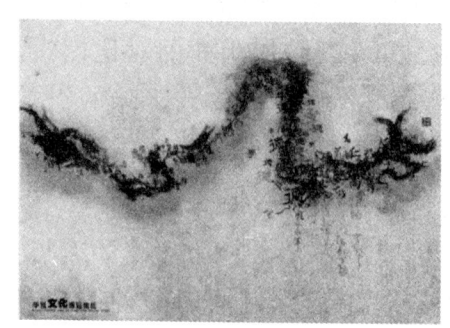

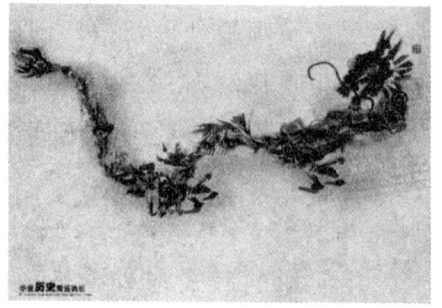

图 4-61　中国文化系列海报

(四)自由化版面情感表达

自由化版面在现代的版式设计当中越来越受到设计师的推崇。它因具有变化丰富、自由化程度高，结构新颖独特等多重优点而被广泛应用（图 4-62）。

运用自由化版面进行的版式设计多给人以自由、激情、动感的视觉感受，更容易锁定读者的眼球，有很强的视觉冲击力（图 4-63）。

图 4-62　自由化版面　　图 4-63　招贴设计中的自由化版面

图 4-62 至图 4-64 在版式上都采用了自由式版式的编排，画面在努力营造一种轻松愉快的氛围，有极强的视觉冲击力，能够在众多的视觉作品中迅速脱颖而出。

图 4-64　画册设计

三、综合编排设计

理性表现和非理性表现的结合，古典主义与现代主义的结合，传统的民族元素与现代形式的结合……这些现象的存在，是这个时代宽容精神的具体体现，在许多艺术作品中都有所反映，在编排设计作品中也经常性地充斥着这种"混搭"的味道（图 4-65）。

图 4-65　古老与现代的结合

传统的编排设计手法是易于掌握和理解的,仍然有着广泛的认知、认可度,并不会随着时代的进步而消亡;网格设计的科学性和实用性都是不容置疑的,它严格的限定条件所形成的统一感、整体感是不可替代的;自由构成饱含设计者的情感因素,能够打动和影响阅读者,时代印记非常明显,自由的形式使人耳目一新,极受感染。这些不同时期的编排设计语言,在今天被统统接纳,同时并存,自然会形成混合了上述多种手法特征的编排形式,这是时代的选择,是自然发展的结果(图 4-66、图 4-67)。

图 4-66　书信回家　　　图 4-67　中国风编排设计

第四章 编排艺术与广告设计

　　一些编排设计的作品主体内容排布理性,主题部分表现自由,甚至还要加上一些古典主义的装饰,形成了既现代又古典的混合风格。这种综合性的构图已经成为编排设计中不能忽略的另一个潮流。这种构成是很难界定其具体的方法的,因为它更需要经验的积淀,是积累之后的自然表现和流露。

第五章 广告创意思维与方法表达

新颖独特的广告创意是广告设计魅力的根本所在,广告中创意新奇的点子就是吸引消费人群的钥匙,所以广告创意在广告设计过程中饰演着重要的角色。任何一种广告创意,都是重在一个"创"字,既要用创新思维锤炼,又要有人文情感的参与。并不是所有新奇独特的广告都能奏效,但奏效的一定是新奇独特的广告。

第一节 广告创意设计的原则

广告是一种功利性、实用性很强的经济行为,其最终目的是引起人们对商品(产品、服务、观念)的注意,促进销售,树立形象,因而现代广告创意是需要在科学理念指导下进行的创造性活动,既要追求新颖和独特,又要兼顾产品或服务、消费者、竞争者等方面的需要。因此,创意应该有明确的指导原则,具体如下。

一、关联性原则

关联性原则出自广告创意的 ROI 理论,是英文"Relevance、Originality、Impact"的缩写,即关联性、原创性和震撼性。这是 20 世纪 60 年代广告大师威廉·伯恩巴克为 DDB 广告公司制定的创意指南,得到了广告界的广泛认同。

所谓关联性原则,是指广告创意必须与商品、消费者、竞争者有所关联。关联性是广告目的的根本要求,也是广告与其他艺术形式相区别的本质特征,没有关联性的广告就失去了广告的意义。广告归根结底是要宣传商品,成为商品营销策略的组成部分。因此,广告要以营销策略为核心,体现宣传主题的需要。

图 5-1　公益广告

伯恩巴克说:"如果我要给谁忠告的话,那就是在他开始工作之前彻底地了解广告的商品,你的聪明才智、你的煽动力、你的想象力与创造力都要从对商品的了解开始。""你一定要把了解关联到消费者的需要上面,并不是说有想象力的作品就是聪明之作。"

关联性的好处还在于,它可以避开受众对广告一时的厌烦,在持续传播中渗透到受众的意识之中发挥作用。1985 年,研究者托马斯·史密斯写了一个人们反复看到广告后,从最初对广告的拒绝逐步转变受广告的感染最终购买产品的经过:

一个人第 1 次看到广告,他不会看它。

第 2 次,他没有注意。

第 3 次,他意识到了它的存在。

第 4 次,他蒙眬地记得他看到过它。

第 5 次,他开始阅读。

第 6 次,他看不起它。

第 7 次,他边看边说:"讨厌!"

第 8 次,他说:"这有一个讨厌的家伙。"

第9次,他想知道它是否有点用。

第10次,他想还是问一问邻居,他是否在使用。

第11次,他想知道产品是怎么卖的。

第12次,他想它还是值得的。

第13次,他想它一定是个好东西。

第14次,他想起来自己早就需要一个这样的东西了。

第15次,他干着急,因为他买不起它。

第16次,他想也许有一天会买它。

第17次,他订了一个买卖合同。

第18次,他向贫穷宣战。

第19次,他小心地数着他的钱。

第20次,他看到它并买了它,或者命令他的妻子尽快买。

二、新颖性原则

所谓新颖性原则,就是广告创意要打破常规,出人意料,具有与众不同的吸引力。没有原创力,广告就缺乏吸引力和生命力。新颖性是广告创意本质属性的体现,是创意水准的直接标志,也是广告取得成功的重要因素。

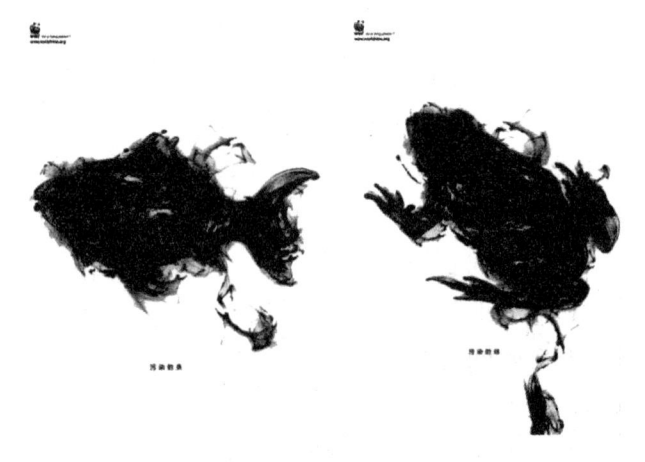

图 5-2　世界自然基金会 WFF 公益广告

广告只有标新立异,才能吸引受众的注意力,使消费者留下深刻的印象。别具一格的表现方式往往满足了受众的好奇心,突破受众对广告抵制厌倦的心理防线,激起他们的兴趣去接受、理解信息。

图 5-3　广告创意设计

在市场竞争激烈、受众信息超载的背景下,广告中人云亦云、平庸雷同的方式是行不通的。法国作家丽塔·布朗有一句话说得精辟:"愚笨就是反复地做同一件事,却奢望得到不同的结果。"广告是一个能创新的行业,需要不断追求创新,超越自己,超越对手,否则就会失去生存的活力。

三、震撼性原则

震撼性原则是使广告信息发挥影响作用的前提和保证。它是指广告要具有强烈的视觉冲击力和心理影响力,深入到人性深处,冲击消费者的心灵,给消费者留下深刻的印象。

广告的震撼性来自于广告主题的思想深度和广告表现的形式力度。广告主题要反映生活的哲理和智慧,对人们关心和感兴趣的生活现象表达出独特的态度,引起人的思考,触动人的情感,使人在震惊、反思和回味中记住并重视产品的信息。具备力度的广告表现形式要简洁而不简单,新颖而不平淡,醒目而不含混,能够牵动人的视线,撞击人的心灵,令人久久不能忘怀。

四、真实性原则

真实,是广告的生命。只有真实的广告,才是好广告。这就要求广告的创意策划必须以真实为依据,建立在真实的基础上。它包括两个方面的内容:首先,广告必须是有一说一,有二说二,不能凭空捏造,子虚乌有;其次,广告是经过艺术加工的事实,它可以适度夸张,但要注意艺术加工与事实本身的关系。

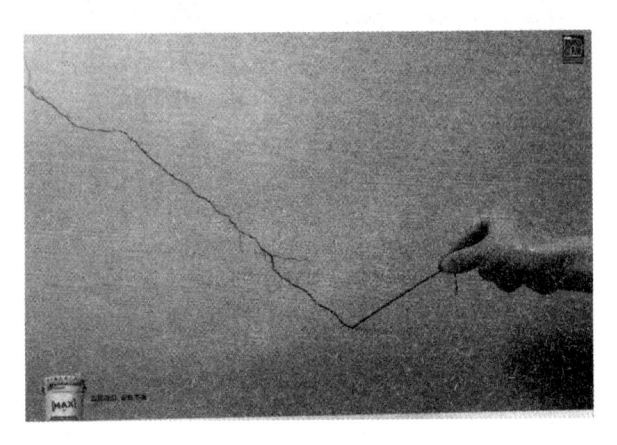

图 5-4　立邦 Nippon——超强覆盖,裂纹不再

五、简洁性原则

简洁性原则,就是使广告创意单纯、明了,直切主题。这样才能使广告主题给受众留下深刻的印象。若是广告信息全面复杂,反而会使它没有中心意念,没有诉求重点,也就没有个性。广告传达内容繁杂,信息模糊不清,往往造成视听者的逆反、抗拒心理,难以完成有效沟通。所以,广告创意切忌堆砌信息、画蛇添足,要紧紧围绕中心意念展开,不枝不蔓,一线到底。

图 5-5　简洁的广告设计

六、可执行性原则

所谓可执行性原则,就是广告创意要具有在制作流程中得到实施的可能性以及经费投入的许可性。可执行性是广告创意目的得以最终实现的重要条件。

可执行性涉及两方面问题：一是想法在制作过程中能否得到完整的实现；二是在时间和经费上是否允许将想法实现出来。

对创意的执行能力是衡量广告公司专业水平的重要标准,一则广告有了好的创意并不一定有好的执行力。创意和制作就像口才和写作能力,一个口才很好的人并不一定能写漂亮的文章,制作水平也常常成为制约广告效果的瓶颈。

创意要考虑经费和时间因素。没有充足的经费和时间作保证,想法的实现就是不现实的。假如确实存在这两方面的问题,就没有必要强求立足现有的条件做创意。

第二节 广告创意设计思维的类型

创意思维是广告活动中一个永恒的主题,是广告设计的灵魂和核心,它能够将广告信息转化成极富创造性的表现形式。在广告设计的实践中,创意思维是逻辑思维和非逻辑思维的互相补充、完善以及发散性思维与收敛性思维优化综合的结果。设计者通过感性的非逻辑思维中的形象思维和直觉思维,提炼出设计对象的意象,使这种意象具有感性认知的普遍性,同时,通过理性思维的逻辑推理和判断确定设计概念,包括设计目标和原则,支持并规范设计过程使其创意得以实现。

一、形象思维

形象思维是以概念为基本操作元素的思维形式,它是通过实物的具体形象为思维操作的思维形式。形象思维主要是通过人的视觉、听觉、触觉等对外界的认知,然后对这些色彩、线条、形状等进行分析、重组之后结合想象创造出的新的艺术形象(图5-6)。

从自然形象、艺术意象到艺术形象是视觉艺术形象思维的一个过程。在广告设计中,设计者在设计实践中以各种原始的生活形象为原型,通过深化法,以一种模拟写实的手法表现出来,使目标消费市场产生共鸣,达到最终审美目的和实用目的,完成多种价值的实现。

如图5-7从人的感性思维出发,创造出新的艺术形象来加强大学生的动物保护意识,尽可能地消除潜在的和未来的皮草消费者。

第五章　广告创意思维与方法表达

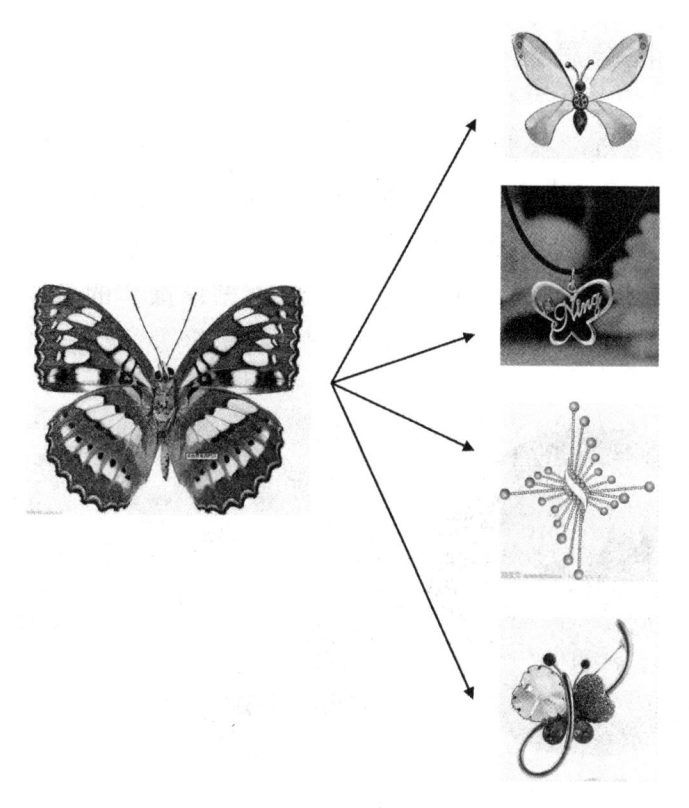

图 5-6　形象思维通过视觉想象创造出新的艺术形象

图 5-7　DAF CHINA 大学生海报

二、抽象思维

抽象思维又称为逻辑思维,是把已经被证明的抽象概念建立在已知的条件基础上进行推理、判断、创造的思维方式。

抽象思维是通过概念、判断、推理等形式进行的思维形式。一般来讲,所谓抽象思维就是以概念为思维操作的基本元素,以逻辑思维为基本方法的科学掌握世界的思维方式(图5-8)。

图 5-8 抽象思维

三、灵感思维

人们常说"灵机一动",指的就是人们头脑中一直潜藏的意识,它并不是无意识的想法,而是经过长期的经验积累和反复磨炼才逐渐形成的思维形式,最后才能达到"计上心来"的效果。

在广告设计创作中,灵感思维是一个重要的体现,是潜藏在心灵深处的想法经过反复思考之后突然出现的现象,是"柳暗花明",是"峰回路转",是一切必然与偶然碰撞后达到的效果(图 5-9)。

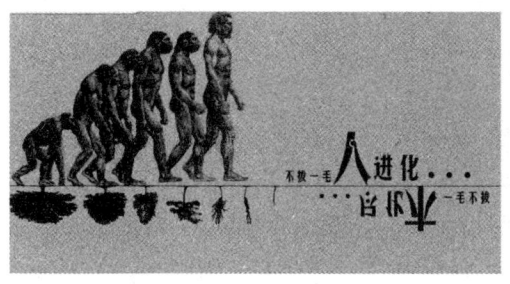

图 5-9　公益广告设计

四、创造性思维

从理论上讲,创造性思维是以视觉思维的整体性、直接性、探索性为基础,其本质是开拓、创新,属于能动的思维形式。正如阿恩海姆所说:"只有与感性世界密切配合,伟大的思想才能产生。"

创造性思维的本质特征是开拓和创新。艺术的创作总是强调不断创新,在艺术的风格、内涵、形式、表现等诸多方面强调与众不同,不安于现状,不落于俗套,标新立异,独辟蹊径(图 5-10)。

图 5-10　平面广告

五、反向思维

反向思维，即逆向思维。中国有句古话："反其道而行之。"说的是在处理一件事情的时候采取同对方相反的方式。其实这句话与反向思维也存在异曲同工之效，都是要求在一定的时候需要有打破常规的思维形式，从而达到使人"眼前一亮"的惊人效果，绝对吸引眼球。

具体地说，是指设计师以相反于事物固有的客观自然规律和常规普遍逻辑规律去表现事物并充分发挥主观联想和想象，将现实与幻想、真实与虚幻、主观与客观有机地结合起来，从而创造出设计作品中种种反常态、变异和矛盾的视觉形象画面（图5-11）。

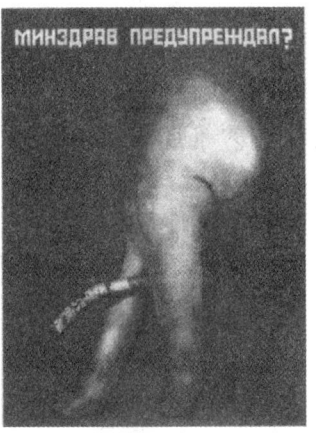

图5-11　反向思维的设计

六、头脑风暴式思维

头脑风暴式思维方法是现在广告公司进行创意时最常用的一种方法。下面就对这种方法做具体的介绍。

（一）头脑风暴式思维方法的概念

在广告创作中，头脑风暴法意为由两人或两人以上聚在一起针对某条广告的诉求主题共同构思创意。这种思维方法往往是灵感喷涌的源泉,但若想成功地运用这种方法,必须遵循以下几条原则。

(1)任何创意均不得受他人干涉。

(2)所有想法都应记录在案,以备将来参考。这样做的目的是把所有的灵感都记录下来,这是一个"自由联想"的过程,应该给每一个新想法一个启迪旁人的机会。

为了使创意小组的创造性不受局限,许多广告公司为创意小组准备了特殊的房间并采取特殊的措施,如切断电话线以免创意人员被干扰而分心;安装摄像机或录音机以便记录每一个人的发言,或者安装实物投影仪使各种想法能够记录下来,并投放在墙壁上以供大家参考等。有些广告公司会专门在比较安静的酒店租下一个套间来安置创意小组,使创意人员能够全神贯注于创意之中。

(二)头脑风暴思维方法的运用

头脑风暴思维方法的运用分以下几个阶段:

1. 会议准备

(1)选择会议主持人

合适的会议主持人是本方法能否成功碰撞出创意灵感的关键所在。主持人应具备以下基本条件:熟悉头脑风暴法的基本方法与召开此种会议的基本程序,有一定的组织能力,对会议所要解决的创意问题有明确而清晰的理解,以便在会议中做启示诱导;能坚持会议的有关规定和原则,能充分调动与会人员的积极性,使他们的思想相互启发、相互碰撞,从而催生出创意的灵感;能灵活地处理会议中出现的各种情况,以保证会议按预定程序进行。

(2)确定会议参加人员

就广告公司而言,头脑风暴会议的人数以5至11人为宜。

(3)提前下达会议通知

提前几天将会议通知下达给与会者,有利于与会人员在思想上有所准备并提前酝酿解决问题的设想。会议通知以书面请柬为宜,写明会议日期、地点、要解决的问题及其背景,若能附加几个设想示例则更理想。

2. 热身活动

在会议正式开始前进行几分钟的热身活动,其目的和作用与体育比赛一样,以便促使与会人员尽快进入"角色"。事实上,许多与会者参加会议之初,其思绪可能还沉浸在刚刚放下的工作之中,通过"热身"则可以尽可能使与会者迅速忘记与会议主题无关的其他事情,全神贯注于会议所要解决的问题上,使大脑由平静状态逐渐趋向于兴奋活跃的思维状态,以提高会议的效率。

热身活动所需时间不用太长,可根据内容灵活确定。至于其形式则可自由运用,如看一段与广告商品的主题相似的广告影片,讲一段广告创意的经典案例,或出几道"脑筋急转弯"之类的题目请大家回答等。

3. 明确问题

明确问题阶段要向与会人员介绍会议所要解决的有关问题,包括广告商品的背景、特征、使用特点、目标消费者的特征、同类商品的有关情况分析等,以使与会人员对广告创意的相关背景有一个明确的了解。这些内容由主持人介绍,介绍时主持人应注意简明扼要和启发性原则。

4. 自由畅谈

自由畅谈阶段是头脑风暴思维方法成功与否的关键阶段,这一阶段的要点是想方设法造成一种高度激励的气氛,使与会者能突破种种思维障碍和心理约束,让思维自由驰骋,借助与会人员之间的相互碰撞提出大量有价值的构思。

5. 加工整理

畅谈结束后,一般情况下应该会有比较令人满意的创意构思诞生,会议主持者应对大家一致认可的创意构思指定专人进行具体的创作,以便在较短的时间内拿出广告创意作品的初稿。到此,头脑风暴会议就完成了预期的目的。如果在本次头脑风暴会议中仍然没有碰撞出创意灵感的话,还可以召开第二次会议。

第三节 广告设计思维的应用

一、形象思维的应用

(一)门德尔与奥贝雷设计的"基尔帆船节"广告

在这个作品中,利用形象思维的方式,把帆船比赛的特征表达得准确而轻松。设计语言简洁,大面积的鲜艳色彩和简练的构图形式具有"瑞士国际风格"特点。帆船的图形运用了一个纸片代替。作品的视觉效果是写实的,表现手段则是写意的,可以称为平面设计的经典之作(图5-12)。

图5-12 "基尔帆船节"的海报

(二)路虎汽车杂志广告

路虎汽车杂志广告使用了大量的文字内容。主题图片的构思很巧妙,看似一张普通的照片,野鸭落在汽车上栖息,但是,仔细品味却包含两层含义。一是野鸭一般生活在有水的湿地,表示该车具有良好的越野性能;二是暗示该车很环保,像湿地一样得到野鸭的青睐。由此突出了产品特征(图5-13)。

图5-13　路虎汽车杂志广告

(三)"第三届亚洲艺术节"海报设计

图5-14所示是靳埭强为"第三届亚洲艺术节"设计的海报。作品利用分割组合的手段将不同国家的脸谱合并为一个整体的形象,出现了戏剧性的效果。虽然图片本身是写实的,但经过重新的排列组合之后,则有了新奇的视觉效果,具有非常强烈的视觉冲击力。

图5-14　"第三届亚洲艺术节"海报

第五章　广告创意思维与方法表达

二、抽象思维的应用

(一)永井一正为《平面设计》杂志所作的封面设计

永井一正擅长用几何形的线条和带有数理性的图形来表现设计主题。在他的作品中,总是出现大量几何形抽象图形,线条的排列增加了空间感,让人似乎能感觉到宇宙空间关系的存在。他的作品风格含蓄细腻,色彩跳跃,秩序感强,富有哲理性,给人无尽的遐想(图 5-15)。

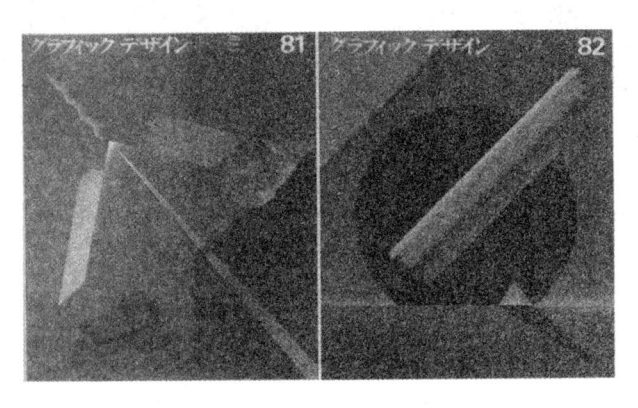

图 5-15　《平面设计》杂志封面设计

(二)奥罗斯设计的戏剧广告"拉依拉家的秘密"

该作品采用戏剧化的设计元素来表现广告主题。生活中人们常把喜欢议论别人的女人叫作"长舌妇",这张作品中裸体的女人象征别人的秘密暴露无遗,而那些各种各样的舌头则象征流言蜚语。幽默的形式加深了作品的戏剧性效果(图 5-16)。

(三)"中国文化周"海报设计

中国文化博大精深,水墨和书法在中国文化的传播中已成为象征性的符号,琴棋书画在传统吉祥图案中被称为"四艺",是文人墨客的修养与境界的象征。书画在这里已经成为中华形象与精神的载体,富有灵动性的墨迹为整个画面增加了内涵(图 5-17)。

图 5-16 "拉依拉家的秘密"广告　　图 5-17 "中国文化周"海报

三、发散思维的应用

(一)食品安全广告

图 5-18 中,该广告对转基因食品的安全性提出质疑。作品以质疑思维法对该问题做出警示,巧妙地将一个怪异的生物面部形象隐藏在一个转基因苹果当中,以传达"该食品可能存在危险"的创意理念,巧妙含蓄而富有警示性。

(二)"战争与和平"反战广告

图 5-19 是一幅使用纵向思维法创意的海报。炮弹象征给人类带来伤害的战争,鸽子与橄榄枝象征和平。在这里,两个主题词都被引申为具有象征性的识别符号,虽然在创意的主题上并不新颖,但轻松的表达方式和明快的视觉效果还是让作品体现出很强的表现力。

图 5-18　商业广告(李家轩)　　图 5-19　反战广告(伊万·切玛耶夫)

(三)消炎药广告

图 5-20 是口腔咽喉消炎药的宣传广告。设计者巧妙地将歇斯底里的演讲者手中的喇叭缩小,从相反的结构关系方向突出人的声音之大,以其画面因果关系说明药品疗效。

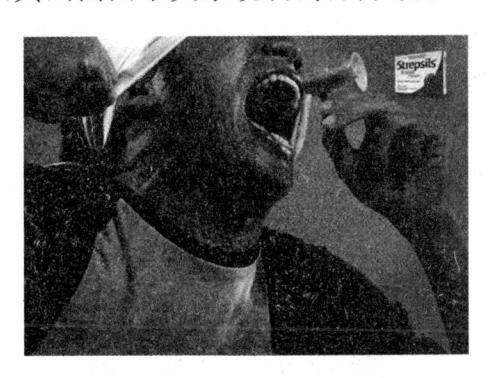

图 5-20　口腔咽喉消炎药的宣传广告

(四)牛仔裤广告设计

如图 5-21 中,设计者为了突出牛仔裤的柔软贴身性能,利用拿牛仔裤当毛巾这一"不合常理的现象"隐喻牛仔裤像毛巾一样柔软。这种不直接说明而是换一种"说法"的表现形式正是转换思维的巧妙所在。当然,由于换的"说法"往往有悖于客观现实的真实性,因此这种表现方法总是给人一种"陌生感",但细想又能

· 271 ·

找到其合理性，所以能给人留下至深印象。

图 5-21 牛仔裤广告

(五)耐克品牌广告设计

图 5-22 是南非世界杯耐克的广告宣传《不平凡的一年》。设计者没有受到 2010 时间概念年代数字传统书写形式的限制，而是利用发散思维将足球和罗马数字 2010 进行形象整合——竖排的 2010 与踢球的动态相结合，暗指 2010 南非世界杯。特别是把 2010 的一个零变成白色，把足球的概念从 2010 的数字中剥离出来，与黑色背景相对比突出了非洲举办特色。其思维发散形成的想象力令人叹为观止。

图 5-22 耐克广告

(六)跑步机广告设计

再如图 5-23 中的广告,猛一看无论从哪一方面这种现象在现实中都是不可能的,但当我们把它和跑步机的功能相联系时,室内跑步机似乎的确具有把有限空间延展的功能概念。用凸出的房间转换出跑步机的功能。

图 5-23　室内跑步机宣传广告

(七)吸尘器广告设计

又如图 5-24 中,某品牌吸尘器的广告——《R04541 寂静的力量》。设计者通过把吸尘器的"功能"用途转换为逮野鸭这种荒诞的用法,揭示出吸尘器的巨大吸力。同时,设计者利用猎枪打猎"打出去巨大的声响"与"寂静无声的吸过来"相比较,从侧面展示"寂静的力量"。这种方式也被称为侧向思维。简单地说,就是"换个说法",是同中求异的具体应用。

(八)滑雪板广告设计

例如图 5-25 中的某品牌滑雪板广告《跳得更高》,设计者为突出它们产品的跳高性能,荒诞地将滑雪者扎在战斗机的头部。隐指因为跳得高,所以出现了这一荒诞的事故。

图 5-24 吸尘器广告

图 5-25 滑雪板广告

(九)沃尔沃汽车广告设计

该广告(图 5-26)运用横向思维法创意,突出的是"安全"主题。22 个安全气囊是这部车的一大卖点,怎样来突出安全的功能更具有言简意赅的效果呢?安全套也具有安全功能,以夸张的 22 个安全套来比喻"绝对安全"的寓意,起到了诙谐、幽默的效果,令人叫绝。

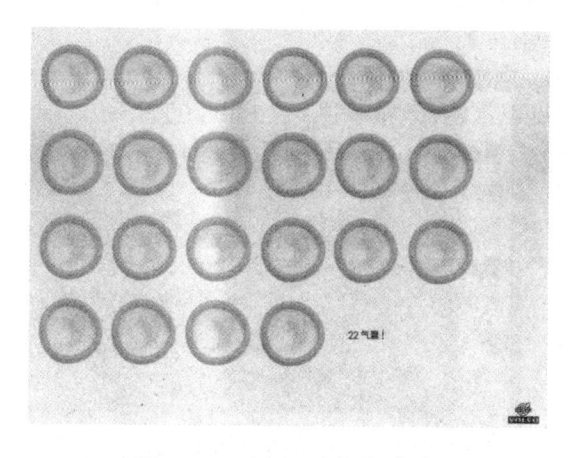

图 5-26　沃尔沃汽车广告

四、联想思维的应用

(一)牛仔裤的宣传广告

广告的主题为"引入 700 系列",是一个新的牛仔裤的宣传广告。作品利用牛仔裤做出的面罩营造出新产品的神秘感,人物的造型采用智利复活节岛石像的造型,引起人们对新产品的联想(图 5-27)。

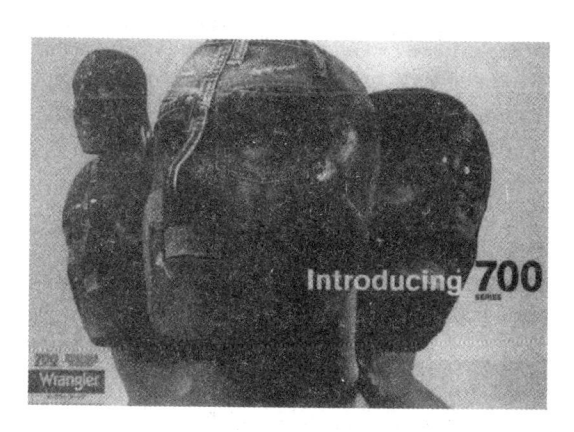

图 5-27　牛仔裤的宣传广告

(二)"雀巢咖啡"广告

该广告以咖啡豆作为底色,反白的位置是品牌标志,让人联想起咖啡的原料,又透出浓浓的醇香,展现出简洁直观的视觉效果(图 5-28)。

图 5-28　"雀巢咖啡"广告

(三)口香糖广告设计

图 5-29 为某口香糖的广告,该广告正是利用接近联想启动由口香糖到牙的联想,把口香糖排列成牙齿的组合,并结合冰爽的冷色调,自然地强化了口香糖对牙齿健康及对口腔清爽的作用。

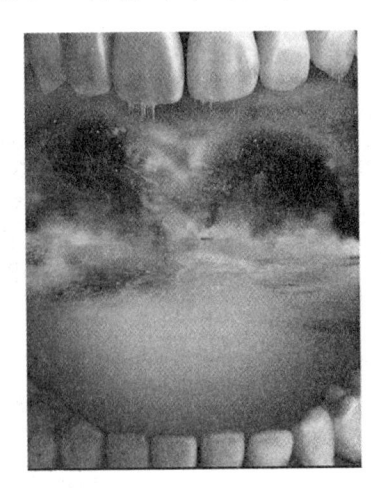

图 5-29　口香糖广告

第五章　广告创意思维与方法表达

(四)红牛饮料广告设计

红牛饮料是一种增强体力的功能性饮品,运用电池和易拉罐外形之间的相似形,把饮料和电池组合成一个符号,意喻红牛饮料能像电池一样为您的体力充电。创意简洁生动,富于联想性(图 5-30)。

图 5-30　红牛饮料广告

(五)坚果食品广告设计

相反联想形成的创意切入点往往会给人带来意想不到的视觉创意作品。例如图 5-31 中坚果食品的宣传广告也是没有从食品的美味可口作为正向的宣传切入,而是通过食用坚果造成人体的正常生理反应——"排气"的优雅形象这一风趣幽默的视觉形式,从反方向起到情感上的沟通,巧妙地利用潜水情景把美女、排气相融合,突出传达有益于消化的主题。

(六)衬衣广告设计

如图 5-32 所示是利用足球世界杯进行宣传促销的一个衬衣平面广告。设计者利用相似联想。将衬衣塑造成足球的圆形以博得足球爱好者的情感认同。

图 5-31　坚果食品的宣传广告

图 5-32　衬衣广告

(七)休闲鞋广告设计

如图 5-33 所示是一幅休闲鞋的平面广告。设计者通过将一个前卫时尚年轻人的脸部特征替换为形似的极具个性的 ID 拖鞋,并用这个荒诞的"鞋拔子脸"造型将 ID 交互设计突出个性、突出特征的设计宗旨从视觉语言的角度得以实现。

(八)香水广告设计

"感觉"是这个作品的创意主题(图 5-34)。以两个在丝巾蒙面下接吻的情侣形象,传达出香水所带来的朦胧之美,增加了作品的"感觉"因素,让人产生无尽的联想。设计师利用情感诉求方式,提升了产品的品位,增加了产品的魅力。

图 5-33 休闲鞋广告

图 5-34 香水广告

(九)美发品牌广告设计

图 5-35 是某美发品牌的宣传广告,设计者不仅通过拉小提琴的特有动作把头发与小提琴琴弦的相似凸显出来,更将演奏音乐对艺术孜孜不倦的追求和美发艺术造型的认真严谨进行相似联想,以此传递美发品牌精益求精的服务质量。

图 5-35　美发产品广告

(十)奥迪汽车广告设计

在创意中联想方式的运用并不是完全独立的,一个创意中可以有一种或多种联想形式同时运用。例如图 5-36 中奥迪汽车的招贴广告,在主题倾诉上应用相反联想,没有使用现代工艺和技术材料等现代科技对于安全保证的理性判断,而是采用真实自然的鸟巢对蛋的保护的情感体验,同时在表现手法上采用 4 个鸟巢构成奥迪四环标志的同形同构的相似联想,整个创意设计既采用了相反联想又巧妙地利用了相似联想,匠心独运,堪称一绝。

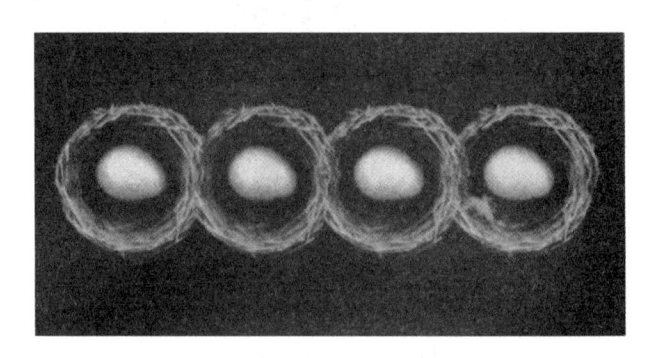

图 5-36　奥迪汽车广告

(十一)帕萨特汽车广告设计

例如图 5-37 中德国大众帕萨特的宣传广告,整幅画面以雄浑厚重的方向盘造型局部,给人以稳定和时间凝固的整体印象。而与之相反,180 千米的速度指针则告诉你车子正在高速行驶。设计者正是从快速的反面——"稳定"来传达帕萨特汽车高速与安全性相协调的理念。

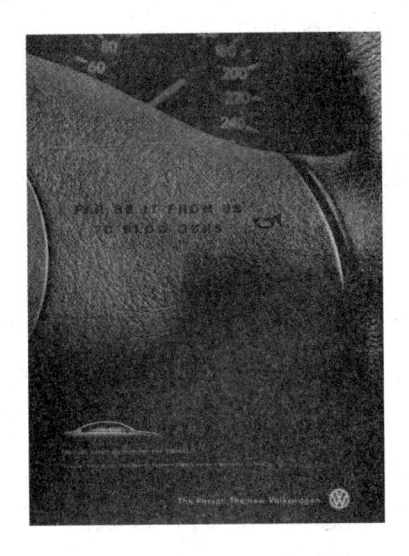

图 5-37 帕萨特汽车广告

(十二)网球教练宣传广告设计

如图 5-38 所示,是澳大利亚网球协会为输出网球教练所做的宣传广告《寻找一个澳大利亚教练你将得到的优势》。设计者同样利用因果关系很巧妙地将这种优势形象化为视觉上狭小的场地,让受众自然地联想到这种不公平"优势"的"果"成"因"于澳大利亚教练的卓越执教才能。

图 5-38 网球教练宣传广告

视觉与创意：广告设计艺术与方法实践

图 5-38 是设计者将因果的关系呈现在视觉作品中，让受众在结果中反推原因。但是在创意设计中，从设计师角度采用相关联想更是我们需要关注的创意思考方法。

(十三)SEDEX 快递广告设计

如图 5-39 所示，设计师以事物发展的时间轴线为基础，利用接近联想时间秩序"打开的煎蛋应该掉入煎锅"，而煎锅尚未就位的画面设置了悬疑，人们通过思维机制的完善突显 SEDEX 快递服务的快捷性——你需要时，SEDEX 快递服务将以最快的速度满足你的时间要求。在视觉创意设计中我们往往使用这一联想方式进行气氛的渲染和环境的交代。特别是利用事物之间的秩序因素而产生思维的流动，延展想象的空间，引导创意的跨越。比如看到口香糖，就能想到牙齿的相近联想。

图 5-39　SEDEX 快递广告

(十四)禁烟公益广告设计

例如图 5-40 所示的禁烟公益广告，设计者在收集资料时看到了一把手枪，利用相近联想联系到子弹，由子弹的形状和颜色联系到烟的形状和过滤嘴颜色，最后一把左轮手枪装填香烟的创意广告就由此诞生了。

第五章 广告创意思维与方法表达

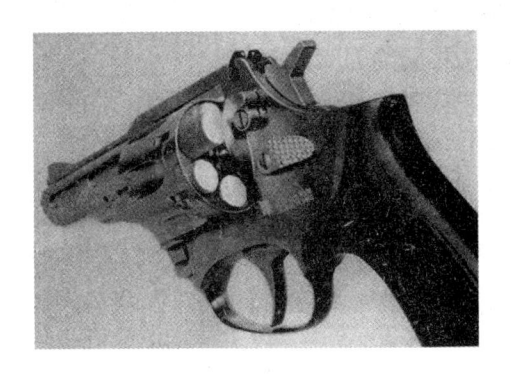

图 5-40 禁烟公益广告

(十五)反战宣传广告设计

如图 5-41 中的《和平》反战宣传招贴广告中,设计师没有从正向思维表达战争给人们带来的危害,而是出人意料地从反方向思考,战争的发起者对自身带来的危害自食其果进行创意。从高昂的炮口打出反方向炮弹警示战争贩子自食其果,作为追求"和平"的创意切入点。

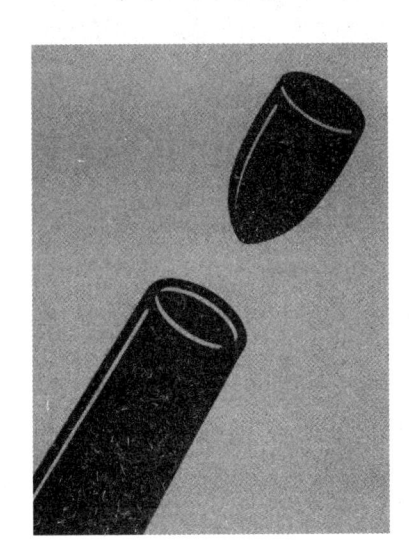

图 5-41 反战宣传广告

五、创造性思维的应用

(一)"建筑设计展"广告

三维立体空间感的图形,丰富的变化效果,造成视觉上变幻莫测的感觉,具有强烈个性化特点的创意图形,令人过目不忘(图 5-42)。

图 5-42 "建筑设计展"广告

(二)博览会广告

大胆的创意构思,巧妙的组合方式,新奇的视觉效果,饱含着设计师创意的睿智。地球与心形的结合,传达出"地球在我心中,每个人都应该用心来呵护我们赖以生存的地球"的创意理念(图 5-43)。

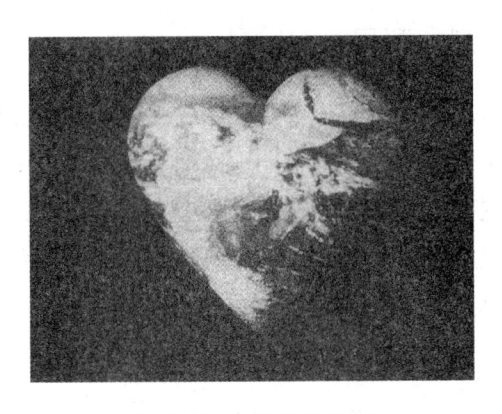

图 5-43 博览会广告

(三)"焦点—立场"文化海报设计

如图 5-44 所示为"焦点—立场"文化海报设计。两本书的交叉与共生透射出海报的主题——观点与思想的交叉,不同的观点与视角产生不同的立场。这个设计大胆地利用思维的转换,将抽象的概念转换为可视的形象来表现,图形设计具有哲理性意味。

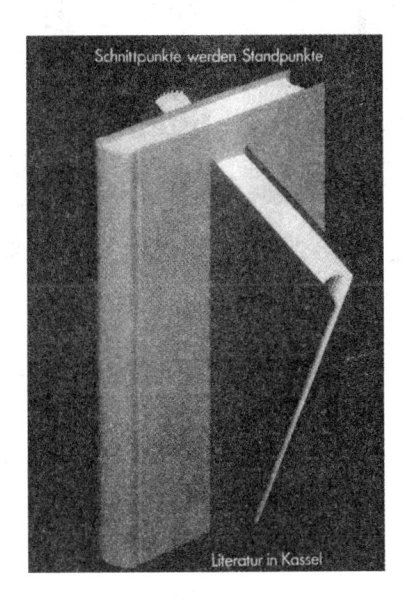

图 5-44 "焦点—立场"文化海报

（四）"还我绿色城市"公益海报设计

如图 5-45 所示为"还我绿色城市"公益海报设计。城市化进程在促进经济建设发展的同时也使我们逐渐失去绿色生态，自然保护成为经济建设中不可忽视的问题。这幅作品的主题是不能让绿色环境成为海市蜃楼，树木在呐喊、抗议，呼唤人类的环保行动。拟人化的表现形式形成视觉的中心。

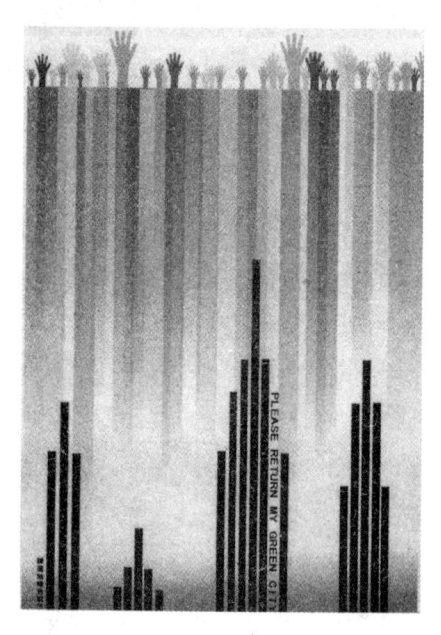

图 5-45　"还我绿色城市"公益海报

（五）"新巴塔格尼亚"戏剧海报设计

如图 5-46 所示为"新巴塔格尼亚"戏剧海报设计。把文字和图形安排在人像的头部，似乎描绘出主人公在回忆往事。头发的色彩醒目夸张，图形编排富有韵律感，与脸部的空白形成强烈的反差，强调了海报的主题部分。

图 5-46　戏剧海报

第四节　广告创意设计的方法表达

一、肖形

"肖形"的方法就是以一个物象来模仿另外一个不同属性物象的外形特征。自然界中,我们所感知的物象是由各种各样的形态构成的,在广告创意中,我们可以根据需要和可能,将物象的外形通过变化,模仿成特定物象的外形,从而使原本不同属性的两个物象之间产生紧密的联系。如大众汽车的广告,用喷泉模仿大众汽车的外形轮廓,以体现大众汽车广告要诉求的"大众汽车,过目不忘"的概念(图 5-47)。

图 5-47　大众汽车广告

二、类比

"类比"的方法是基于相似特性而做的比较。在广告创意中运用视觉类比是为了阐述得更清楚,使人更易于理解。如盛世长城的"纽扣"广告正是通过类比展示了索尼产品的独有特点(图 5-48)。

图 5-48　Sony 摄像机广告

三、比喻

"比喻"即"以此物喻彼物",可分为明瑜、借喻、暗喻等类型。在广告创作中运用比喻手法,是因为人们拒绝太过直白的表达方式,喜欢看到或听到利用其他事物来说明本质上想说的事,这样,受众能发挥自身的主观能动性,带着一种强烈的参与感融入广告当中去。与其他表现手法相比,比喻相对显得含蓄隐伏,一旦领会其意,却能让人回味无穷。

例如 TBWA/巴西为无线因特网接入服务制作的广告中,就是利用暗喻的方法,以复杂的线条勾画出一只蜗牛的形象,表示出其他品牌速度慢且结构复杂的劣势(图 5-49)。

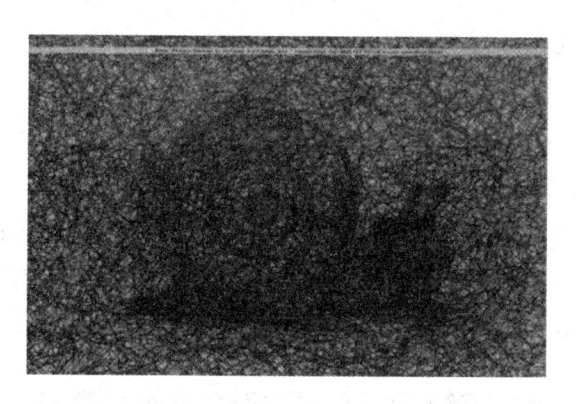

图 5-49 Diveo 无线因特网广告

四、象征

象征手法可以超越本体与事物内涵的联系,甚至可以大胆地特定一种事物来作为自己的象征。

例如图 5-50 是金特·凯泽的反战招贴,将象征和平的鸽子与骷髅相结合来表达"为什么和平还未是实现"的主题,图形具有很强的视觉冲力和情绪感召力。

图 5-50　反战招贴

五、比较

比较产品或服务的不同点会很有说服力。这一方法会产生奇效并使人难忘。

例如丰田汽车广告中，近处是已累得精疲力竭的被人抬着的登山犬，而不远处就停放着一辆已爬上山坡的丰田越野汽车。通过比较，丰田汽车卓越的越野性能让人一目了然（图 5-51）。

图 5-51　丰田汽车广告

六、夸张

在广告创意中,通过夸张,能更鲜明地强调和揭示事物的实质,使宣传对象的特征强烈而突出,从而加强作品的艺术感染力。

例如,Kawasaki摩托车广告,尽管海啸引发的滔天巨浪来袭,海边沙滩上的男士仍然悠闲自得,原因是他身边有辆Kawasaki摩托车可帮助他快速地离开(图5-52)。

图5-52　Kawasaki摩托车广告

七、拟人

拟人的方法指对世界万物进行人格化处理。在广告创意中运用拟人的手法,可以在很大程度上增强广告的好感度与亲和力,使消费者暂时忽略广告的商业功利气息,从而使广告信息被消费者真正接受的可能性大大提升。

例如,LeroLero俱乐部广告,拟人化地表现了玩具熊因玩得精疲力竭,不得不通过输液才能缓过神来的画面。LeroLero俱乐部的好玩程度由此可见一斑(图5-53)。

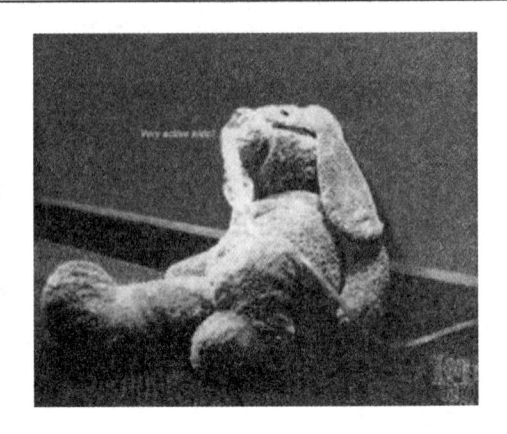

图 5-53 LeroLero 俱乐部广告

八、通感

"通感"的方法是一种将本来由某种感官感知的感觉，通过另一种感官的感觉表达出来的手法。其感知过程首先是通过视觉感知，然后经过心理活动而生成其他感官的感觉。通感的手法在广告创意中经常被用到，而且效果显著。

例如，《北京青年报》的广告，原本是说该报的新闻报道有分量，而广告画面却表现为两位壮汉吃力地抬着一张《北京青年报》。广告通过通感的手法，将该报新闻报道有分量的概念巧妙地传达出来（图 5-54）。

图 5-54 《北京青年报》广告

九、借用

在广告创意中,"借用"的方法是指借助于经典影视作品中的经典镜头或经典绘画作品中的经典画面,对其进行适度变化处理,巧妙地将广告诉求的概念或宣传的产品融入镜头或画面中,从而产生令人耳目一新的效果。

例如,Pizza 食品广告中,就巧妙地结合了美国奥斯卡经典电影——《毕业生》中的经典镜头进行创意变化,将获得 Pizza 食品的渴望充分表现出来(图 5-55)。

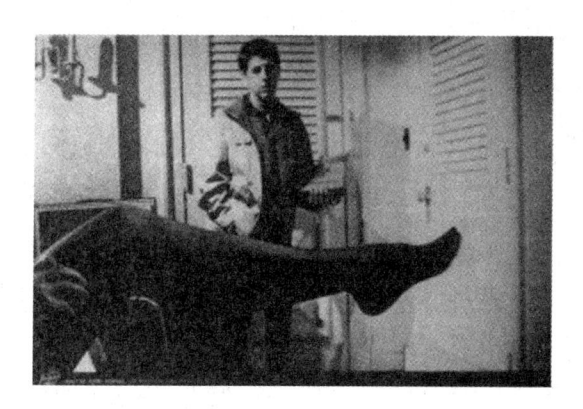

图 5-55　Pizza 食品广告——毕业生篇

十、幽默

幽默广告的鼓动性能对目标消费者起到良好的说服效果。它淡化了广告的直接功利印象,克服了消费大众对广告的怀疑与戒备心理,以一种间接的、潜移默化的方式,使消费者在轻松、愉快中不知不觉地接受广告的劝说,义无反顾地掏腰包。当然,幽默也得讲究策略,必须切题,并且要适合品牌与目标客户。

例如,Chiquitin 果冻广告,通过幽默的手法,表现出儿童吃过 Chiquitin 果冻后变得更加聪明,尽管汽车车身后的"4×4"和其在数学中的含义并不是一回事(图 5-56)。

图 5-56　Chiquitin 果冻广告

十一、幻想

"幻想"的方法通过无限丰富的想象组织出神话与童话般的画面,在一种奇幻的场景中再现广告的商品,造成与现实生活的一定距离。

例如,Nintendo 游戏机广告,画面中小男孩正全神贯注地玩着游戏,而其伸入水中的脚却变得令人恐怖,而且还有一群食人鱼将其围绕。而这些只不过是小男孩玩游戏时的幻想而已(图 5-57)。

图 5-57　Nintendo 游戏机广告

十二、悬念

"悬念"的方法是利用看似与广告主题无关的画面来勾起目标受众惦记和挂念的一种间接表现手法,其目的是满足目标受众求知、探奇、追求事物完整信息的心理需求。在广告创意中,悬念可以通过运用冒险、神秘与恐怖的创意表现手法来产生。

例如,Simrnoof 酒的广告,透过酒瓶看羊群,却发现羊群中隐藏着一只狼,不禁令人大吃一惊(图 5-58)。

图 5-58　Simrnoof 酒广告

十三、意境

意境法是在广告创意上融入浓郁的感情色彩和审美情趣,通过各种各样的情感来表达,比如温馨的家庭生活之情、怀旧之情、热爱生活之情、心灵交汇之情等。以瞬间静止的画面创造出特定的意境美,并运用各种艺术手法,把受众引入到图文并茂、情景交融的艺术境界,从而产生情感上的共鸣,进而潜移默化地影响消费者。例如下图的纯净水广告。

图 5-59　纯净水广告设计

十四、童真

童心未泯的心境,为广告创作者打开一个源源不断的创意之泉。利用童真的表述,能使我们的广告在与消费者交流的过程中,为消费者带来一种此处不设防的快乐感觉。

例如,麦当劳食品广告,一个手捧玩具的小男孩羡慕地看着身旁脸上露出得意笑容的另一小男孩,只缘于他手捧的是麦当劳食品(图 5-60)。

图 5-60　麦当劳食品广告

十五、性感

"性"是能够引起人们注目的视觉语言,也是人类最敏感、最基本、最具诱惑力的素材(图 5-61)。恰如其分地诠释"性"的魅力,对于创造有效的广告具有不可忽视的作用。如日本的许多化妆品广告以展示不同时期不同女性极具魅力的形象的手法,得到了消费者的认可。

在广告创意中,在以"性"为表现素材时应十分注意。因为产品内容是选择广告表现素材的关键,如果不是恰到好处的应用,不仅不能使广告增加魅力,反之,也许会产生被人误解的结果。

图 5-61　BALI 内衣广告

十六、味觉

味道需要人亲自品尝才能感知。但在广告创意中,却能通过视觉元素的创意设计,使受众从视觉感知经过心理活动而生成味觉感。

例如，巴西辣番茄酱的广告，通过番茄酱瓶口流出番茄酱这一视觉元素，加上红色的渲染，好像吃过辣酱的人辣得直吐舌头，从而将这一产品"辣"的味道表达得淋漓尽致（图5-62）。

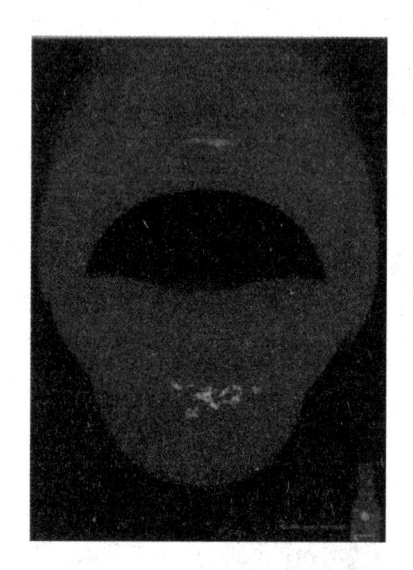

图5-62　巴西辣番茄酱广告

十七、温度

在广告创意中，充分利用相关视觉元素的变化、组合，使广告画面呈现冷、热等温度感，可以有效吸引人的目光，加深观者的记忆。

例如，Stolichnaya伏特加酒广告，为体现此酒超级冰爽的感觉，画面中Stolichnaya伏特加酒所处的室内环境全部变成了冰天雪地（图5-63）。而Hot oil头发用品广告画面中人物的头发变成了熊熊燃烧的火焰，将广告所要表达的使用该头发用品后的效果生动地展现出来（图5-64）。

图 5-63 Stolichnaya 伏特加广告

图 5-64 Hot oil 头发用品广告

十八、以小见大

以小见大法是指在创意中对形象进行强调、取舍、浓缩,以独到的想象抓住一点或一个局部加以集中描写或延伸放大,从而更充分地表达主题思想。这是一种以点观面、以小见大,从不全到全的艺术手法。它给创意带来了很大的灵活性和无限的表现力，同时为接受者提供广阔的想象空间。例如下面迪奥化妆品的广告。

图 5-65　迪奥化妆品广告

十九、反常视角

用不寻常的角度观察事物或生活，不论是表面的还是内在的，都是绝佳的创意表现方法：用不同角度观察事物，如仰视、俯视、由里向外、非正常角度、昆虫视角、长颈鹿视角等；换位观察事物，如用有复眼的苍蝇的眼光、用孩子的眼光、用古代人的眼光等；透过不同物体观察事物，如水、雾、结霜的或染色的玻璃、烟等；观察事物时所看到的，如一个观点偏颇的看法、从高楼上往下看等。

例如，Bug 杀虫剂的广告，就是利用有复眼的苍蝇的眼光映射出杀虫剂产品的形象，加上恰到好处的文案，将产品的功效表达得十分到位（图 5-66）。

第五章　广告创意思维与方法表达

图 5-66　Bug 杀虫剂广告

二十、避实就虚

从视觉观察的一般规律而言,人们总是先看清近处的、形态较大的物象。在广告创意中,我们可以反其道而行之,即采取避实就虚的方法,忽略近处的、形态较大的物象,而将注意力集中在远处的、形态较小的物象身上,而这一物象又恰恰是广告宣传的焦点。

例如,西门子吸尘器的广告,在广告画面中首先映入受众眼帘的是剧场中全神贯注观看演出的众多观众,但这并不是广告的落脚点。在广告画面的左上角,有一清洁女工正在用西门子吸尘器对剧场进行清扫,而这才是广告所要诉求的概念所在——西门子吸尘器,静音设计(图 5-67)。

图 5-67 西门子吸尘器广告

二十一、多此一举

在广告创意中,为更好地突出广告所要表现的主题,有时需要采取"迂回"的战术,如在广告主题周围故意设计一些可有可无、无关紧要的视觉元素或看起来明显多余的举动(多此一举),以反衬的方式来强化广告主题的视觉吸引力,从而达到迅速吸引受众关注的目的。

二十二、生活片断

生活片断法就是描写实际生活中的某一片断与产品相互之间的关系,用生活中的小情节来表达产品带给人们的利益点。这种表达策略贴近生活,不虚构,情节的设计也符合目标消费者生活习惯。在具体创意中把一些日常生活的场景、元素进行截取,整理归纳为简单的故事情节,通过讲故事来展示产品在生活中的重要性。这种手法亲切、自然、平和,容易引起消费者的参与感,如图 5-68 的奔驰汽车"刹车痕"广告。

第五章　广告创意思维与方法表达

图 5-68　奔驰汽车广告

汽车广告"刹车痕",从侧面讲出了一段源于日常生活经历的故事。故事的两位主人公(视觉符号)分别是银白色奔驰车和黑色的刹车痕。在一条暗色的街道上,安静、悄无声息地停着一辆白色的奔驰 SLK 敞篷跑车,在阴影下熠熠生辉,散发着雍容华贵的气质,特别是车头上的汽车标志格外引人注目。黑色的刹车痕,在明亮的街道上那样深重,绝非一辆汽车停下而留驻的印记,让观众去想象情节的整个过程。这刹车痕给人以丰富的联想,因为很多人都曾有过倒车回去看清楚物体的经历,因此其视觉所产生的共鸣能在受众的记忆中留下深刻印象。整幅广告没写一个字,精简,一目了然,完全靠画面来征服观众。著名广告总监克里斯多夫·科尔夫曾说:"最理想的照片会讲故事,会告诉人们你是谁,会表现你的喜怒哀乐。广告以此作为创意出发点,我们就拥有了无穷的表现题材,而且可以任意发挥。"

二十三、动感

认知心理学证明,动感画面比静止画面更能引人注目。动感画面可以给人带来逼真的视觉感受,从而有效吸引受众的注意力。在广告创作中,动感画面的表现方法有很多,最常用的方法是选择具有动感形象的照片,如动态人物、快速驶过的交通工具等。

例如,Western Union 银行广告,为传达该银行汇款业务的快捷,广告画面中的钞票也变得像被一阵风吹过一般,从而有效地吸引了受众的注意力(图 5-69)。

图 5-69　Western Union 银行广告

二十四、图形同构

同构是将两种或两种以上不同的形象和含义以相应的逻辑构造在一起,表达和暗示一定的意义和信息。同构的手法可以增强广告的情趣,提高广告的视觉冲击力,折射广告的主题。例如下图日本赤领知美的的画廊海报设计。

图 5-70　画廊海报设计

二十五、虚构表现

通过虚构的情景与场景，达到吸引视觉、沟通信息的目的。虚构可以将不同时间、不同地点、不同事物的形象按照创意需求组合表现出来，也可以将不存在的、不客观的，甚至梦幻般的场景和形象展现出来，能够震撼人的视觉、调动人的情绪。

图 5-71 纽约时报合订本海报

二十六、名人代言

现实生活中，人们心里都有自己崇拜、仰慕或效仿的对象，而且有一种想尽可能地向其靠近的心理欲求。名人代言手法正是针对人们的这种心理特点，它抓住人们对名人偶像仰慕的心理，选择观众心目中崇拜的偶像，配合产品信息传达给观众。

例如，可口可乐的广告，经常邀请名人代言，收到了很好的效果。

图 5-72　可口可乐的广告

第六章　广告设计的策划程序与方法实践

本章首先归纳广告设计的策划程序,然后结合广告设计实践,介绍目前应用最广泛的广告设计软件,并重点讲解各软件在平面广告设计和图形图像处理中的实际操作,最后对现代广告设计实践的三大领域——平面广告、电视广告、网络广告从理论层面进行分析,并结合具体实例进行了详细论述。

第一节　广告设计的策划程序

通常来看,现代广告设计的主要任务是采取市场的调查和分析,在准确把握市场的策略、广告的策略以及媒介的策略等基础上,深刻理解广告创意的概念,把创意的概念转化成创意的点子,并把创意的点子运用视觉的形象表达出来,完成一则广告的整体表现,最后再对广告做出效果评估。其中,把创意概念转化成创意的点子,并运用视觉的形象加以表达是最重要的任务。

由此可见,现代广告设计的主要程序就有下列几点:市场调查与分析、研究市场策略、制定广告策略、确定媒体策略、发展广告创意概念、酝酿广告创意点子、完成广告表现、进行广告效果评估等(图6-1)。

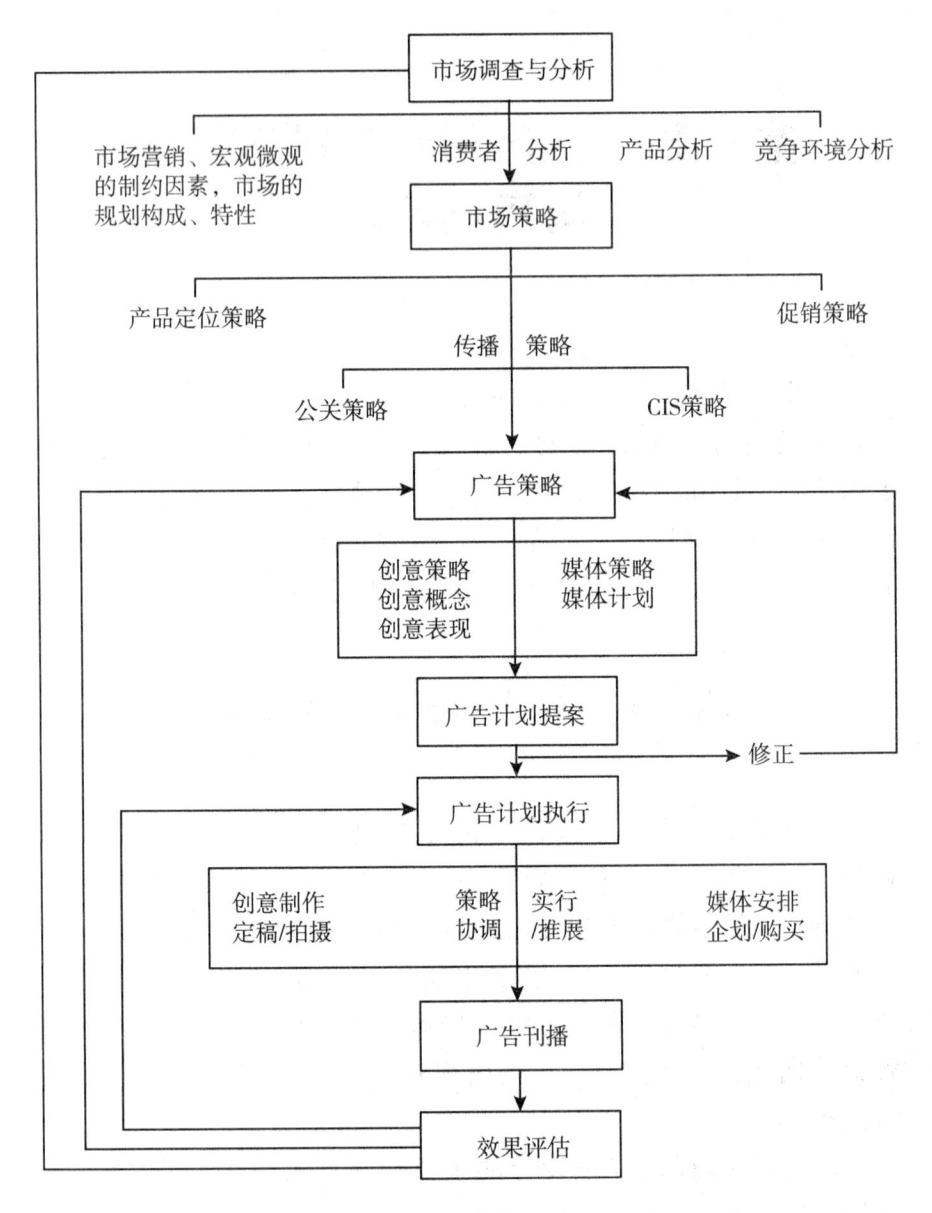

```
                    ┌─────────────────┐
                    │  市场调查与分析  │
                    └─────────────────┘
   市场营销、宏观微观    消费者 分析   产品分析   竞争环境分析
   的制约因素，市场的
   规划构成、特性       ┌─────────────┐
                        │  市场策略   │
                        └─────────────┘

   产品定位策略                               促销策略
                      传播 策略
                  公关策略    CIS策略

                    ┌─────────────┐
                    │  广告策略   │
                    └─────────────┘

              创意策略    媒体策略
              创意概念    媒体计划
              创意表现

                    ┌─────────────┐
                    │ 广告计划提案 │
                    └─────────────┘
                                    修正
                    ┌─────────────┐
                    │ 广告计划执行 │
                    └─────────────┘

           创意制作   策略   实行    媒体安排
           定稿/拍摄  协调  /推展   企划/购买

                    ┌─────────────┐
                    │  广告刊播   │
                    └─────────────┘

                    ┌─────────────┐
                    │  效果评估   │
                    └─────────────┘
```

图 6-1 广告策划过程

一、市场调查与分析

广告市场调查与分析是指市场机构或个人，为了解市场信

第六章　广告设计的策划程序与方法实践

息、收集相关资料、设定广告方案、检验广告效果而进行的调研分析的全过程。在与此相关的活动中,我们不仅需要尽可能详尽地收集各种有关市场和环境的情况资料,还需要对这些资料进行科学、理性的分析,据此提出合理的设计方案,进而推进广告设计的创意和策划。

对于广告而言,要想获得市场上的胜利,一定要从最基本的工作做起——尽全力去获得详细准确的市场资讯以及第一手的重要行业信息。缺乏详尽的市场资讯和数据资料是无法顺利进行后期的广告运作的。任何沟通概念及洞察力都不会凭空跳出来,它们都是由实实在在的市场资料一点一滴积累而成的!你的资讯愈充分,就愈能制定出强有力的策划方案。市场调查是制定市场策略的前提基础,没有调查就不会有发言权。创意点是由创意概念引发出来的,创意概念是由广告策略推导出来的,广告策略又是由市场策略转换过来的,市场策略是市场调查分析后的产物,所以要想制定出优秀的市场策略,一定不能忽视市场调查。

简单地讲,市场调查就是要通过对市场营销环境的分析、消费者的分析、产品的分析、竞争对手的分析,做到把握特定市场的发展脉络,客观分析特定市场的现状和预测特定市场未来发展趋势,最终为市场策略及广告策略的制定提供依据。

以下简要介绍一下市场调查的基本内容,并对其各自的调研目的加以解说。

(一)市场环境分析

对市场环境的分析目的在于找到企业或产品在当前市场上所遇到所有的机会点及问题点,从而为接下来的市场策略拟定提供必要的信息支持。

广告设计的市场环境主要包括市场的微观环境和市场的宏观环境两部分。其中,微观环境与企业联系密切,并且影响企业自身、供应商、营销商、顾客、竞争者等;宏观环境是对广告设计起着制约作用的重要社会因素,包括人口数量、人员构成情况、经济发展状况、社会文化环境等。除此之外,还有很多不容我们忽视的因素。

(1)影响市场营销的政治、经济、文化等大环境因素。

(2)影响市场营销的与企业或产品相关的小环境因素。

(3)市场的总体情况。

(4)市场的现有规模及未来发展趋势。

(5)市场的现有品牌及相互关系。

(二)产品分析

之所以会对产品进行分析,目的是明确该产品所具备的一些特性、产品与竞争品牌间相比所具备的优势与劣势,找出该产品的关键机会点和问题点。

(1)产品综合信息分析。

①产品的性能。

②产品的价格。

③产品的材质及工艺特点。

④产品造型与包装。

⑤同类产品比较。

(2)产品在市场中的生命周期分析。

(3)产品的品牌形象分析。

①企业赋予产品的形象。

②消费者对产品形象的认识。

(三)消费者分析

对消费者的分析目的在于找出有哪些人在使用该品牌的产品,面对当前的竞争市场他们会做哪种选择,找出他们之所以购买竞争者产品的原因和流失的原因等,找出企业或产品在面临消费者时的机会点和问题点。

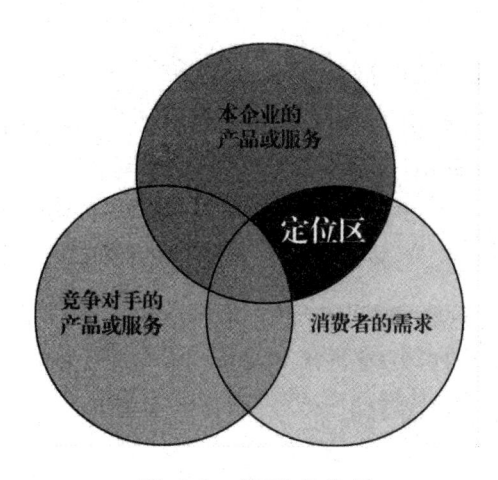

图 6-2　消费者分析

(1)现有消费者分析。

①现有重度消费者、中度消费者、轻度消费者的各自数量及基本信息(年龄、职业、收入、文化程度……)。

②现有消费者的购买决策影响因素及购买行为。

③现有消费者对本品牌的喜恶态度。

(2)潜在消费者及流失消费者分析。

①潜在消费者及流失消费者的数量及基本信息。

②潜在消费者的购买决策影响因素及购买行为。

③潜在消费者转换使用品牌的可能性。

④流失消费者放弃使用本品牌的理由。

(四)竞争状况分析

之所以要对这一状况进行分析,主要是为了了解当前市场中的同类产品有哪些,该商品在市场中所占的份额,是否可以利用产品本身所具备的优势来打击竞争对手的产品所存在的劣势,对企业在竞争中面临的机会和威胁加以总结。

(1)企业在竞争中的地位(支配、强大、有利、守得住、弱小、不能存在)。

(2)企业在市场上的角色(领导者、挑战者、追随者、拾遗补阙者)。

(3)判定企业竞争者(确定主要竞争对手)。

(4)对企业的竞争对手的分析(竞争者的市场营销目标、市场营销策略与本企业相比的优势劣势)。

(五)竞争对手的广告的分析

之所以要对这种情况进行分析,主要是为了了解竞争者的什么广告策略,具有什么样的优势和劣势,对手和企业自身在广告上的优势和不足,从而判断企业在广告中要保持的内容和应修正的弱点。

(1)产品定位策略。

(2)广告诉求策略(诉求的对象、重点、方法)。

(3)广告表现策略(主题、创意)。

(4)广告媒介策略(媒体组合、发布频率)。

(5)广告效果(认知方面、改变消费者态度方面、改变消费者行为方面、直接促销方面、广告投入的效益)。

通过对上述五个部分的调查和分析,我们能够找到一个企业或某种产品在当前市场上所面临的重要机会与主要威胁,为之后所做的广告策略和决策提供依据。

二、市场策略

从一种产品进入市场到该产品占领市场,如果没有对"路况"加以分析,没有对众多的"路线"加以比较,就不可能选择出一条最佳的广告路线。市场策略正是为找到这样一条路线而做的重要决策。

在内容上看,市场策略主要有三个组成部分:产品定位策略、传播策略、促销策略。

所谓产品定位策略,就是按照消费者对某产品的属性的重视程度大小,为该产品找到一个相对较准确的市场定位,让它能够在准确的时间、地点上,出售给那些特定的消费者,以此来最大化该企业和其他商家之间的竞争。传播策略是依据产品的定位策略所制定出来的方向,再通过广告策略、公关策略、CIS策略的实施,针对目标消费者所进行的立体化宣传活动。促销策略和上面的一样,仍然是依据产品的定位策略来制定一定的方向,再通过不同的促销方式进行编配组合,来达到吸引消费者,并最终让他们产生购买想法和行动的效果。

以一则现实中的营销案例来说明。华素片是一种治疗口腔咽喉疾病的西药,在上市之前,市场上已经有许多的同类产品,从华素片的适用病症看,它既治口腔病又治咽喉病,因此必然参与到两种产品类别——咽喉类药品与口腔类药品的竞争之中。咽喉类药品有六神丸、四季润喉片、草珊瑚含片、桂林西瓜霜、健民咽喉片等。口腔类药品有牙周清、洗必泰口胶、双料喉风散等。从这两个市场已有品牌的实力来看,口腔类药品的市场远不如咽喉类市场的竞争激烈,而且在对患者的调查中发现,对于口腔类疾病,他们虽然关心自己的病情,但同时认为这不是很严重的事,所以品牌忠诚度不高,很可能因为广告或其他原因而更换品牌。这些分析确立了华素片打开市场的突破口,从而最终确定了其"定位于口腔类药,主攻口腔类药品市场"的产品定位策略。正是这个产品定位策略使得华素片的上市非常顺利。经过一年的广告投放,测试表明,华素片的知名度由原来的20.7%上升到82.8%。

三、广告策略

通过广告策略和市场策略之间关系看,广告策略是市场策略中传播策略的一个重要的组成部分,它和传播策略中的公关策略、CIS策略等共同为产品顺利进入市场创造最有利的竞争软环境。

通过广告策略的本身作用看,它为接下来的创意策略和媒体策略在制定上提供了方向性。由此可知,广告策略是一个全局性、长期性、导向性较强的策略。广告策略一旦被确定下来,就需要严格地遵守,它对未来制定创意策略与媒体策略同样具有较强的指向性。

从广告策略的工作程序上来看,广告策略要放在市场策略制定之后,但是在一些特殊的情况下,一则好的广告策略也会很大程度上弥补市场策略制定时存在的不足。

举一个很著名的广告策略推动产品成功的案例:多年以前,美国有许多种品牌的披萨饼,竞争很激烈,它们的市场策略都比较雷同,都强调自己的披萨味道好、种类多、价格便宜。过了一段时间,消费者已经分不出它们各自的区别,整个业界都陷入了恶性的市场竞争中。后来,有一家披萨饼店进行了系统的市场调研,发现叫披萨饼吃的消费者一是为了方便,不用亲自下厨,也避免了洗碗的环节;二是因为快捷,能够让自己在最短的时间内填饱肚子。通过调查,这个披萨饼店发现送货时间是竞争的关键,所以重新制定了广告策略:"快速准时的送货服务",强调30分钟内一定外送到家,否则自动减价100元。在产品并无任何改变的情况下,此品牌的披萨饼凭借着广告策略带来的影响一下子销售量大增,生意变得非常红火。

四、媒体策略

媒体策略主要是研究在广告中运用哪些媒体、媒体如何配置、何时发布广告、广告发布的频率等一系列的问题,它是广告整体运作中关于广告发布媒体、发布时机以及具体的时间安排的指导性方针。通常来说,广告的媒体策略主要包括广告媒体的选择、广告媒体的组合、广告发布时机和排期策略几个部分。

在广告媒体的选择方面要遵守下列原则:一是目标原则,即选择的广告媒体和广告策略的目标、战略一致;二是适应性原则,即要根据情况的不断发展变化,及时调整媒体方案;三是优化原则,即要选择传播效果最好的媒体或者做最佳媒体组合;四是效益原则,就是把有限的费用投入安排到能够获得最好效益的媒体上。

广告媒体的组合。不同类型的广告媒体具有不同的传播功能,但也各有缺点,所以,常常会把多种广告媒体加以组合来传播,以促使广告的传播效果能够达到最大化的程度。

而对于广告发布时机和排期,就是指广告媒体的选择和组合方案完成之后,便要考虑广告信息什么时候在这些媒体上进行发布、发布所要持续的时间、发布的频率,以及采取哪种排期方案等。

五、创意概念

创意概念是指以广告策略为前提,通过挖掘、提炼而形成的对某一产品或服务所具特性的概念性表述,它是整个广告运作的核心诉求点。

创意概念是某一产品或服务的特性和广大的消费者所需的利益之间高度一致的融合点,是广告活动能否和消费者之间做到行之有效沟通的关键。它把商品的主张转换成为一种最为合适的沟通信息,从而促使广大的消费者对商品产生一定的认知、兴趣以及共鸣,最终引起他们的购买行为。

六、创意点子

创意点子(Idea)是一种一定要引起消费者注意力甚至能够使他们主动探索兴趣的好方法,它是广告创作者的生活阅历和创意概念之间进行撞击后迸发出的灵感,也是解决问题和困难的最好的办法。

一般来看,一则好的广告创意通常都是一种"情理之中,意料之外"的奇思妙想。"情理之中"主要是来衡量广告策略的纵向思维深度,而"意料之外"则是评价创意点子横向思维的广度。

以下是一些有助于增加创意点子"爆发力"的思考路径:

第一,"抛弃"思维惯性。"脑筋急转弯"题是训练横向思维的一种游戏,这种游戏一般都是针对人思维惯性的特点来编定的。参加游戏的人要想摆脱思维惯性的束缚,关键在于要对问题或游戏规则本身持怀疑的态度,只有如此才会使自己不迷失在习惯思维的圆圈里。

第二,"拓宽"联想的广度。任何事物都不是孤立地存在于世界上,一定会与其他事物发生千丝万缕的联系。由一个事物联想出许多事物,也是横向思维训练的一种有效的训练方法。很多广告公司在招聘创意人员的时候都会出一些考查联想能力的试题,比如:在10分钟内,以玻璃杯为例,想想看它除装水之外还有什么用途。不少于10种为及格。应试者如何在短时间内思如泉涌地想到众多方案,关键在于他是否有好的思考方法。比如:①属性相近联系法(由杯子的容器属性想到鱼缸、花瓶、烟灰缸等);②形状相似联系法(由杯子想到外形相似的笔筒、画圆工具、擀面杖等);③材质特性联想法(由玻璃材质特性想到把玻璃杯打碎后当武器使用,可以把玻璃杯反扣过来当抓捕小蛐蛐的工具)。当然除以上常用的几种以外还有许多方法,在此不再赘言。总之,发现物与物的相互关系是"拓宽"联想广度的突破口。

第三,"酝酿"点子的震撼性。通过天南海北的奇思妙想,我们可以确定其中的一些是可以发展的素材点,但这还远远不够,因为要使最终的创意点子对目标受众具有震撼性,还要对已选择的创意素材进行再加工。那么加工的手法是什么呢?那就是先破坏,再重筑。先破坏是指要改变素材原有的次要属性,再重筑是指将素材与创意概念融合一体,从而产生出新形态。这样的组合跨越了时间和空间的距离,但不同元素之间又有一定的关联性,因此,这样的组合方式会让目标受众有既意想不到又在情理之中的感觉。

七、创意表现

在现代的广告设计中,创意表现是一个极为重要的环节,这个环节的工作做得好坏,对前期一切工作的价值实现有重要影响。好的创意点子,如果表现得不够充分或者形式不新颖,也很难吸引观众。

如幽默的表现能够让广大的消费者在开心的氛围中自然地接受广告的信息内容,也会消解商业上的功利色彩,增强广告的效果。

八、广告效果评估

在现代广告设计中,广告效果评估是其最后的环节,这个环节的工作是对广告设计前期工作的总体检验。其作用是通过评估,能够检验广告的目标正确与否,广告的发布媒体运用、配置恰当与否等。除此之外,通过广告效果评估,还能够了解消费者接受广告的程度,检验广告设计的最终表现效果如何。

广告效果评估既可在广告发布后进行,也可在广告发布前进行,即通过征求意见改进广告的创意和设计,修正广告的原有计划,创造出更好的广告作品,让广告能够达到一种最佳的传递效果。

(一)广告效果事前评估

一个广告能否达到其目的,如果要等到广告活动真正实施后才知道,就难免让广告主在投入大笔资金时顾虑重重。广告事前效果评估就是在制定广告草案在广告战役实际展开之前对其进行检验、评定。这种测验主要在实验室中进行,也可以在自然情境中进行。

广告效果的事前测评,其目的在于提前发现广告作品和媒体组合中存在的问题,及时提出修改广告原本、调整广告媒体组合的意见,以保证广告正式发布之后,能产生最佳的传播效应。

1. 广告效果事前评估的优缺点

(1)广告效果事前评估的优点

①避免大的错误

有的广告创意从一开始就是绝对的错误,如诉求的重点根本不是消费者的关心所在;或者说辞会使消费者产生反感并赶走他们。事前测试虽然只能给出少量的信息,但足以将这种酿成大错的祸根及早清除。

②对几种方案择优录用

对于广告要宣传产品或服务带给消费者的利益可以有多种广告说辞,而哪种更好、更有效,这得问问消费者才知道,仅凭创意者的自我感觉往往会有失偏颇。

③初步测试广告达到目标的程度

通过事前测试,可以对日后广告活动的效果做一个初步的估测,使广告发起者心里有数。如果效果不够理想,就要尽早采取行动加以改变。

④节约广告主的费用支出

事前测试要投入的费用可以在正式制作或投放广告之前将未能预见的缺点加以改正,从而能避免浪费大笔的费用。对于一个大规模的广告活动来说,不做事前测试的风险很大,这也正是谨慎的广告主或广告代理公司要做事前测试的原因所在。

(2)广告效果事前评估的局限性

①事前评估仅测试个别广告

因为一切事前测试都是在特定情况下对个别广告的测试,而不是对整个广告活动的测试。广告事前测定大都是在受测者看了一次广告后进行的,无法测出他们接触多次广告后或在其他营销活动配合情况下的广告反应。因此,所测的是个别广告的效果,而不是广告战役的效果。

②受测者被"强制阅读"

在很多事前测试的方法中,受测者被置于"强制阅读"或"强制观看"广告的情境之中,这与广告实际接触目标顾客的环境显然不同。因此,事前测试存在着测试效果与实际情况不符的问题。

2. 广告效果事前评估的内容

(1)测试

测试广告的文字、图案、声像、人物、表达方式等对目标消费者的视觉、听觉以及心理的影响以及受访者对广告的理解,从而测试广告中的关键信息是否能被目标消费者准确理解。

(2)分析

通过分析广告片的冲击力,了解自己的广告在诸多广告中被留意的程度,预测广告所要播放的频率,结合目标消费者对广告的记忆率和理解度,来调整广告的表达方式。

(3)比较

当同一种广告存在几种表达方式时,事先对它们进行比较,从中选择最佳方案。

3. 广告效果事前评估的方法

(1)专家意见综合法

将设计好的广告文本和媒体组合计划,交给若干位有经验的广告专家、社会学家、心理学家、推销专家,从各个角度、各个层次,预测出将会产生的广告效果。这种方法简便易行,效果好、费用低,但在选择专家时,一定要注意其权威性,而且各位专家要能代表不同的创意风格,以保证专家评价的全面性、准确性。

(2)投射法

投射法就是用引导的手段,诱使调查对象在看了广告资料后,自由发表意见。比如,将一幅广告作品做短暂的展示,让消费者立刻讲出或写出几个他当时想到的台词,以此判断出消费者在看到广告作品后的心理反应。

投射法具体包括以下两种方法。

①自由联想法。根据调查需要,向调查对象揭示联想方向,然后让其自由想象。比如,心情联想(干净、肮脏、好坏……);叙述联想(小鸟——会唱歌……);状态联想(冬天——很冷……);动作联想(化妆品——擦、抹……);因果联想(打斗——受伤……);要素联想(手表——发条……);等等(摘自吴予敏,《现代广告营销》)。通过调查对象联想出来的这些词组,可推测出消费者的态度。

②语句完成法。语句完成法即填空,先给出9个不完整的句子,让调查对象填充完成。如:"我认为××电视节目是_____的节目。""很多人认为××电视节目是_____的节目。""要买彩电就买_____牌;要喝果汁就喝_____。"

另外,还可以采取看图说话的方法进行调查。

在句子中,主语可以是第一人称,也可以是第三人称,调查对象往往容易以第三人称来表达自己的态度。

(二)广告效果事中评估

广告效果事中测评的内容与事前测评相同,也是对广告作品和广告媒体组合方式的测定。广告效果事中评估就是在广告战役进行的同时,对广告效果进行测量。主要目的是测量广告事前测定中未能发现或确定的问题,以便尽早发现并及时加以解决。

1. 广告效果事中评估的优缺点

与广告效果的事后评估相比,事中评估能及时收集反馈信息,依据这些信息能发现广告中的各种问题,并能迅速有效地加以纠正。而与广告事前评估相比,事前评估往往是在人为的情境中、在较小范围内进行的,而广告效果事中评估是在实际市场中进行的,因而所得的结果更真实、更有参考价值。

由于广告前期投入较多的精力和财力,在广告中期很难再对广告作品和媒体组合做出修改,并且在进行评估的过程中会遇到

第六章 广告设计的策划程序与方法实践

命令和执行不同步的现象等。

2. 广告效果事中评估的内容

广告效果事中评估的内容包括：广告的知名度、回忆度、理解度、接受度、美誉度等；品牌的知名度、美誉度、忠诚度等；广告目标群体的行为特征。

3. 广告效果事中评估的方法

(1) 市场试验法

先选择一两个试验地区推出广告，然后同时观察试验地区和未推出的一般地区的消费者反应、销售反应，比较二者的差别，以此测验广告活动的效果。这种方法简便易行，能比较直接、客观地了解消费者的反应和实际销售情况；可以及时、有效地调整整个广告运动的方向，特别适用于周转率很高的商品，如节令商品、流行商品等。

市场试验法的缺点在于，受广告效果滞后性的影响，广告效果的检测时间不易确定，过早或过晚都会影响广告效果的真实性、准确性。另外，试验地区的选择一定要有代表性，最好能够代表整个销售区的情况。

(2) 回条法

在报纸、杂志、商品包装等印刷广告上设一特定的回条，让受众在阅读广告后将其剪下寄回，以此来了解广告的接收情况。

这种测评法一般是将同一则广告作品，在各种印刷媒体上同时推出，通过统计各媒体的回条回收情况，来判断哪一种或几种广告媒体更加有效，为广告公司确定媒体组合提供依据。这种方法可以有效地了解消费者阅读广告的情况。但运用这一方法必须经过周密的策划和安排，同时要给寄"回条"的消费者提供一定的优惠条件，比如凭回条优惠购物或摇奖开奖等。

(3) 分割测定法

分割测定法是回条法的变形，它比回条法更复杂和严格，具体操作是将两种广告文本分别在同一期的广告媒体公开刊出。一半份数刊登一种广告文本,另一半份数刊登另一种文本,通过回条的回收情况,来测定哪一种广告文本效果更好。此法在国外很常见,但在国内则几乎没有使用过,关键在于印刷排版比较困难,广告媒体拒绝接受这种做法。

(三)广告效果事后评估

广告效果的事后测评主要是在广告活动结束后进行测评,这是最常采用的一种方法,这虽然不能像事前、事中评价那样可以直接指导广告运作,但却可以评价出广告公司的工作业绩,为今后的广告运作提供参考依据。

2. 广告效果事后评估的内容

(1)选择好测验样本

首先,测验样本中的受测者必须是该广告产品的目标消费者。如果以非目标市场中的消费者作为测验对象,测验结果对广告主是毫无价值的。其次,受测者必须达到一定的数量。如果参加测验的人数太少,测验结果很难反映出真实情况。

(2)制定恰当的测量指标

一个广告是不是有效,在很大程度上取决于所使用的测量指标。而测量指标又取决于广告目标或测量目的。广告目标不同,所选定的评估标准也不同。如果广告的目标是让消费者知道这种新产品,那么,评估标准就是目标消费者对所做广告的品牌的知晓度。如果广告的目标是提高目标消费者对广告品牌的好感,那么,评估标准就是消费者对这个广告品牌的态度。

3. 广告效果事后评估的方法

(1)回忆法

回忆法是在广告运动结束后,选择一部分广告受众对广告内容进行回忆,以了解消费者对商品、厂牌、创意等内容的理解度和联想能力。

回忆法有自由回忆和引导回忆两种,自由回忆就是不对消费者做任何提示,只是如实记录其回忆情况;引导回忆是指调查人员给予一步步的提示,引导消费者回忆出尽可能多的广告内容。引导回忆法比自由回忆法更能反映真实情况。

(2)识别法

将已推出过的广告文本与其他广告文本混合起来,再向接受调查的消费者一一展示。看有多少消费者能够识别出已推出过的广告文本,根据识别程度,可把广告效果划分为初级、中级和高级三种。

初级广告效果是消费者能够大致识别出某广告文本;中级广告效果是消费者不但能识别,而且能大致复述广告文本的内容;高级广告效果是消费者还可进一步分辨出广告中的细微之处,可以准确地讲出广告内容。

通过识别法,可以测评出消费者对广告文本的印象度。

(3)销售反应法

销售反应法是最直接了解广告对商品销售产生什么影响的方法。一般是分派调查人员到各实际销售点,直接同购买者交谈,了解其购买原因,最后统计出有多少消费者是在广告的直接影响下采取购买行为的。这种方法可以为分析广告直接影响销售效果的比率提供第一手材料。但此法费时费力,覆盖面窄。

第二节 广告设计的策划案例分析

一、德芙巧克力广告策划案例

德芙巧克力是世界最大宠物食品和休闲食品制造商美国跨国食品公司玛氏(Mars)公司在中国推出的系列产品之一,1989

年进入中国,1995年成为中国巧克力领导品牌,"牛奶香浓,丝般感受"成为经典广告语。巧克力早已成为人们传递情感、享受美好瞬间的首选佳品。

可是,走进商场、面对琳琅满目的各种品牌,消费者却难以抉择。面对太多的选择,消费者关心的不仅仅是一盒糖果,而是产品的品质如何、口感如何、味道如何。他们要求整盒巧克力可以带来非凡的体验。

(一)广告环境分析

1. 宏观环境分析

人口环境:世界人口继续增长,意味着世界市场继续发展,市场需求总量将进一步扩大。

经济环境:巧克力在中国具有巨大的发展潜力,随着中国的经济快速发展,人民生活水平及消费水平不断提高,巧克力市场会进一步扩大。由于中国巧克力市场拥有巨大的消费潜力,世界各大知名巧克力厂商都将目光聚焦中国。有关数据显示,中国巧克力市场中,品牌市场份额位居前3位的分别是德芙(38.61%)、吉百利(13.22%)、金帝(11.12%),其中,世界三大著名巧克力品牌——德芙、吉百利、金帝就占了近2/3的市场份额。由此可见,中国巧克力市场品牌集中程度非常高,尤以德芙优势最为明显。

社会文化环境:随着全球市场的发展,巧克力进入中国市场,其代表着爱情的含义逐渐为中国的消费者所接受,成为表达爱意的佳品;中国人口多,随着市场的发展,市场需求量将进一步扩大。随着社会的发展以及全球化的趋势,不同的社会有着不同的文化适应性。一种产品不管来自何方,只要它能给人们带来益处,那么它会使这个社会慢慢适应从而形成一种独特的文化。文化的适应伴随着文化的变迁。巧克力本来是西方的一种文化,随着全球市场的发展,巧克力也随之来到亚洲来到中国,人们也对其慢慢适应。现在,巧克力在中国也形成了一种独特的文化。玛氏公司的德芙巧克力,之所以起名为德芙也有着其独特的文化。英语作为世界上的第一大通用语言已经深入人心,特别是 LOVE 这个单词,不论你是否是英语高手,你都会懂得这个单词的含义。玛氏正是看中了这一点,将其巧克力起名为 DOVE,与 LOVE 只有一字之差,玛氏把世界文化演变成了它的巧克力文化,我们不得不说其高明之处。现在在人们心中 DOVE 就代表着 LOVE。这也是玛氏公司的妙用之处,使德芙在中国市场有着 80% 的品牌知名度。

2. 微观环境分析

近几年,中国糖果巧克力市场保持了 8%～12% 的年增长率,高于全球糖果巧克力年均增长速度近 6 个百分点,已成为中国食品工业中快速发展的行业。

中国糖果巧克力年总产量已连续 5 年超过 100 万吨。

3. 优势分析

品牌优势:德芙所属的美国玛氏有限公司是世界上最大的巧克力和糖果公司,全球年销售额超过 150 亿美元。旗下有诸多国际品牌,具有较大的国际影响力。玛氏所涉足的每个业务,在各自的领域里都是市场的领先者,在金融资源上也有一定的优势,其本身的市场竞争力、创新能力以及市场发展经验毋庸置疑。德芙较早进入市场,在消费者心中有一定的分量。

质量优势:采用最优质的纯天然可可液和可可脂精心配置而成的德芙巧克力,其各项指标都达到欧洲最高标准。

产品优势:这是某消费者对德芙的评价:好吃,味好,广告好;口感好;巧克力味纯;味不太甜;比较细腻,不腻口。德芙只要重在诉求一种"丝滑"的口感。

产品本身优势:一是原料优质化,二是工艺科学化,三是品种多样化、营养化,四是包装精美化,五是产品组合化。

4. 劣势分析

缺乏对中国市场的了解：表现在对中国市场流通体系、市场结构、中小城市分销渠道与形式、地域差异、消费心理、消费行为、饮食文化、口味差异等的了解和把握上不够全面、详细和真实。德芙进入国际市场，也就是进入别的国家的市场，对于那些市场来说，德芙产品就是进口产品，由于定价较高，所以价格在其他国家市场上处于较高地位，只能在中高端市场徘徊，与各国本土巧克力产品竞争相比处于了劣势。

(二)市场分析

1. 市场规模分析

和进入中国市场的其他行业的跨国巨头一样，玛氏亦非常重视终端的管理工作，在有限的货架空间上和对手展开激烈的争夺，丝毫也不相让。中国食品工业协会有关调查显示，在北京巧克力市场上，德芙的占有率达到了 60.2%。

针对中国市场来说，据近期市场监测机构对全国 20 个大城市(上海、北京、广州、天津、成都、哈尔滨等)进行监测显示：巧克力制品在这 20 个城市已被广泛接受，各城市的这一消费群体约占其总人口的比例为 30% 至 60%。

德芙、吉百利、好时、金帝四个品牌已经占据了中国巧克力市场 70% 以上的份额，巧克力市场开始呈现出寡头竞争状态，而本土品牌除金帝以外还无法同国外产品竞争。

2. 消费者分析

现有消费者分析：女性对巧克力的偏好大于男性，年轻女性购买巧克力的倾向相当明显。孩子是巧克力消费群中极其重要的环节。35 岁以下的购买者自己消费的巧克力比例很高。尤其是 15 至 24 岁的人群为自身消费的主要群体，而 35 岁以上的消费者购买的产品绝大多数是为孩子购买,特别是 35 至 44 岁的人群,这一比例高达 86.3%。

现有消费者的年龄:购买巧克力的频率与年龄有较强的关联,年龄低的人群购买的频率较高,高频率购买的比例呈现从低年龄到高年龄逐步递减的规律,低频次购买正好相反。

购买的动机:通常作为礼物赠送,表达爱的一种方式。在中国巧克力市场中,巧克力以"礼品"形式被消费的比例占总消费的 46.3%,即在中国市场,有一半以上的巧克力是作为礼品被消费的。

3. 竞争对手分析

表 6-1 德芙与竞争对手的对比

品牌名称	德芙	金帝
目标市场策略	16 至 45 岁的情侣或夫妻;16 至 45 岁的城市中等收入女性	年轻女性和小孩,同时也在努力挖掘青年男性市场和对巧克力有误解的人
产品定位策略	全世界的高端市场	中国的高端
品牌策略	包装设计广告推广等可以看出比较专一	从品位和形象上争取客户
广告诉求点	牛奶香浓丝般感受	健康、活力、自然、护送礼品的首选
广告表现策略	以电视广告为主	靠电视媒体,同时利用户外媒体

(三)市场策略分析

1. 广告目标

提高产品知名度,扩大产品销售市场,提升产品销售额。

提高消费者购买兴趣,这是中长期目标。广告的目的在于消费者看了或听了广告之后,对产品的特点有一个比较清楚的认识与了解,激起消费者的购买欲望。

2. 目标人群

(1)爱吃巧克力的女性。
(2)购买频率高的低年龄人群。
(3)热恋中的情侣。

3. 潜在消费者

(1)由于对巧克力了解不够充分,消费者普遍存在着巧克力是高糖、高热量的糖果,不仅会使身体发胖,还会导致心血管疾病、糖尿病等错误的认识,致使部分消费者想吃,但又不敢吃、怕吃。

(2)一些男性会认为巧克力是女性的专利。

(3)在中国消费者潜意识深处,巧克力是完全意义上的舶来品,只有欧美的巧克力才是真正正宗的巧克力。消费者认为,国产巧克力在品质、口感等方面和进口巧克力根本不在同一个等级上。

(4)有93.6%的消费者认为目前市场上的高档巧克力产品的最大缺点是价格太高。价格高是影响高档巧克力消费的主要因素。如何转变这一类消费者的想法,让他们觉得购买巧克力是物有所值势在必行。

(四)广告策略分析

1. 定位策略

巧克力重度消费群属于比较时尚的人群,休闲、流行、时尚等是这一人群生活中的重要组成部分。以处于恋爱期注重浪漫的情侣,主要是大学生群体,年轻的白领为主要市场。30至45岁夫妻列为礼品装系列的目标消费者。巧克力作为一种特殊的营养食品,在人们的日常生活中占据着十分重要的地位,因此,作为礼

第六章　广告设计的策划程序与方法实践

物、礼品巧克力也是佳品。巧克力的品质和口感就成为消费者购买时的第一选择。

"德芙"是消费者极为熟悉的品牌,其产品在制作上采用基料与膨化谷物制品、低热值糖体或果蔬制品等混合制成,不仅口感好,而且其单位热值又降低了30%至60%,并且在品质上也有保证,既满足了我们选择的目标顾客又解决消费者担心健康的问题。

2. 诉求策略

德芙的广告诉求以感性诉求为主:牛奶香浓,丝般感受。主要是利用广告中情节的体现展现出德芙巧克力带给人的一种感受、一种美好的享受。德芙巧克力是人们传递情感、享受美好瞬间的首选佳品。"德芙如丝般的感受"是一种心灵的召唤,唤醒大众积极品味德芙的美味和精神的双重享受的兴趣。

同时传达"送礼"这种品牌诉求,因为最近几年"送礼"这种品牌诉求方式深入人心。

3. 表现策略

(1)广告主题

让你把爱说出口。

香醇可口,耐人寻味;传递友情,快乐共享!

(2)广告创意

①爱情篇

恋爱的滋味,你感受到了吗?

不知从什么时候起,总会不经意间想起你。有时很温柔,像柔滑甜润的牛奶,有时又带着一点青涩,就像酸酸甜甜的青苹果。也许这就是恋爱的滋味吧,我是不是真的喜欢上了你。

有一个男孩,非常喜欢女孩,每天都在女孩经过的地方等待,等待女孩的出现,但每一次经过男孩身边的时候,女孩好像都没有在意他。男孩想过很多种方式向女孩表白,但始终不敢。终于,有一天男孩鼓起了勇气,那是德芙巧克力带给他的勇气。男孩在女孩每天必经的路上等待女孩的到来,心里非常紧张,一对路过的情侣看见男孩手里"心语"德芙巧克力,女方看到后非常羡慕,但男方没送过她,于是很生气地走了,男方跟在了后面。女孩终于出现了,但还是像往常一样没理会男孩。男孩有点迟疑,但最终男孩鼓起了勇气追了上去把手里的德芙巧克力送给了女孩,女孩接到德芙巧克力的那一刻有点惊讶,但很快就朝着男孩远走的背影会心地笑了,因为女孩也喜欢男孩,女孩就等着男孩表白呢!最后,那一对经过的情侣,男方也送了女方一盒德芙巧克力,女方终于高兴了。德芙巧克力,让你把爱说出口。

②友情篇

片段一:女主角一和女主角二以前是很要好的朋友,因为一点小事而产生了矛盾,而女主角三和女主角二也是很好的朋友,她看到了这种情形之后,决定要帮助她们和好,所以她左思右想,决定劝说她们。女主角三就和女主角二说起了她和主角一的事,听了主角三的一番话后,主角二也认为不应该那样,应该和睦相处,毕竟同窗几载,所以她就决定向主角一道歉,但是又正值圣诞之际,所以她决定买德芙巧克力作为化解矛盾的砝码。

片段二:圣诞节来了,女主角二拿着德芙巧克力轻轻地敲了下主角一寝室的门,主角一打开门之后,主角二就把德芙巧克力送到了主角一的怀中,并诚恳地说:我们还是好朋友,圣诞快乐!说完主角二就走了,主角一望着主角二的背影,眼睛湿润了……

最后屏幕出现:传情达意,唯有德芙。

(五)媒体策略

主要以电视广告为主,在黄金时段播出。网络宣传、在点击频率的网站投放。报纸、流动车厢广告,适时的公益活动。

二、"喜来年"蛋卷新年行销的广告企划案例

"喜来年"是台湾有名的蛋卷泰斗。据一项统计,在全台湾吃

蛋卷的人口中,吃过"喜来年"蛋卷的高达80%以上,在30多家蛋卷竞争厂商中高居首位。

"喜来年"蛋卷的成功在很大程度上得益于广告上的大胆运用。一个新产品刚上市,有谁敢在第一年就把所有利润全部投入到广告中?只要自信产品的高品质,为什么不敢?

"喜来年"首先给自己取了一个好名字"喜来年"——喜事年年来,然后通过优秀的广告策略,通过遍布各地的流通网,一举打开品牌知名度,成为市场领导者。

"喜来年"蛋卷以第一品牌形象在消费群中稳居领导者地位,然而其他同类品牌的礼盒也相继进入市场,尤其是大方筒新包装于中秋节推出以后,蛋卷市场又进入另一新纪元,其他各种品牌也相继在此时以庞大广告预算侵夺市场,市场竞争将更激烈。

作为领导者,"喜来年"在行销策略运用及广告媒体应用上,做到了谨慎小心,步步为营,并采取如下广告企划战略。

(一)广告策略方面

(1)运用TV、CF(商业电视)作为主要的传播信息工具,以加深消费者的记忆。

(2)广告活动于春节前两星期至春节展开,以唤起消费者对"喜来年"品牌的记忆。

(3)配合市场需求,提供其他附属广告制作物,如NP、DM(零售店)夹报、海报等,加深广告信息的传播效果。

(4)制作特别广告在除夕、初一、初二、初三播出,把品牌性的广告宣传与春节过年之风俗结合起来,以强化促销效果。

(二)表现战略方面

(1)以表现"喜来年"蛋卷的高贵感及价值感,尤其是表现外包装优势,加强知名度(但不标榜新包装)。

(2)以过年喜气的气氛塑造与"喜来年"第一品牌的商品印象,来表现"喜来年"领导者的地位,使消费者把春节与"喜来年"

相连。

(3)确保第一品牌的优良印象,以对抗其他品牌的市场侵入。

(4)除过年固定一般送礼市场外,另做平面稿表现公司、工厂春节犒赏员工的心理需求,加强机会性的销售。

(三)CF 主题及内容设定方面

(1)以包装产品为主要画面,用春节团圆送礼气氛烘托,突出指名送礼佳品——"喜来年"。

(2)CF 气氛:高级感,亲切感。

(3)人物感觉定位:现代中国人过年,"喜来年"是最好的情感表达。

(四)媒体策略方面

(1)根据市场的性质,除使用大众媒体如 TV、报纸、杂志为主力媒体外,另外根据市场性质不同的对象,辅以"特定媒体"加强广告表达,火力支援,如夹报、DM、电台等。

(2)拍春节篇 CF 一支,以作为"喜年来"春节蛋卷礼盒上市的广告,以密集的方式在三家电视台播出,以加强春节促销。

(3)配合春节的风俗习惯,制作 4 套 TV——Slide(幻灯),从除夕到初三播出一系列的"喜年来"蛋卷商品的广告,使商品与浓郁的过年气氛相结合。

(4)以制作针对工厂员工士气,送礼给员工的 DM 信函一套,加强机会性销售,提高成交的比率。

(5)制作海报、夹报、消息稿及电台节目的广告加强效果,以增加广告播出的频率与层次。

(6)制作系列杂志稿,强化品牌气势及商品的表现。

三、伊卡璐天然蔷薇精华洗发露广告案例

广告主题:"引发香气感染力。"

第六章　广告设计的策划程序与方法实践

内容描述：一个长发女孩风尘仆仆地从哈雷机车上走下来，来到一个露天浴室沐浴。闻到伊卡璐草本精华洗发水的香气，女孩疲惫的脸上瞬间容光焕发。享受过洗发的清爽感觉，女孩走出浴室，甩动的发梢间如同绽放出蔷薇花一般散发着阵阵香气。一位同样玩哈雷机车的金发大叔迎面而来，被蔷薇的香气所吸引，擦肩而过的片刻，女孩顺手将洗发水递到金发大叔手中。洗发后，金发大叔像个孩子一样奔向路边等待的同伴，对着他们扮个鬼脸，引出广告主题——"引发香气感染力"。

和大多数洗发水广告不同，伊卡璐一向采用情节性很强的广告，从等待女友洗发等到须发皆白的男友到偷用宿舍管理员洗发水的女校学生，伊卡璐的广告并不着力于渲染时尚、灌输概念，而是倾向于像讲故事一样把产品的推荐给观众。这与伊卡璐标榜"回归自然、崇尚环保"的理念是一致的。伊卡璐草本精华系列宣称采用天然植物精华、融会纯净高山泉水配制而成，蕴含天然花草芬芳；不含任何石油化学成分及动物副产品提取物，能被微生物分解；产品包装一直采用透明塑料瓶，内藏天然花草，以突出天然纯净之感。这样以"天然"特色主打的产品，其广告宣传自然会在清爽和天然芳香上做文章。

案例分析：

从上述案例中不难看出，这款"伊卡璐天然蔷薇精华洗发露"的主要诉求有三点：一是洗发露的天然蔷薇芳香；二是洗发过程的清爽体验；三是美丽秀发和天然香气带来的感染力。

之所以选择电视广告，原因在于"天然香气"这一卖点很难用平面广告来表现。不同于飘柔的"养护"理念和海飞丝的"去屑"理念，伊卡璐的"香气"是无形无色看不见摸不着的，因此更适合用动态的画面，通过他人的反应——受到感染，以及发梢间绽放的蔷薇花来表现。

伊卡璐广告的女主角年轻亮丽，拥有一头漂亮的长发，洗过后丝丝顺风飞扬——这和多数洗发水广告是一样的，不同的地方在于，首先，在伊卡璐的广告中总能找到这样的一个配角，他们配合女主角,从"旁人"的角度来强调洗发水的魔力。——比如受到香气感染的金发大叔,比如等得花儿都谢了的男友,再如拿回被偷用的洗发水然后陶醉在香气中的严厉管理员;其次,伊卡璐的广告里几乎是清一色的金发美女,在中国播出的广告里也找不到黑头发的影子,这也是很多人很不能理解的一点。

从广告来分析,伊卡璐的目标消费者是注重身份形象,讲究生活情调,主要是中等以上收入水平的中青年女性人群。原因有以下几点:

(1)伊卡璐标榜的"天然香气"对具有较高经济能力中青年女性人群比较有吸引力。因为其他洗发水品牌也不乏香气怡人的产品,相比之下,男性、老年女性和低收入者对于香气的诉求并不敏感。

(2)露天浴室、哈雷机车、绽放的蔷薇、随风飘扬的秀发,伊卡璐实质上是在传达一种"回归自然"的高品质生活情调。

(3)广告的关键词"感染力"给了消费者提高个人魅力的心理暗示——发梢浮动的暗香也可以吸引人们的注意力。这对于注重身份和形象又不仅仅满足外表美化的消费者是一个绝对的诱惑。

(4)哈雷机车是有钱人的玩具,广告中伊卡璐的主人也正是这样的人。相比物美价廉的飘柔,低收入人群一般不愿选择价位偏高的伊卡璐。

第三节 广告设计的方法实践之软件应用

目前在广告设计工作中,经常使用的主流软件有 Photoshop、InDesign 和 CorelDRAW,这三款软件每一款都有鲜明的功能特色。要想根据创意制作出完美的广告设计作品,就需要熟练使用这三款软件,并能很好地利用不同软件的优势,将其巧妙地结合使用。

一、Adobe Photoshop

(一)Photoshop 简介

Photoshop 是 Adobe 公司出品的最强大的图像处理软件之一,是集编辑修饰、制作处理、创意编排、图像输入与输出于一体的图形图像处理软件,深受平面设计人员、电脑艺术和摄影爱好者的喜爱。Photoshop 通过软件版本升级,使功能不断完善,已经成为迄今为止世界上最畅销的图像处理软件,已成为许多涉及图像处理行业的标准。Photoshop 软件启动界面如图 6-3 所示。

图 6-3 Photoshop 软件启动界面

Photoshop 的主要功能包括绘制和编辑选区、绘制和修饰图像、绘制图形及路径、调整图像的色彩和色调、图层的应用、文字的使用、通道和蒙版的使用、滤镜及动作的应用。这些功能可以全面地辅助平面广告设计作品的创意与制作。

Photoshop 适合完成的平面设计任务包括图像抠像、图像调色、图像特效、文字特效、插图设计等。

(二)Photoshop CS4 工作界面

1. 标题栏

Photoshop CS4 用标题栏体现文件的名称、缩放倍率、该文件的图层信息以及模式,如图 6-4 所示。

图 6-4　标题栏

2. 菜单栏

利用 Photoshop CS4 丰富的菜单命令,可以完成拷贝、粘贴等基本操作,也可以进行改变图像大小、增加图层和删除图层等复杂操作。菜单栏如图 6-5 所示。

图 6-5　菜单栏

3. 工具箱

Photoshop CS4 将一些常用的基本编辑工具集中在工具箱中,如图 6-6 所示。在工具箱中单击左键即可访问任何一款工具。选中工具,通过在图像窗口中单击或拖放即可使用这个工具。

工具箱底部包含的控件按钮可以改变图像颜色,进入和退出快速蒙版模式,改变屏幕图像显示区域和切换到 Adobe ImageReady,如图 6-7 所示。

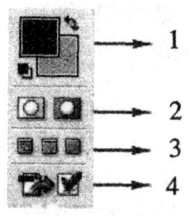

第六章 广告设计的策划程序与方法实践

1——改变图像颜色；
2——进入和退出快速蒙版模式；
3——改变屏幕图像显示区域；
4——切换到 Adobe ImageReady

图 6-6 工具箱　　　　图 6-7 工具箱底部的控件按钮

4. 工具选项栏

工具选项栏中包含了许多工具箱中工具的主要控件。通过在工具选项栏中选择复选框、单击图标和从弹出菜单中选择选项，可以设置工具属性。图 6-8 为"选择"工具的选项栏，图 6-9 为"移动"工具的选项栏，其他工具与其类似。可以通过菜单"窗口—选项"显示或隐藏工具选项栏。按 Tab 键可以切换工具选项栏的显示状态以及所有其他调板的开关状态。

图 6-8 "选择"工具的选项栏

图 6-9 "移动"工具的选项栏

在默认状态下,工具选项栏固定在程序窗口的顶部。拖动工具选项栏左边的垂直移动柄可以改变它的位置。如果把它拖动到窗口的顶部或底部,它又会在此处于固定状态,但不能改变工具选项栏的尺寸和形状。

5. 泊坞窗

工具选项栏末端的一段灰色区域就是泊坞窗,如图 6-10 所示。它可以把控制面板拖放到泊坞窗中以节省屏幕空间,而且还可以保证更容易地访问控制面板。

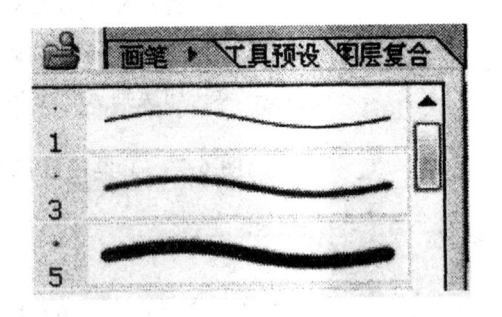

图 6-10 泊坞窗

6. 状态栏

通过菜单"窗口—状态栏"可显示状态栏,如图 6-11 所示。状态栏位于 Windows 任务栏之上,它提供当前工具和图像的运行解释。它的左端显示的是放大倍率框、信息框等。其中我们可以通过放大倍率框来缩放图像,只要直接输入数值,按 Enter 键即可。

图 6-11 状态栏

7. 图像窗口

Photoshop CS4 能同时打开多个图像,每个打开的图像都显示在自己的窗口中,如图 6-12 所示。

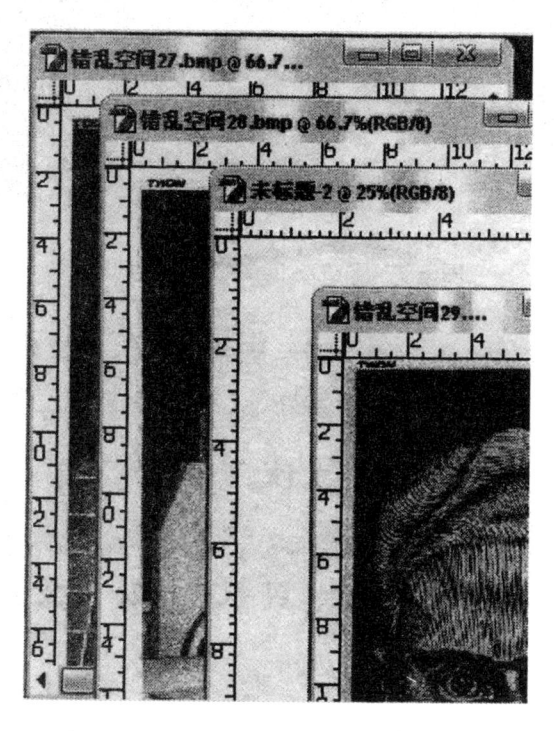

图 6-12 同时打开多个窗口的状态

二、Adobe InDesign

（一）InDesign 简介

InDesign 是由 Adobe 公司开发的专业排版设计软件,是专业出版方案的新平台。它功能强大、易学易用,能够使读者通过内置的创意工具和精确的排版控制为打印或数字出版物设计出极具吸引力的页面版式,深受版式编排人员和平面设计师的喜爱,已经成为图文排版领域最流行的软件之一。InDesign 软件启动界面如图 6-13 所示。

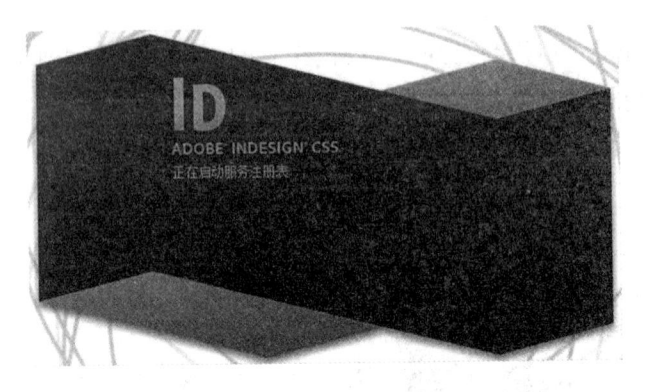

图 6-13　InDesign 软件启动界面

InDesign 的主要功能包括绘制和编辑图形对象、路径的绘制与编辑、编辑描边与填充、编辑文本、处理图像、版式编排、表格与图层、页面编排、编辑书籍和目录。这些功能可以全面地辅助平面设计作品的创意与排版制作。

InDesign 适合完成的平面设计任务包括图表设计、单页排版、折页排版、广告设计、报纸设计、杂志设计、书籍设计等。

(二)InDesign CS3 工作界面

InDesign CS3 的操作界面主要包括标题栏、菜单栏、工具箱、状态栏、抽屉式面板、浮动面板和文档编辑窗口等,如图 6-14 所示。

1. 菜单栏

InDesign CS3 中的菜单栏包含"文件""编辑""版面""文字""附注""对象""表""视图""窗口"和"帮助"共 10 个菜单,每个菜单里又包含了相应的子菜单。

文件菜单,通过文件菜单中的各项命令,能对文件进行基本操作,如建立文档、储存文档、输出文档等,如图 6-15 所示。

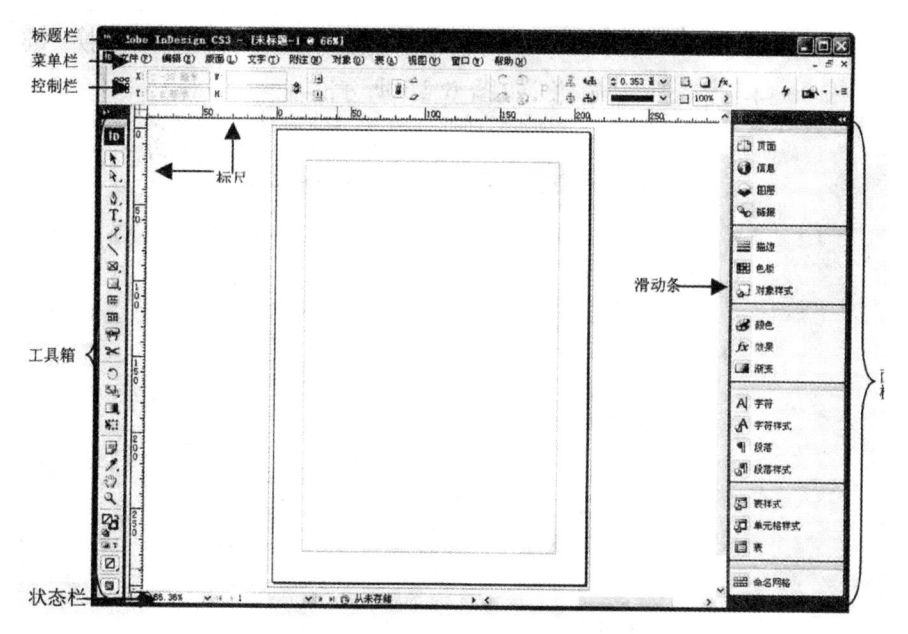

第六章　广告设计的策划程序与方法实践

图 6-14　InDesign CS3 的操作界面

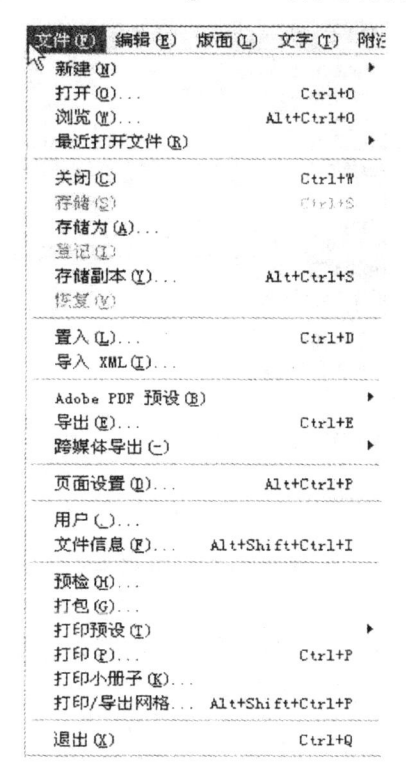

图 6-15　文件菜单

编辑菜单，编辑菜单主要有还原、复制、粘贴、查找/替换、键盘快捷键和首选项等命令，如图 6-16 所示。

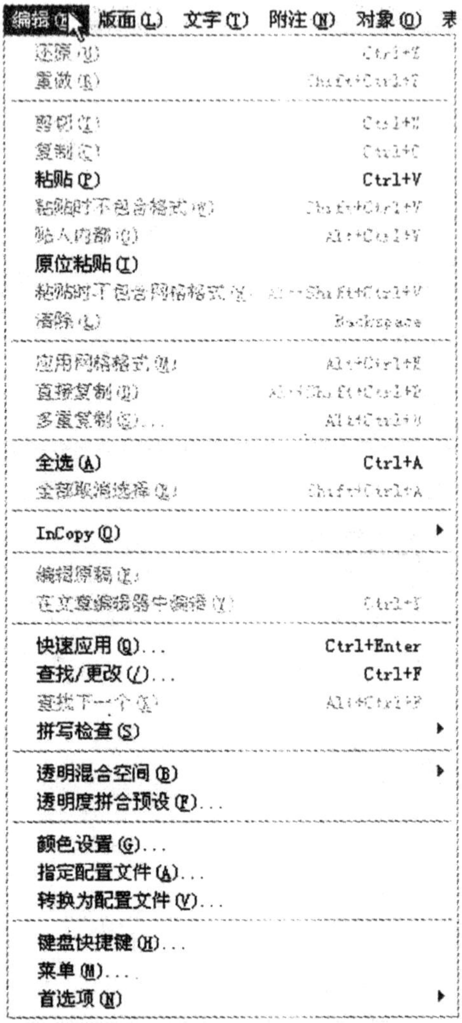

图 6-16 编辑菜单

版面菜单，版心大小的调整，页码的设置都通过版面菜单进行操作，如图 6-17 所示。

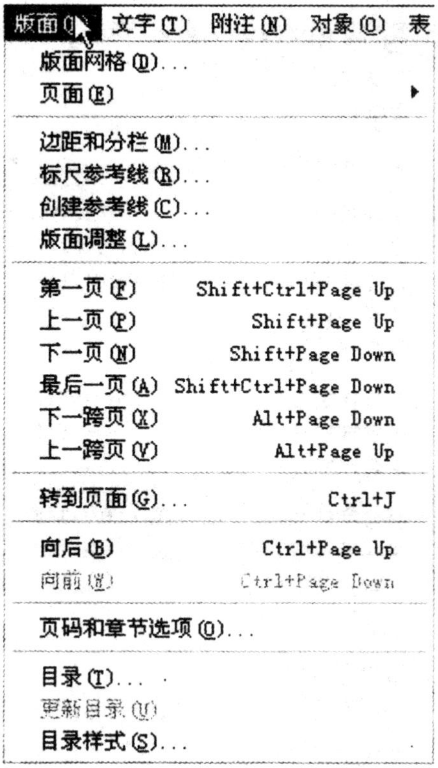

图 6-17 版面菜单

文字菜单,版心内的文字设置,主要包括字体、字号、字距和行距等,所以对文字的设置都在文字菜单进行操作,如图 6-18 所示。

附注菜单,附注菜单是 InDesign CS3 的新增功能,主要是在工作流程中用来标识或修订文章中的内容。在 InDesign 中向受管理内容添加编辑附注后,这些附注可供工作流程中的其他人使用,如图 6-19 所示。

对象菜单,对版心中的图形、图像添加效果和对象的叠放次序都通过对象菜单进行操作,如图 6-20 所示。

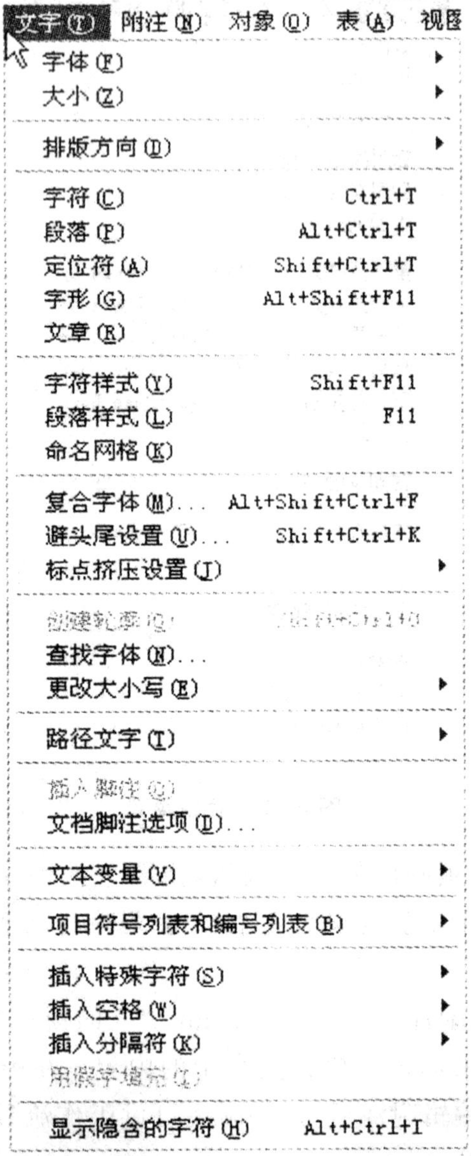
文字(T)
附注(N)
对象(O)
表(A)
字体(F)
大小(Z)
排版方向(D)
字符(C) Ctrl+T
段落(P) Alt+Ctrl+T
定位符(A) Shift+Ctrl+T
字形(G) Alt+Shift+F11
文章(R)
字符样式(Y) Shift+F11
段落样式(L) F11
命名网格(K)
复合字体(M)... Alt+Shift+Ctrl+F
避头尾设置(U)... Shift+Ctrl+K
标点挤压设置(J)
查找字体(N)...
更改大小写(E)
路径文字(T)
文档脚注选项(D)...
文本变量(V)
项目符号列表和编号列表(B)
插入特殊字符(S)
插入空格(W)
插入分隔符(K)
显示隐含的字符(H) Alt+Ctrl+I

图 6-18 文字菜单

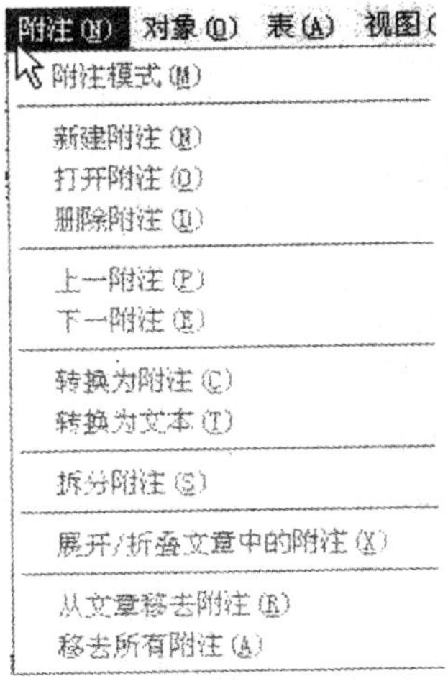

第六章 广告设计的策划程序与方法实践

图 6-19 附注菜单

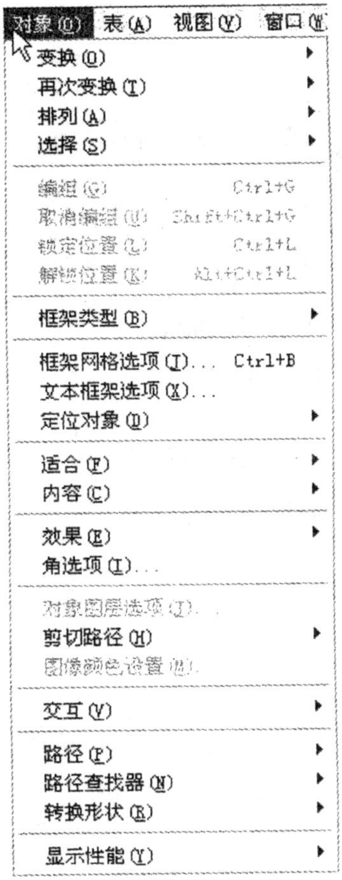

图 6-20 对象菜单

表菜单,版心中的表格都通过表菜单进行操作,如图 6-21 所示。

视图菜单,可以调整是否显示文档中的参考线、框架边缘、基线网格、文档网格、版面网格、框架网格和栏参考线等,如图 6-22 所示。

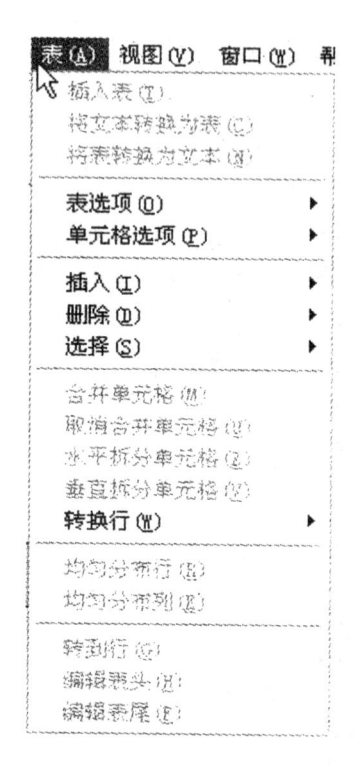

图 6-21 表菜单　　　　　　图 6-22 视图菜单

　　窗口菜单,主要用于打开各种选项的面板。在界面中找不到的面板都可以在窗口菜单中找到,如图 6-23 所示。

　　帮助菜单,对于 Adobe 产品软件中不明白的命令、选项或使用方法都可通过帮助菜单得到解答,如图 6-24 所示。

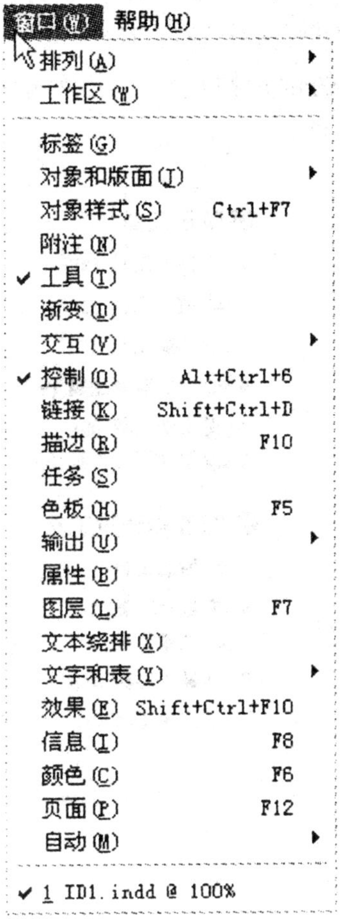

第六章 广告设计的策划程序与方法实践

图 6-23 窗口菜单 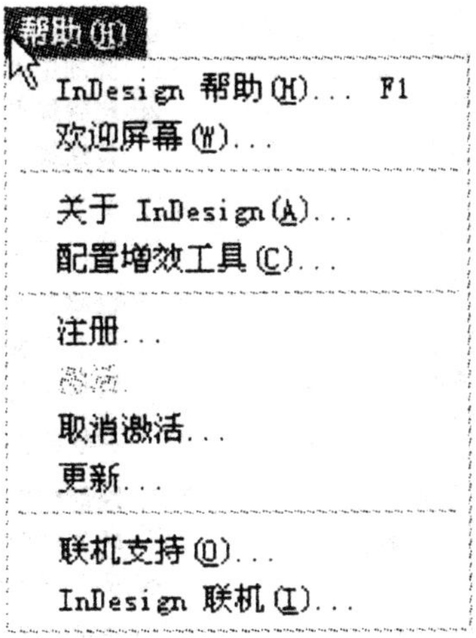　　　　图 6-24 帮助菜单

提示：如果命令是浅灰色的，则说明该命令在当前状态下不可用。命令后边带省略号的，表示选择此命令将打开一个对话框。命令后面带黑色三角的，表示该字命令下还存在子命令。

2. 工具箱

工具箱中的一些工具用于选择、编辑和创建页面元素，而另一些工具用于选择文字、形状、线条和渐变，如图 6-25 所示。

工具箱中还包含几个与可见工具相关的隐藏工具。工具图标右侧的箭头表明此工具下有隐藏工具。单击并按住工具箱内的当前工具,然后选择需要的工具,即可选定隐藏工具。当指针位于工具上时,将出现工具名称和它的键盘快捷键。工具箱中的工具被分为 A、B、C、D 四个类型的工具。

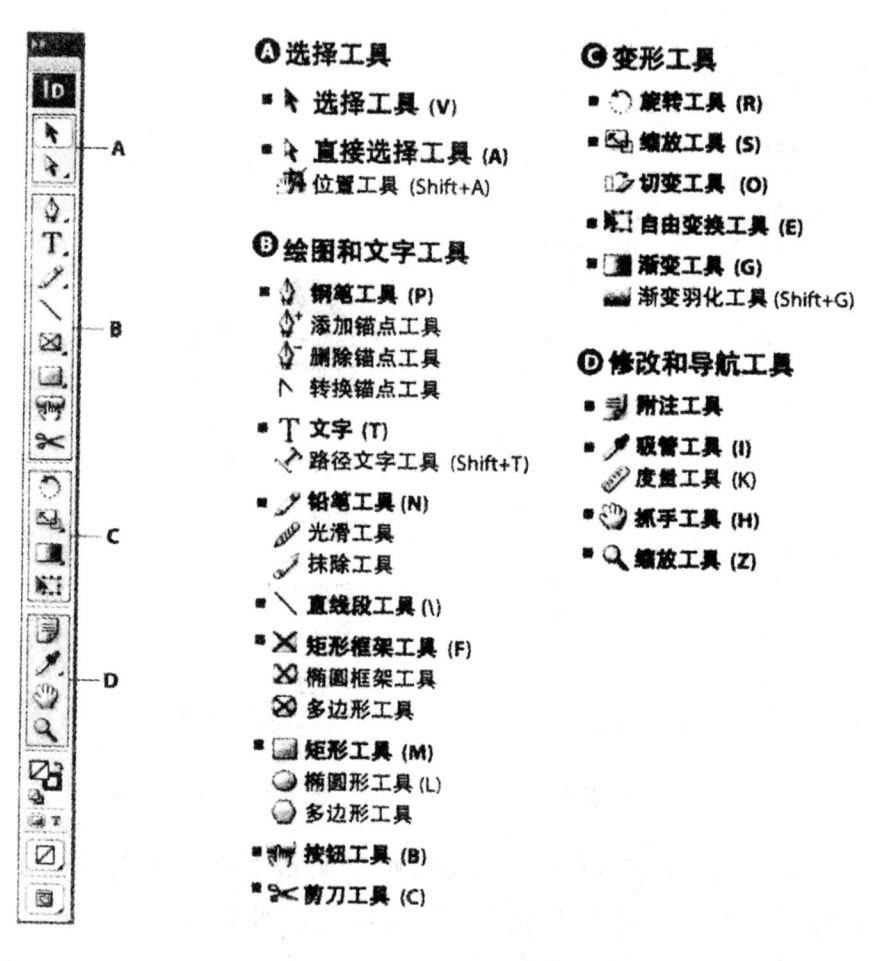

A 选择工具
- 选择工具 (V)
- 直接选择工具 (A)
- 位置工具 (Shift+A)

B 绘图和文字工具
- 钢笔工具 (P)
  - 添加锚点工具
  - 删除锚点工具
  - 转换锚点工具
- 文字 (T)
  - 路径文字工具 (Shift+T)
- 铅笔工具 (N)
  - 光滑工具
  - 抹除工具
- 直线段工具 (\)
- 矩形框架工具 (F)
  - 椭圆框架工具
  - 多边形工具
- 矩形工具 (M)
  - 椭圆形工具 (L)
  - 多边形工具
- 按钮工具 (B)
- 剪刀工具 (C)

C 变形工具
- 旋转工具 (R)
- 缩放工具 (S)
- 切变工具 (O)
- 自由变换工具 (E)
- 渐变工具 (G)
- 渐变羽化工具 (Shift+G)

D 修改和导航工具
- 附注工具
- 吸管工具 (I)
- 度量工具 (K)
- 抓手工具 (H)
- 缩放工具 (Z)

图 6-25　工具箱及各种工具的名称

提示:鼠标指针指向工具箱的非工作区后,按下鼠标左键并进行拖动就可以移动工具箱位置。工具箱中每一个工具都具有相应的参数,激活某个工具后,该工具相应的选项参数显示在"控制"面板中,用户可以根据需要随时对选项或参数设置进行调整。

3．状态栏

状态栏（在文档窗口的左下方）显示关于文件状态的信息，如图 6-26 所示。可通过状态栏更改文档缩放比例或者转到另一页。

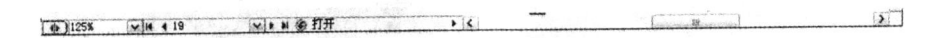

图 6-26　状态栏

4．面板

启动 InDesign CS3 时，会有若干组面板缩进在界面的一侧，仅显示出选项卡，即为抽屉式面板。抽屉式面板能任意拖曳并组合，可以把经常用到的面板组合在一起，然后存储在工作区。

5．控制面板

工具箱中的一些工具用于选择、编辑和创建页面元素，而另一些工具用于选择文字、形状、线条和渐变，如图 6-27 所示。

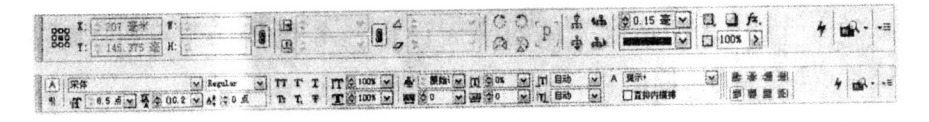

图 6-27　控制面板

三、CorelDRAW

（一）CorelDRAW 简介

CorelDRAW 是由加拿大的 Corel 公司开发的集矢量图形设计、印刷排版、文字编辑处理和图形输出于一体的平面设计软件。

CorelDRAW 软件是丰富的创作力与强大功能的完美结合，它深受平面设计师、插画师和版式编排人员的喜爱，已经成为设计师的必备工具。CorelDRAW 软件启动界面如图 6-28 所示。

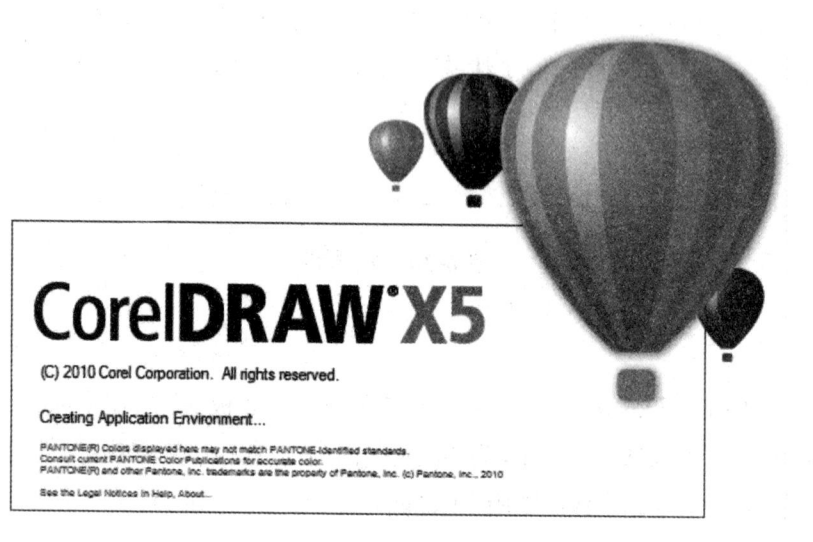

图 6-28　CorelDRAW 软件启动界面

　　CorelDRAW 的主要功能包括绘制和编辑图形、绘制和编辑曲线、编辑轮廓线与填充颜色、排列和组合对象、编辑文本、编辑位图和应用特殊效果。这些功能可以全面地辅助平面设计作品的创意与制作。

　　CorelDRAW 适合完成的平面设计任务包括标志设计、图表设计、模型绘制、插图设计、单页设计排版、折页设计排版、分色输出等。

(二)CorelDRAW X3 工作界面

　　CorelDRAW X3 的工作界面主要由标题栏、菜单栏、标准工具栏、属性栏、工具箱、标尺、调色板、状态栏、滚动条、泊坞窗、页面控制栏和绘图页面等部分组成，如图 6-29 所示。

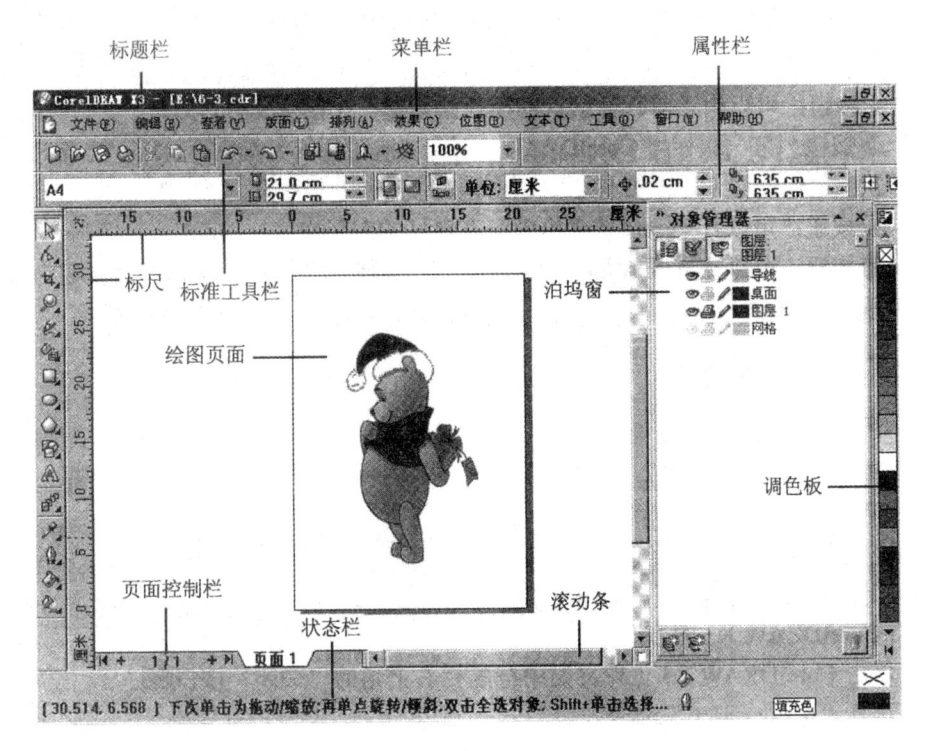

图 6-29　CorelDRAW X3 的工作界面

第四节　广告设计的实践领域与案例分析

一、平面广告与案例分析

(一)平面广告的定义

平面广告是在二维的媒介上利用图形、文字、色彩等元素将广告主的信息传递给消费者的一种方式,其结果是为了达到一定的宣传目的。平面广告的表现形式多种多样,不像绘画那样受某种介质的限制,绘画的、摄影的、拼贴的,各种形式都可以为我所用,写实的、写意的、抽象的,各种手段都可以取其所长。这并非平面广告有鲜明的个性,主要是因为广告创造是一种时尚的艺术,其作品要能体现时代的潮流,设计者应该保持着职业的敏感,在不同的艺术形式吸取营养,创作出既符合大众审美又符合时代潮流的作品。平面广告在表现内容上也十分广泛,大到国家的方针政策,小到一个商品,都可以成为表现的对象。具体内容可以是政治宣传、环境保护、文化体育、电影戏剧、食品饮料、家居电器、旅游观光等。

(二)平面广告的功能

1. 信息传达的功能

广告的主要功能就是传达信息,在当今信息社会里,信息已成为社会沟通和促进经济发展的一种重要手段,发挥着日益广泛和深刻的作用。广告信息的传达功能主要体现在三个方面——产品信息的传达、企业商业行为及活动信息的传达、品牌形象的塑造。

产品信息的传达,通过广告传递产品的性能、品质、优点、品牌个性以及形象信息,以增强消费者现有的需求利欲望,以促进销售行为的实现。

企业商业行为及活动信息的传达,企业通过一定的商业行为及举办一定的社会活动进行市场营销或树立企业形象,通过相应的信息传达,可使受众及时了解企业动向,积极参与企业行为并与之产生有效互动。

品牌形象的塑造,品牌形象包括多种要素,如企业的文化、理念、历史以及产品价值等。产品形象和企业形象是品牌形象的主要内容,通过准确的信息传达,将产品形象及企业形象印在消费者和合作伙伴的脑海中,对塑造品牌形象,改善广告主的公共关系都非常有必要。

值得注意的是,广告具有二元属性,即产品不仅具有使用价值的物质属性,而且具有象征符号性质的精神属性。广告正是营销活动中的一种符号操作,是一种通过符号操作来创造信息、传播信息的活动,因此,广告并不是一种简单的信息传播,而是运用心理学、传播学、营销学以及美学等知识综合分析并整合出有效信息进行传播的操作活动。如图 6-30 的牙膏广告,名为"别让细菌蛀下来",通过对牙齿细菌及蛀牙的展示,间接传递该牙膏是防蛀类型的,且性能和品质极好。

图 6-30　牙膏广告

2. 社会功能

广告作为经济发展的产物和信息传播的工具,不仅影响着社会中的每一个社会成员,还对整个社会造成了极大的影响,这主要表现在以下正反两个方面。

广告对于社会文化生活的繁荣和公益事业发展的贡献,是其社会功能正面影响的两个方面。

(1)广告要通过一定的艺术表现形式才能打动消费者,并改变消费者的态度,这就促使广告创意及表现呈现出多姿多彩的发展状态,极大地丰富了社会文化生活,也为人们提供了娱乐话题,这对繁荣社会文化、文艺及体育的发展起着一定的促进作用。

（2）有助于公益事业的发展。广告（尤其是公益广告）往往倡导文明健康的生活方式及生活理念，致力于改进人们的生活品质，推进社会文明，对公益事业的发展也非常有帮助。如图 6-31 将烟化作美女的身体，通过烟的燃烧及躯体的毁灭来警示抽烟的群体。

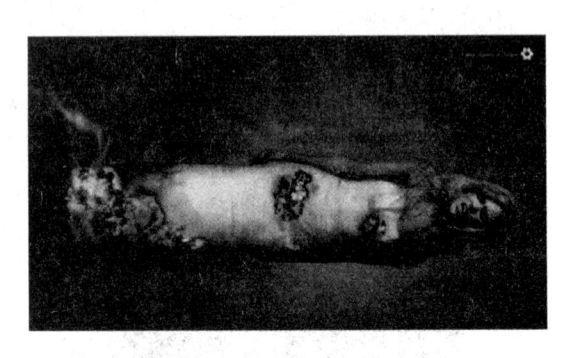

图 6-31　戒烟广告

广告的无节制泛滥影响了人们的正常生活，广告有煽动物欲的作用；某些广告中存在虚假、品位低下、使用污秽语言等现象；某些广告是形成社会偏见的原因之一，并可能对儿童产生负面影响；广告还会导致消费模式化等问题。

由广告的正反两种社会功能可以反映出，广告是一把"双刃剑"，它既是促销的重要手段，也是选择的重要依据，同时还是一种诱导性行为，可能会在一定程度上左右人们的思想。可见，广告使用得当，能够指导消费，增加广告主收益；使用不当或是过多过滥，则会破坏正常的经济秩序，损害消费者的利益。因此，作为广告，不仅每段叙述文字是真实的，而且整体也不得给人以容易误解的印象。广告不得模糊和掩盖事实的真相，不得巧妙地设法使读者对辞藻的真实含义或对一项保证的实际内容发生误解和偏差。以任何弄虚作假的形式来蒙蔽或者欺骗用户和消费者的行为都是不允许的。①

---

① 我国 1987 年制定实施的《广告管理条例》明确规定："广告内容必须真实、健康、清晰、明白，不得以任何形式欺骗用户和消费者。"

第六章　广告设计的策划程序与方法实践

3. 经济功能

广告是经济发展的产物,广告的经济功能是促使广告不断发展和完善的重要原因,同时,广告也对经济的发展起到了重要的推动作用。广告在宏观上对经济的影响,建立在它的经济功能之上。广告经济功能体现在广告能够沟通产销、促进流通,能够刺激社会的整体需求,能够增进市场竞争。

(1)沟通产销,促进流通。在现代社会化大生产中,经济信息是不可缺少的组成部分,广告作为一种信息传播手段,缩短了生产和销售之间在时间、空间和地域上的距离,有利于促进生产和销售之间的流通。

(2)刺激社会的整体需求。人们对产品或服务的需求有其必然性和特殊性,当人们真正需要某种产品或服务时,广告起着指导和提示的宣传效果;人们还会不断地开发和创造新的产品或服务类型并通过广告对其大力倡导,从而使广告起到引领潮流和创造时尚的作用,这种作用对社会的整体需求具有极大的刺激作用。

(3)有利于市场竞争。广告必须宣传产品或服务的独特优点才能打动消费者,因此,生产商必须不断地开发本产品或服务的新功能和新承诺才能在市场上立于不败之地,这大大增强了企业之间的竞争。如图 6-32 iPhone6 手机,正是凭借其产品的独特优点才在同类产品的激烈竞争中取得成功的,而它独特的优点则是通过富有创意、别具一格的广告形式传达给消费者的。

图 6-32　iphone6 手机广告

4. 文化功能

广告中蕴含着丰富的文化内涵,可以起到传承社会文化的作用。当前的广告向人们传递着有关商品、服务、企业等经济、科技、文化诸多方面的信息,是人类所创造的物质文化和精神文化的反映。广告文化既代表一定的物质文化、行为文化,又属于观念文化、精神文化的范畴,在市场竞争异常激烈的今天,广告文化的影响力甚至会大于广告商品自身的竞争力。

广告的文化功能不仅影响受众的文化心理,改变人们的文化观念、价值取向;而且对提供现代生活信息,引导人们进行生活方式的变革具有示范和引导作用。人们跟随社会前进的脚步,模仿着广告和其他传播媒介中的范示,不断改变着自己的物质生活和精神生活。而广告主体采取文化攻心策略,利用文化的力量号召受众,在广告中注入文化内容,也为广告增加了文化含量。

(三)平面广告的案例分析

1. 邦迪广告

图 6-33　邦迪创可贴广告

这则广告借用了 2000 年夏季的一个真实镜头。"朝韩领导人会晤""朝韩峰会",这些震惊世界的话题引起全球密切关注——半个世纪的对峙终于迎来了握手言和的曙光。邦迪敏感地抓住这个历史性时机,通过"朝韩峰会篇"广告内在地迎合了人们对和平的期盼心理,不仅有效地传达了产品信息,而且彰显出优良的品牌形象——邦迪创可贴将"愈合伤口",这个简单的产品功能扩展为"再深、再久的创伤也终会愈合"的企业理念,在消费者心中引起深刻的情感共鸣。广告也因为这个历史性事件与产品功能、品牌理念的契合打动了评委,这则广告获得了莫比国际大奖。

2. 香港汇丰银行广告

图 6-34　香港汇丰银行广告(1)

香港汇丰银行的广告极具创意。第一幅广告创意是由两根成水平与竖直方向捆绑在一起的竹竿而搭成的架子,它们被赋予较鲜亮的色彩与逼真的质感,是整个画面的视觉中心,具有较强的冲击力。

竹架暗喻汇丰银行就是客户攀登向上的"梯子",将力助客户事业成功。同时,竹子是在亚洲有广泛影响力的儒家文化精神的折射,它的出现体现了汇丰银行这则广告的市场定位,即植根亚洲,服务中国。

图 6-35　香港汇丰银行广告(2)

第二幅广告创意是一副古代的竹质锁和钥匙,广告中的锁是中国古代特有的,这就首先点明了广告的区域定位是中国市场。更重要的是,这副古色古香的锁具可以将我们带回那久远而光辉的年代,让我们重温历史、回味历史,这就与广告的诉求重点同时也是汇丰银行的战略定位——"重回亚洲"相呼应。广告力图唤醒人们对历史的追忆,"解铃还须系铃人"的广告语更将这种诉求推向顶点。当然,追忆历史更是为了憧憬未来以及代表着壮志满怀的自信。

3. 安泰保险广告

图6-36 安泰保险广告

这则广告实际上是一种组合广告,一种场景广告。其创意点在于将生活中看似无关的两种物象有机地结合在一起并自然地引申出广告诉求——为子女的未来"未雨绸缪"。由于广告做了比较"触目惊心"的组合,所以令人印象深刻,能有效地引起反思从而获得广告价值认同。

在中国,由于传统文化中延续下来的人伦价值观以及现行计划生育政策的影响,许多家庭在子女的抚养、教育等方面不惜血本,随着现代保险意识及观念的普及,更多的现代家庭也开始为子女考虑未来。对于保险企业,这将是一个巨大的市场空间,安泰保险就审时度势,适时地推出该系列广告,希望能在群雄并起的同行中有所斩获,这种以较写实的、情感为主的广告诉求思路无疑会带来不错的品牌效应与一定的业绩。

从设计形式上讲,该组广告是层次设计的一类典型案例,即将不同空间(广告栏与真实场景)的有关联的元素融合起来,似断而非断,从而形成一定的空间层次感,更在视觉上带来不同感受。

二、电视广告与案例分析

(一)电视广告的设计要点

1. 主题要鲜明

要在极短的时间里突出主题,其创意必须具有奇特性。因为奇特是提高电视观众注意力的关键因素,只有从商品本身引发出来的、别开生面的创意构思,才能充分发挥电视广告强有力的功效。奇特性还必须具备俘获观众心灵的感召力,在他们心中留下深刻的印象。要想具有感召力,创意应该产生差别,把广告商品与其他商品区别开来。同时,为了达到奇特性,构思应该简洁明了,要注意广告消费的环境

2. 强化品牌

电视广告在短短的几秒或几十秒的时间里,要激起消费者的

兴趣,一定要借助"意境"的创作手法,来达到使产品或服务的形象给人以震撼,从而引起共鸣。

3. 传递文化,表达情感

广告要有人理,亲情不可少。适当对受众进行感情引导,可以增加商品的附加值。

例如,古越龙山在市场调研的基础上把目标消费群体定位于政务、商务和文化人士,他们是高学历、高收入、高消费的集中代表,他们社会地位高,消费能力强,关注消费的品质,对产品价格不敏感,是社会中的精英,能够引领全社会的消费潮流。"三高人群"是社会的公众人物,能够有效地实现二次传祷或多次传播。古越龙山在实现由地方品牌到全国品牌的过程中,"三高人群"是最为关键的消费群体,他们接受与否,决定着产品的市场定位和价格定位,因此,围绕"三高人群"实施传播目标和营销目标成为古越龙山品牌提高的关键。

一流的产品,选择一流的媒体,中央电视台的号召力和影响力是古越龙山不二的选择。2004年11月18日,在中央电视台黄金时段广告招标会上,古越龙山以6000万元的标的一举夺得2005年中央电视台黄金时段两个标段的广告,堪称"黄酒业第一标"。这是古越龙山全力开拓全国市场、提升品牌的一个重要动作,引起业界和公众的广泛关注。

古越龙山与中央电视台的强势联合,不仅彰显了行业领先者的领袖气质,而且强化了投资者和消费者对古越龙山的信心。在中央电视台投放广告以后,古越龙山出现了股价上涨、加盟商云集和市场热销的良好态势。

4. 变换视角

变换视角是通过移花接木方式,采用特殊的技巧、奇特的画面去震撼观众,冲击观众的视角。只有依靠新奇的画面冲击方能做到。

5. 准确定位形象

把最能代表产品的特性作为宣传的形象定位,树立品牌独特鲜明的形象,赢得市场和企业的发展。例如,蒙牛酸酸乳的产品定位严格执行了产品定位的原则。

"蒙牛酸酸乳"选择张含韵作为产品代言人,并以她为核心形象,拍摄了一则影视广告。

图 6-37 蒙牛酸酸乳电视广告截图

这则广告既是蒙牛集团的宣传利器,也使张含韵博得了观众的喜爱。

镜头 1:(中景)现代楼宇背景,"蒙牛酸酸乳"设立的终端促销点,川流不息的少男少女,一片勃勃生机的景象,尽显青春活力。由歌声进行转场。

镜头 2:(大特写)画面出现张含韵侧面特写,戴着耳机的她唱着跑调的"蒙牛酸酸乳"主题曲。歌声引起别人的注意。画面转场。

镜头 3:(特写)跑调、刺耳的歌声引起正在喝"蒙牛酸酸乳"的女孩的注意,她抬头,举目四处张望。运用积累式蒙太奇手法进行这几个形式相同的画面的衔接。

镜头 4:(近景)运动场中,两个充满运动活力的青春少年同样投去诧异的目光,探头向声音方向望去。

镜头 5:(近景)一个戴眼镜的斯文男孩转身惊愕地看向身后。

跟随男孩的目光,镜头推移,出现戴着耳机、全心投入唱歌的张含韵。

镜头6:(大特写)张含韵大声唱出最后高音部分,歌声严重跑调,引起别人嘲笑。张含韵惊觉,停下来猛地回头看去。随动作镜头迅速甩出。

镜头7:(中景)两个手拿酸酸乳不同产品的时尚女生窃窃私语:"谁呀,唱这么难听。"镜头迅速拉近。窃窃私语的两个少女的近景。镜头摆动,迅速拉回到张含韵。

镜头8:(大特写)张含韵惊觉的表情,然后做出扮鬼脸的可爱表情。

镜头9:(特写)画面淡入,张含韵舒心地喝了一口"蒙牛酸酸乳"。

镜头10:(大特写)张含韵取下所戴耳机放在大特写的"蒙牛酸酸乳"产品旁边。

镜头11:(近景)甜美的歌声引起别人的惊奇,摊点旁边两个女孩投去赞许的目光,随目光画面转场。

镜头12:(大特写)张含韵唱出甜美的"酸酸甜甜就是我",露出自信的神情,镜头拉出。

镜头13:(近景)音乐响起,张含韵跟随音乐节奏成功地唱出优美的歌曲。

镜头14:(特写)原本嘲笑张含韵的女孩投去赞许的目光。

镜头15:(中景)大家跟随张含韵,都伴着音乐节奏,唱起歌来。

镜头16:(大特写)唱着歌的张含韵露出自信、甜美的笑容。

镜头17:(特写)推出"蒙牛酸酸乳"产品,以及旁边好像也随音乐节奏舞动的"酸酸甜甜就是我"。

镜头18:(近景)镜头逐渐拉出,大家和张含韵一起拿着酸酸乳齐声喊道:"蒙牛酸酸乳"。

镜头19:(大特写)张含韵侧面特写,高兴地说出"酸酸甜甜就是我啊"。

镜头 20：(标版)显出"蒙牛酸酸乳"产品及蒙牛集团标版，标版下面摆出 6 种不同口味的酸酸乳产品，音乐淡出。

(二)电视广告的制作技术

1. 分镜头表达方法

在广告中，为了冲击观众的视觉，给观众留下深刻的印象，多是将许多短镜头剪接起来，而镜头的类别根据景物范围的不同又可分为远、全、近景、特写等。

远景——具有极开阔的空间，特点是比较开阔、舒展，用于表现地理特点和方位。

全景——比远景小，能展现人物周围的环境，用于介绍环境，表现气氛，展现大幅度的动作，刻画人物和环境的联系，表现一个事物或场景的全貌。

近景——拍摄范围在人物头部至腰或肩之间，背景不明显。

特写——拍摄范围由肩到头部，属于电视画面的特别写照，镜头集中到被摄体的具体一点上。

如图 6-38 所示为养生堂天然 VE(呵护篇)电视广告的分镜头脚本。

"看到他们恩爱的样子，我在想，他们年轻时是否和我们一样！"一位美丽雅致的女性望向远处互相扶持而行的年迈夫妇，发出了感慨。"我在左，给你天使的浪漫；你在右，许我温暖的未来。"当画外音响起，画面闪过夫妇紧紧相扣的十指。平和、温暖的创意思路虽不惊天地，但收效是有目共睹的。这则广告把情感发挥得淋漓尽致，让消费者产生共鸣。在纷繁中返璞归真，从消费者的角度出发，对消费群体进行细分，有针对性地触动人心，进行情感的沟通，无疑是这则广告成功的秘诀。

根据摄像机运动方式不同可分为推、拉、摇、移、跟、变焦、升降镜头等。

图 6-38　养生堂天然 VE（呵护篇）电视广告

　　推镜头——属于变焦操作，摄像机机身不动，影像由远到近向主体拉近。

　　拉镜头——镜头由近到远，把局部的画面推向大场景。

第六章 广告设计的策划程序与方法实践

摇镜头——以机身位置为中心,摄像机摇动方向,在运动中拍摄得到连续影像。

跟镜头——摄像机跟随运动的物体一起运动,在同速运动中进行拍摄。

而根据拍摄角度不同可分为仰拍、平拍、俯拍、正拍、侧拍、反拍等。

根据画面时间长短不同可分为长镜头和短镜头。

2. 蒙太奇创作方法

蒙太奇是电视广告后期剪辑和编辑的具体方法和技能。根据内容的叙述方式和表现形式,蒙太奇技巧形式概括起来可分为两类:一是叙事性蒙太奇,即按事物发展规律、内在联系、因果关系及时间顺序,把镜头组接起来,形成流畅、清晰的情节,从而引导观众理解剧情。二是表现性蒙太奇,以镜头对列为基础,通过相连镜头间相互对照,产生一种视觉效果,激发观众的联想。前后画面的内容,或是呼应,或是对比,都会形象地提示事物间的关系,启发观众的思考,使其逐渐认识事物的本质。具体有四种表现形式:

(1)并列式蒙太奇

并列式蒙太奇,指的是把几个内容相同的镜头不分主次并列组接。

(2)交叉式蒙太奇

交叉式蒙太奇,一般是将有因果或响应关系的几组镜头进行组接。

(3)对比式蒙太奇

对比式蒙太奇,就把画面内容相反的镜头组接,表达出一定的意境。

(4)象征式蒙太奇

象征式蒙太奇,一般是用一个内容的镜头象征或比喻另一个内容的镜头。其艺术创作方法如下:

①制造情节。通过蒙太奇对镜头、场面和段落进行分切,有取舍地按时间顺序、因果关系进行组接,以交代情节、展示事件。

广告情节经过蒙太奇组接后,更有利于表达一个完整的意思,并产生比每个单镜头单独存在时更丰富的意义。

②构建时空。电视时空不同于我们现实中的时空,电视中的时空可以倒流,可以停止,电视空间可以压缩,可以扩张,可以虚构,电视时空的这些特点,都源于蒙太奇对时空的建构,是采用特殊的镜头手段及其组合给观众造成的一种感受。

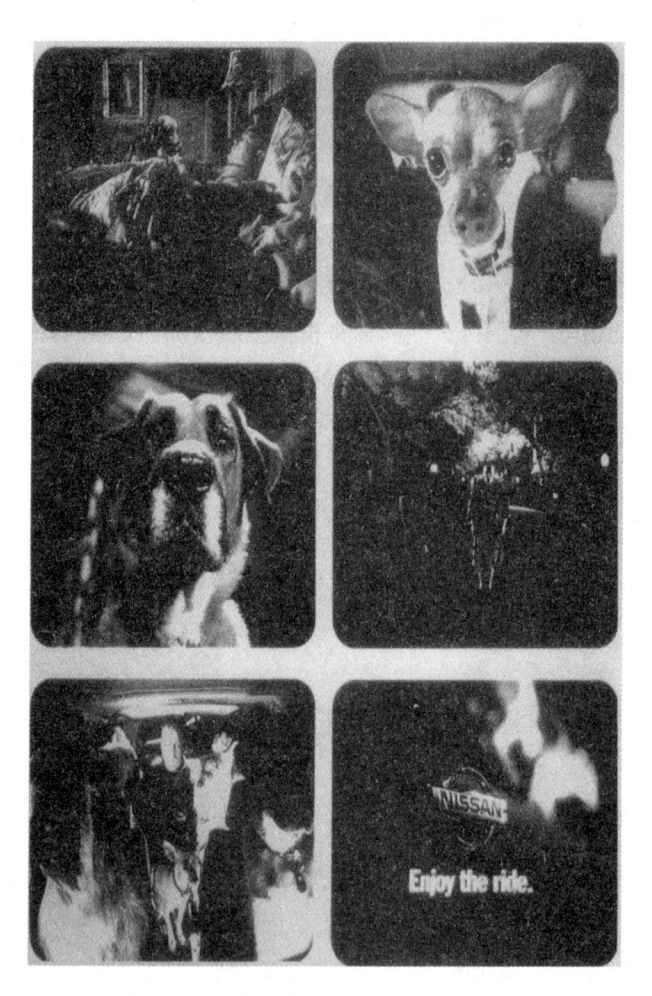

图6-39 "狗的意念控制"NISSAN汽车电视广告(60秒)

③渲染气氛。通过蒙太奇把视觉元素和听觉元素融合为运动的、连续的、统一的视听形象,为作品营造欢快、悲伤、惊险、刺激等氛围。

④塑造节奏。蒙太奇中节奏的塑造,是在组接每一镜头时采用长短不同的方法,由于镜头的长短不同而产生不同的起伏,形成节奏感。根据创意需要,可以通过蒙太奇塑造出节奏的快慢感觉,如果把多个长镜头进行组接处理,会给人慢节奏的感觉,产生轻松舒展的情态;采用多个短镜头组接,则会产生快节奏的感觉,使人目不暇接。

(全片以一个郊外街区的夜晚开幕)

特效:狗吠声。(在房子里边,一条躺在厨房地板上的狗听到了外面的一声狗吠,抬起了头。狗站起来,离开了画面。画面切换到狗爬上楼梯,再切换到卧室,狗盯着它的主人,实行意念控制。主人的眼睛突然张开,从床上坐了起来。)

主人:我要带拉菲去兜兜风。(切换到探险者的引擎盖,我们可以看到是狗在开车。它们拧开音乐,往黑暗中驶去。)

特效:音乐。(车停在不同的房子前,有其他一些狗跑出来,加入它们。)

特效:音乐。(狗全部拥入汽车,主人已经被挤到后排座。汽车在一直在路边等候的狗旁停下,但是车里已经没有位置了。画面切换到主人站在街上,而汽车却装满了狗开走了,再切换到K先生心照不宣的笑容。)

K先生:狗儿爱汽车。(画面切换到NISSAN的徽标和标题语。)

大字体:一路顺风。

作品运用幽默的拟人方式告诉人们:就连狗都如此喜欢NISSAN汽车,更何况人呢?

视觉与创意：广告设计艺术与方法实践

图 6-40　邓肯甜甜圈电视广告

甜甜圈太诱人了，就连追逐犯人的途中，犯人与警察也忘不了停下车来买些甜甜圈再继续追逐，幽默的创意加之恰到好处的画面剪辑将广告的意图艺术地传达给了观众

(三)"花伴里"房地产电视广告设计的案例分析

针对电视广告的案例，本节选择"花伴里"房地产的电视广告为例进行如下的案例分析。

1. 项目背景

"花伴里"是由云南景洪市西双版纳乾龙房地产开发有限公司开发的一座在自然山水环抱中的现代高档住宅群落，总占地160余亩，总建筑面积26万平方米，其中含湖泊、丛林1700平方米，社区绿化率高达50%。七年造一城，乾龙以超常的持久心态，终于把一块曾经的偏隅之地建成一个景洪高档社区的代表，无论是产品、环境，还是配套设施，"花伴里"都是让云南地产骄傲的窗口项目。该项目由云南省城乡规划设计院规划，提取西双版纳本土文脉中的基本元素，采用新现代主义手法，打造出既符合时代潮流又不失本土人文特色的丛林生态景观。作为社区的点睛之笔,1700平方米的丛林、湖泊成为社区的最大亮点,同时各组团空间水景与其呼应,辅以喷泉、跌水等现代水景形式,成为社区丛林文化的集中体现,集住、休闲、美食、购物、娱乐等多功能于一体。

2. 目标人群定位

"花伴里"是一种水林兼具的纯粹生活境界,因此,它首先应该是"丛林生态社区",同时,针对项目的市场传播和客户群体的消费需求,"花伴里"又是"城市纯生活社区"。

此项目最初的定位是打造景洪市顶级居住标杆,景洪新区最高端居住区,志在为景洪市的200多位高端人士(含外籍人士、知名企业高层管理人员)量身打造。目标人群阶层尤其是主诉人群的文化层次,决定其消费行为背后,隐藏着许多文化层面的因素。他们需要轻松、舒适、温馨、自由自在的生活气质。这就要求广告创意要有独到的价值,凸显舒适文化风格,引发气质上的共鸣。

3. 创意策略

设计团队经过信息采集、研究,封闭头脑风暴等方法,意识到:要真正确立"花伴里"在楼盘销售中的优势地位,需要挖掘并放大其产品优势和文化内涵。因此他们决定采用概念与文化关联、创意与地域一致的方式,将广告主题定为"城市纯生活·丛林生态社区","花伴里"首先是丛林生态的,然后才是城市的,用地域文化不断提高其广告创意的水平与质量。

4. 创意思路

"丛林生态社区"加"城市纯生活社区"等于"花伴里"。

"丛林生态"代表的是自然,"城市"象征的是现代生活,二者相互转化、相互衬托,使创意不断深化。

其创意流程如下:

片名:《花伴里》

长度:2分25秒

镜头1:"一个神奇美丽的地方"。随着音乐声响起,云雾飘荡散开(近景),显现出一美女头像特写,接着(拉镜头)出现全景画面:清晨太阳穿过丛林,斜射在树丛中。(推镜头)到近景,代表神奇的孔雀特写出场,(拉镜头)在一片原始森林空地中央(全景),一群身着傣族民族服装的少女们正跳着孔雀舞。

镜头2:"人类向往的绿洲"。西双版纳特有的四只大象(近景)踏河而来,神态悠然自得,(推镜头)树丛后面两位身着节日盛装的傣族妇女(近景)跳起了欢快的民族舞蹈。

镜头3:"多姿多彩的风情"。在民族广场的喷水池内(全景)一群傣族妇女相互泼水嬉戏,原来是在过泼水节,(推镜头)出现一个出水芙蓉的少女头像特写,满脸洋溢着喜悦。(推镜头)镜头一里出现的美女头像,在紫色花瓣升起中再次特写出现。

镜头4:"心中的家园"。房产的主角——建筑物粉墨登场(全景),(推镜头)出现塑钢落地窗特写,(拉镜头)镜头从室内向外拍摄建筑。

镜头5:"新现代主义建筑"。具有传统特征的新现代主义建筑的大体形象出现(近景),(拉镜头)周边环境也同时出现,(摇镜头—移动镜头)镜头慢慢向大门正街移动,让具有浓郁西双版纳风情的大门出现在观众面前。

镜头6:"坐拥1700平方米版纳丛林"。镜头首先出现亚热带的椰子树,(拉镜头)相继出现树周围的环境和大门前的广场(全景),并(推镜头)近景特写由曲线构成的地面上的圆形装饰图案。(拉镜头)镜头从大门进入社区里面,对社区广场及环境绿化进行勾画,突出环境的优雅与和谐。(移动镜头)镜头继续沿着人行道向内深入,让一栋栋建筑在观众面前展现(全景)。

镜头7:"生活"。镜头从室外转到室内,一只装满咖啡的华丽高贵的咖啡杯(特写)。

镜头8:"曼舞"。(拉镜头)从物延伸到人,一家三口坐在社区的娱乐室里,父母看着女儿吹着民族器乐(近景),面露笑容,其乐融融。镜头从室内转到室外一个坐在休息椅上的妇女(特写),表现出她在清静、悠然的环境中那份陶醉、安逸的表情和微笑着眺望远方的姿态,显得是那样的心满意足。

镜头9:"自然的韵律"。镜头转换到室内,宽大的房间(全景)装饰华丽,充满生活气息。挂在墙上的电视节目正雷鸣电闪,室外此时也正好打雷闪电,接着吹起了狂风,下起了大雨。

镜头10:"放任的心情"。大雨中一位身着白色连衣裙的女子(近景)打着透明的雨伞由远处走来,享受着雨中漫步的舒心,特写出女子望着打在伞面上的雨水而露出的笑脸。

镜头11:"景洪市亮丽的彩虹"。镜头从人物切换到建筑的局部特写,雨慢慢地停了,楼房也由局部(拉镜头)拍到整体,这时天上出现了一道彩虹(全景),美丽动人。

镜头12:"花为伴、水为邻,浪漫写意的版纳生活"。在社区某处圆形广场上,一群男青年呼吸着新鲜空气,正打着太极拳(全景);某处喷水池前,两个小女孩正在相互追逐(近景),(跟镜头)出现大型喷水池和喷水池中央一层层堆砌的圆形石雕(近景)。

镜头13:"感受版纳风情"。(拉镜头—摇镜头)楼盘的外围、湖畔及湖畔花坛(远景),荷叶正绿、荷花盛开,(移动镜头)把依湖而建的社区大环境展现出来,突出水中倒影(远景),建筑、湖、水、丛林、花坛和谐相宜。

镜头14:"建筑生长在风景中"。特写具有版纳文化风情的长廊之景,(拉镜头)表现周围环境。

镜头15:"空中花园景观,浓郁的热带气息"。俯拍社区人行道(近景),两旁种植热带雨林植物,设有座椅供人休息,行人悠闲地漫步着。(推镜头)椰子特写,象征成熟与收获,(跟镜头)社区外的宽广街道上车辆来来往往(全景),象征社区地理位置好,出行方便。

镜头16:"个性、时尚、休闲"。陶吧里三个女孩子正在欣赏版纳传统陶艺作品(近景),餐厅里一对恋人正在吃西餐(近景—特写),图书馆藏有大量图书,(拉镜头)一位先生一边品着咖啡,一边阅读(全景)。二女一男提着刚采购的衣服和物品(跟镜头)高高兴兴地从商店里走出来(近景—全景)。

镜头17:"放松、放情、放飞"。热恋中的情侣走在街道上,女孩挽着男孩,心情特别愉悦(特写—近景);广场上,热恋中的女孩扑到男友身上嬉戏(近景);小孩在花园里(推镜头)荡着秋千(近景—特写);中年人在(推镜头)花木簇拥的人行道上散步(近景)。

镜头18:"城市的希望,生活的方向"。(推镜头)从空中俯视整个社区(远景),四面环山,成片的热带丛林(全景)。

字幕:紫色花瓣再次飞起,视频上出现"花伴里"标志与"花伴里"文字。见图6-41。

图6-41 "花伴里"电视广告

5. 故事板绘制

根据创意思路和广告脚本,采用绘画式单线勾勒绘制故事板,见图 6-42。

图 6-42 "花伴里"部分故事板草图

在故事板绘制完成后交客户审定,客户认可后,才能进入电视广告的制作阶段。

三、网络广告与案例分析

(一)网络广告的设计要点

网络广告创意设计要确定广告所要传达的信息和确定它的表现形式;既应遵循广告创意设计的一般原则,同时又要注意突出网络媒体的特点和功能。

1. 创意的提炼技巧

(1)创意设计要具有趣味性

网络广告的设计要加强人性化,增添趣味性。如果是企业网站,可以设计一些免费的礼物。另外,网页文字的立体化、图形化处理,以及跟随鼠标的互动、翻转效果,都能体现网络广告的趣味性。

(2)广告信息简洁

网络广告信息在目前互联网上发布时应力求简洁,应该多采用精练简洁的文字信息。

(3)图文并茂,相得益彰

文字与图片的配合使用,使两者相互衬托,不但能活跃页面,又能使页面内容变得丰富多彩。

2. 版面形式设置技巧

网络广告在形式上呈现出多媒体的特征,运用网络媒体声音、文字、画面、音乐、动画、三维空间、虚拟视觉等方面的功能,使其在视觉、听觉甚至触觉方面给消费者以全面的震撼。

网络广告的版面设计更具有灵活性,首先,设置要求要遵循视觉流程的习惯,上方比下方更能够获得点击率;其次,网络广告最好靠近网站中最吸引人的部分;最后,网络广告最好安排在那些页面长度短、内容单一的网页上。

(1)文字

文字是网页发布信息所采用的主要形式,创意中特别要注意网页中的文字不能太大或太小。太大会使得一个网页信息量变大,太小又让人们浏览时感觉吃力。

一个网络广告都应该有一个醒目恰当的标题,以用来表明承载和表现它的内涵。同时,这也能引起引浏览者的注意,因此标题的设计就特别重要。

(2)文本制作

作网络广告所能使用的文本文件,有直接输入和间接粘贴的

第六章　广告设计的策划程序与方法实践

两种方法:直接输入是在网页开发工具的编辑过程中,在所确定的文本位置直接输入文本;间接粘贴是在 word 等文本工具中输入文字,然后另存成纯文本,再在 HTML 开发工具编辑过程中粘贴进去。动态文字一般用 DREAM、WEAVER 来制作。

(3)图形

图形在网络广告的应用中是不可或缺的,它是网络广告中吸引浏览者的一种手段。图形可以是普通的绘制图形,也可以是各种图像,还可以是动画、广告相关资料、图标按钮、背景图、分割线及图案化的文字等。网络广告的图形设计新颖,才能引起访问者的兴趣,见图 6-43 和图 6-44。

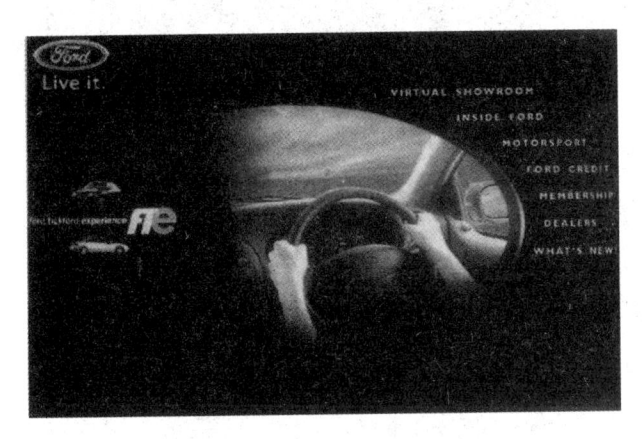

图 6-43　汽车品牌网络广告

图 6-44　耐克品牌网络广告

(4)菜单按钮

网页上的菜单按钮有一些是由图形制作,通常有横排和竖排两种形式,由此可以转入不同的页面。见图6-45。

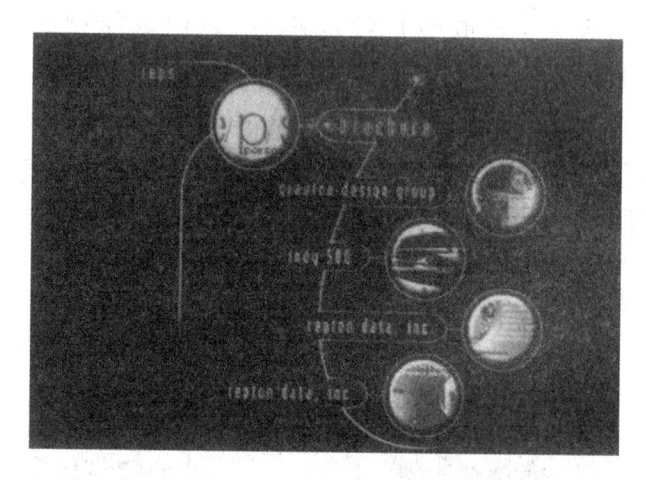

图6-45 菜单按钮式网络广告

(5)背景图形

为了加强视觉效果,有些网页在整个网页的底层放置的图形作为背景图。见图6-46。

图6-46 KINLOCH 网络广告

(6)视觉表现

网络广告形式创意还体现在其形式所呈现出的不同表现手

法上。它以抓住受众眼球为主要目的,通过不同方位、不同角度、不同大小呈现在受众面前。这就导致了不同类型的网络广告形式创意的出现。目前广泛采用的视频插播、互动视频、触发式、扩展式、下拉式结合 GIF、JPG、SWF、FLASH 等格式,都具有强烈的视觉冲击力。

3. 利用新闻热点提高传播时效

网络媒介的特点是,有新闻热点时,上网点击量大量增加。网络媒介既有电子媒介的快速,又像印刷媒介一样不受时间限制,可以随时阅读,既可以看到世界各地对于各种事件的不同报道,又能最大限度地满足受众。网络广告在创意表达上与新闻热点相结合进行宣传能达到更好的效果。

4. 找准网络广告的最佳切合点

网络广告的发布既要符合品牌和产品的特性,又要和网站性质结合。

(1)信息导向要明确和快捷

人们上网的目的是获取信息和存储信息。因此,怎样明确引导访问者浏览信息,怎样方便访问者查询信息内容,怎样迅速地传递信息等,成为网络广告设计首先要考虑的问题。同时,特别要考虑其运行环境。所谓环境即不同类型的网站,设计时要充分考虑到与网站的匹配性,这是网络广告创意环节的目标与任务。

(2)注意内容和风格的统一性

内容和风格的统一性含有两层意思:一是网络广告作为传统广告的延伸,应与其他媒体的广告设计风格一致,体现整体设计理念;二是网络广告自身设计的统一性(图 6-47)。与其他媒体进行对比,网络广告还具有灵活性和互动性的特点。

图 6-47　化妆品网络广告

（二）网络广告的制作流程

随着互联网技术的推广,网络已经成为今天广告传播的主流媒介之一。网络广告所具有的互动性、可选择性、灵活性、经济性、易传播性、直观性、针对性等是传统媒体所不具备的,这些优点更加速了它发展的步伐。

动态网络广告与平面广告设计流程基本相同,也包括前期准备和制作两个阶段。

（三）沙松冰箱网络广告设计的案例分析

1. 项目背景

20 世纪 80 年代中期,"沙松"牌电冰箱产销量曾名列全国同行业前茅。但到了 1993 年,由于企业经营陷入困境,"沙松"品牌退出市场。1998 年 9 月,湖北省利用原生产沙松冰箱的部分闲置资产,与小天鹅集团合资组建小天鹅(荆州)电器有限公司,在做大做强冷柜产业的同时,集中科研力量研制开发品质优良的节能环保型电冰箱。2006 年 5 月 26 日,首台新一代"沙松"牌电冰箱下线,曾经销声匿迹达 10 年之久的知名品牌"沙松",以全新的面目再度"杀"出江湖,率先在行业推出应用了 BCD 动态节能技术,平均每天耗电只有 0.35 度的节能冰箱 BCD-180。有了拳头,应该怎么打,而且要打得漂亮,打出名气,打出品牌,网络便是其中一个推广渠道。

2. 创意思路

接手工作任务后,通过市场调研,面对非常成熟的家电市场行业,特别是冰箱行业,创意突破是一个大挑战,如何找到一个精确而鲜明的角度呢?是从"节能"角度打动消费者;还是从"省钱就是享受"角度突出生活体验;或是从"精明太太"角度注重角色塑造;抑或从"情感"角度来打动人心。通过一轮又一轮的思考与分析,最终决定从"情感"角度入手,确定"微笑服务"概念,突出冰箱给人们生活带来的益处。概念定了,也就解决了要说什么的问题,下一步就到了应该怎么说阶段。

3. 创意执行

第一步,创意设计文本。根据确定的概念和"沙松"冰箱目前尚处于市场导入期这一实际情况,确定用"四真"来体现:真挚的服务态度、真诚到永远、真情创造幸福和真爱哺育成长作为系列广告标题,然后文字从屏幕左边向右边滚动。

第二步,创意设计图形。文本确定了,用什么来表现呢?经过反复思考、推敲,渐渐地,一个个鲜活的形象从脑海里浮现出来。最后确定通过客户服务员的微笑、工程管理人员的微笑、被服务一家人的微笑以及婴儿的微笑来展现"四真",思路确定后,着手备图。

第三步,网页风格创意设计。如何让网页拥有独特的风格,不雷同不盲从,怎样让浏览者愿意多停留些时间,细细品味网页的内容呢?经过勾画大量草图和反复比较后,最终优选了一套方案。广告以网幅式动态横幅(规格为 234 毫米×60 毫米)为表现形式。这种形式是网络广告中运用最广的形式之一,也是最具冲击力的。整体基调轻松活泼,浅湖蓝色为本广告的主色调,在炎热的夏季给人以清爽与舒适的感觉,和产品的特性相匹配,达到良好的信息传达效果。在版式上以横排为主,文字、图片、FLASH等的编排,给观者以全新的视觉感受。风格确定后,利用平面设计软件Photoshop、CorelDRAW等进行处理和编辑,然后将电脑绘制的矢量图形转为标准图像格式用于网页设计。整体设计简洁大方、淡雅温馨,紧扣主题。见图6-48至图6-50。

图6-48　沙松冰箱网络广告(1)

图6-49　沙松冰箱网络广告(2)

图6-50　沙松冰箱网络广告(3)

第四步,动画设计。网络广告的引人之处在于各个网站和主页都运用了大量的动画。动画的形式有两种,一种是把几幅静止的图连续地循环播放,如 GIF 格式动画;另一种是由不变的对象和会变的对象两部分组成。通常不变的对象是指背景之类始终在页面中显示的对象,而会变的对象是指通过变化形成动画的对象。根据动画的特点,决定让"沙松"的广告采用第一种方式,就是把几幅静止的图连续地循环播放。第一幅,真诚到永远;第二幅,真挚服务天下;第三幅,真情创造幸福;第四幅,真爱哺育成长。

第五步,声音。限于目前的带宽,声音在网络广告中的应用并不是很普遍的,声音通常是作为背景音乐,或作为鼠标滑过时的一种预设的声音,或配合图形的变化而增加一些趣味。广告决定采用背景音乐配合图形的变化以增加趣味性。

参考文献

[1]肖德荣,曹阳,林海燕.现代广告创意设计.长沙:湖南人民出版社,2007

[2]李伟.现代平面广告创意设计.长沙:湖南人民出版社,2007

[3]王帆.广告创意与设计.上海:上海人民美术出版社,2012

[4]马青,徐科技.广告创意设计.杭州:浙江大学出版社,2007

[5]王绍强.广告创意设计.南宁:广西美术出版社,2011

[6]王宗元.广告创意设计.北京:机械工业出版社,2011

[7]刘宝成,张玲潇.广告创意与策划.北京:清华大学出版社,2014

[8]羊立超.广告设计创意表现.北京:中国水利水电出版社,2013

[9]莫凡,王成文.广告创意案例评析.武汉:武汉大学出版社,2009

[10]余阳明,陈先红.广告策划创意学(第3版).上海:复旦大学出版社,2007

[11]纪华强.广告策划.北京:高等教育出版社,2006

[12]罗胜京.广告设计.重庆:重庆大学出版社,2011

[13]莫军华.广告设计(第2版).北京:中国建筑工业出版社,2009

[14]马春辉.广告策划.长沙:中南大学出版社,2009

[15]朱海辰.广告设计与制作.北京:中国轻工业出版社,2013

[16]赵红.广告设计.北京:清华大学出版社,2010

[17]李俊,李晓春,魏坤.广告设计.北京:中国青年出版社,2012

[18]程刚,朱书华.广告设计.南京:东南大学出版社,2010

[19]王言升,李芳.广告设计.北京:中国纺织出版社,2013

[20]刘艺琴,郭传菁.平面广告设计与制作(第2版).武汉:武汉大学出版社,2009

[21]张岩,赵纬.广告设计原理.北京:科学出版社,2011

[22]古林.广告设计.北京:中国轻工业出版社,2009

[23]崔生国.广告设计.上海:上海人民美术出版社,2013

[24]何洁.平面广告设计(第2版).长沙:中南大学出版社,2013

[25]周杨静,李金明.广告设计与实践.北京:清华大学出版社,2012

[26]黄建平.平面广告设计.上海:上海人民美术出版社,2007

[27]高文胜,孙纳新.平面广告设计应用.北京:北京理工大学出版社,2013

[28]杨敏.平面广告设计.北京:化学工业出版社,2013

[29]席涛,毛溪.图形创意设计与应用.南昌:江西美术出版社,2009

[30]范文东.色彩搭配原理与技巧.北京:人民美术出版社,2006

[31]萧冰,李雅.设计色彩.上海:上海人民美术出版社,2009

[32]潘强.设计色彩.北京:中国水利水电出版社,2011

[33]周峰,涂驰.编排设计基础.武汉:武汉大学出版社,2008

[34]宋青原,王俭.版式设计.合肥:合肥工业大学出版社,2009